완벽한 혼공법

최상위권 아이들의 공부 코드

완벽한 혼공법

최상위권 아이들의 공부 코드

김성태·박명희·임정빈·김대열

베가북스
VegaBooks

프롤로그 :
혼공 시대가 왔다

아이들은 씨앗입니다. 어떤 환경에서 어떻게 키우느냐에 따라 스스로 잘 자라기도 하고, 시들시들해지기도 합니다. 어른들의 바람은 아이가 스스로 잘 자라는 것 아닐까요? 뿌리를 쭉쭉 뻗어 양분을 잘 섭취하고 햇빛도 충분히 받고 비가 와도 묵묵히 빗줄기를 이겨내고…… 그렇게 무럭무럭 자라날 수 있는 미래를 아이들에게 주고 싶습니다.

이런 마음은 저를 포함해서 아이들에게 좋은 교육을 제공하고 싶은 사람들의 마음이고 자녀가 이 세상에 홀로, 멋지게, 우뚝 서 있기를 바라는 부모님의 마음일 것입니다. 하지만 우리의 바람과는 다르게 그렇지 못한 현실입니다.

아이들이 공부해야 하는 이유는 무엇일까요? 좋은 대학에 가고 좋은 직장에 취직해서 편하게 먹고살기 위한 것이라고 말하기에는 조금 미안한 마음이 들지 않나요?

이 책은 그런 마음으로 쓰기 시작했습니다. 아이들에게 공부를 쉽게 하고도 좋은 성적을 받을 수 있다는 '잘못된 희망'을 주고 싶지 않았습니다. 앞으로 수도 없이 펼쳐질 힘든 시간에 '서투른 위로'도 할 수 없었습니다. 그런 것들이 당장은 아이들을 편안하게 해 줄 수 있을지언정 아이들의 앞날까지 보장할 수는 없습니다.

저는 『완벽한 혼공법』을 통해 아이들 스스로 다시 한번 희망을 얻기를 바랍니다. 제대로 된 공부법을 이해하고 자신의 인생을 책임질 수 있는 좋은 어른으로 성장할 수 있다고 믿기를 바랍니다.

아이들이 내딛는 걸음걸음마다
아름다운 꽃이 피어날 때까지

김성태

4차 산업혁명으로 미래가 불확실하고 사람들의 독자성이 존중되는 시대에서 교육에 대한 관심과 중요성 또한 높아지고 있습니다. 교육은 우리 아이들이 스스로의 가치를 알고 인간답게 살 수 있도록 잠재력을 끌어내며, 마침내 자아실현에 다다라 행복한 인생을 살 수 있도록 하는 것을 목표로 합니다.

　하지만 대학 입시라는 전선에 들어서는 순간 잠재력과 자아실현은 거추장스러운 이상에 지나지 않고 모든 것이 '공부'로 귀결되고 맙니다. 자신이 누구고, 앞으로 어떻게 살고 싶은지 생각할 겨를도 없이 말이죠. 선생님이, 학교가, 국가가 아이들의 미래와 인생을 책임져주지 않는다는 점에서 공부는 가까스로 자신을 지키는 수단일 뿐입니다.

　스스로 공부하는 아이는 드물고, 부모는 힘들게 번 돈으로 제발 공부하라고 애원하며, 공부 자체가 누군가에게 대접 받을 만한 일인 양 여겨지는 사회는 어딘가 잘못되었습니다. 성적이 좋더라도 사고력과 행복 지수가 낮고 대학 졸업 후 취업을 걱정하는 아이들을 보면 '그동안 공부를 어떻게 했길래?'하는 의문이 자연스레 듭니다.

　공부는 단순히 점수를 올리기 위한 행위가 아니라, 자신의 가치를 높이고 행복한 삶과 연계되는 행위가 되어야 합니다. 공부는 무작정 '열심히' 해서는 소용없습니다. 아이들 스스로 공부하는 이유와 방법을 알고, 공부하면서 맞닥뜨릴 어려움을 잘 극복하며, 전략적으로 할 때가 진짜 공부입니다.

아이들이 공부하는 이유는 모두 다릅니다. 그러나 한 가지, 행복한 삶을 영위하기 위한 공부라면 그에 맞는 준비와 노력이 필요하다는 사실은 변하지 않습니다.

이 책이 많은 학부모와 아이들에게 그런 지침이 되기를 기대합니다.

박명희

"여러분의 꿈은 무엇입니까?"

묻기는 쉽지만 대답하기는 어려운 질문입니다. 이 질문에 스스럼없이 대답할 수 있는 아이들로 자라기를 바라며 공교육에서는 다양한 진로 교육 프로그램을 시행합니다. 덕분에 관심 분야를 찾아보고 경험할 수 있는 기회는 많이 늘었지만, 정작 고등학생이 되었을 때 구체적인 목표를 갖고 있는 아이들은 많지 않습니다. 왜 그럴까요?

다양한 원인이 있겠지만 중요한 원인 중 하나는 아이들이 진심으로 꿈을 꾸려고 하지 않기 때문입니다. 진로 적성 검사를 하고, 직업을 간접 경험하고, 비전 보드를 만들어 발표도 해보지만 '그냥 하라니까' 한다는 태도에서 효과가 제대로 나타날 리 없습니다.

아이들 스스로 정말 하고 싶은 일이 있어야 1년 뒤, 5년 뒤, 10년 뒤 모습을 상상해보고 오늘 할 일을 구체적으로 그릴 수 있습니다. 꿈을 찾고 싶다는 갈증과 깊은 고민 없이 아무런 결정도 하지 못하는 아이에게 흰 종이와 색연필을 줘봤자 의미 없는 그림만 그릴 뿐이죠. 그런데도 학교에서 이 아이들 모두에게 진로 교육 프로그램을 제공하는 이유는 무엇일까요? 비록 지금 당장 꿈을 결정하는 데 도움을 주지 못하더라도, 아이들이 언젠가 꿈을 찾고 싶어질 때 스스로 그 과정을 반복할 수 있도록 하기 위해서입니다.

제가 이 책을 쓴 이유도 같습니다. 이 책을 읽으면서 갑자기 꿈이 생기고 인생의 목적을 찾고 싶어지면 좋겠지만, 아쉽게도 그런 일을 기대하기는 어렵겠죠. 대신 어떻게 꿈을 찾고 살아가야 할지 이정표를 원하는 학생들에게 실질적인 방법을 알려주는 도움이 될 수는 있을 것입니다.

아이들이 스스로를 알아가는 방법, 사회와 일을 파악하는 방법, 진로를 선택하고 도전해야 하는 이유, 목표를 향해 한 발씩 나아가기 위해 아이들 각자에게 맞는 학교를 찾고 준비하는 방법을 책에 담았습니다. 학부모가 읽고 자녀에게 든든한 조력자가 될 수 있도록 최대한 쉽게 쓰려고 노력했습니다. 모쪼록 아이들이 앞으로 꿈을 찾아가는 데 실질적인 안내서가 되기를 바랍니다.

임정빈

"오랫동안 꿈을 그리는 사람은 마침내 그 꿈을 닮아간다."

프랑스의 저명한 소설가이자 정치인인 앙드레 말로가 남긴 명언입니다. 아이들은 성공하기 위해 꿈을 정하고, 그 꿈을 이루기 위해 각고의 노력을 해야 한다는 말을 귀에 못이 박히도록 들어왔습니다. 하지만 그러한 꿈을 실현하기 위해 무엇을 할지 생각해보면 막막하기만 합니다. 아이들이 품은 꿈은 어느새 뜬구름이나 신기루처럼 치부되고 맙니다.

한 사람의 꿈을 기업 입장에서 적용해보면 '미션' 정도가 될 것입니다. 기업이 세상에 존재해야 하는 이유가 미션이고, 곧 개인의 꿈과도 같습니다. 하지만 기업이 자신의 미션을 이루는 방식은 개인과 사뭇 다릅니다. 구체적이고 실제적인 방법을 찾고, 이를 위해 많은 에너지와 자원을 쏟죠. 그래서 기업의 미션은 개인의 꿈과 달리 실제로 이루어지는 경우가 많습니다.

그렇다면 기업의 방식, 다시 말해 경영 전략을 개인에게 적용하면 어떨까요? 기업의 경영은 개인에게는 자기 관리이므로, 기업이 미션을 실현하듯 개인 또한 같은 방법을 쓴다면 아이들은 자신의 꿈에 보다 가까워질 수 있습니다.

자기 관리, 스스로를 컨트롤하고 목표를 구체화하며 계획을 실천할 때 아이들은 완벽한 '혼공'에 도달하게 됩니다. 이 책에 담긴 자기 관리로 성공한 사람들의 이야기를 전해 듣고, 학부모들이 어렸을 때부터 자녀가 스스로 자기 관리를 할 수 있도록 지원하면 좋겠습니다.

김대열

목차

1부

혼공에는
특별한 공부법이
필요하다

김성태

1. 인지 과학이 밝혀낸 공부의 진실

✏️ 한 번 봐도 평생 가는 기억

2014년 9월 24일 새벽 4시경. 저는 퇴근하고 집에 도착했습니다. 대충 씻고 잠을 청하기 위해 침대에 누웠고 곧 잠들었던 것으로 기억합니다. 그러다 새벽 6시 정도 되었을 무렵 갑자기 잠이 확 깼죠. 2시간밖에 지나지 않은 터라 다시 자야겠다고 생각하고 있었는데, 그 순간 집 현관문이 열리는 소리가 들렸습니다. 어머니라고 생각했습니다. 당시 제 아버지는 세브란스 암 병동에서 두 달 전 강남성모병원 호스피스병동으로 옮긴 때였습니다. 어머니는 주로 병원에 머물렀고 하루에 한 번 정도 집에 왔는데, 그날따라 새벽에 들른 것이었습니다.

어머니가 거실을 가로질러 제 방 쪽으로 향하고 있다는 것을 어렴풋이 느낄 수 있었습니다. 그 느낌이 끝나기 전에 방문이 열렸고, 불이 켜졌습니다.

"성태야, 일어나서 깨끗하게 씻고 아버지한테 가봐라."

어머니의 말이 무슨 뜻인지 알 수 있었습니다. '아버지가 아직 돌아가시지는 않았구나. 하지만 시간이 얼마 남지 않았구나.' 저는 바로 일어나서 씻고 검은색 의복을 챙겨 병원으로 향했습니다. 그리고 그날 오후 2시쯤 아버지는 멀리 떠났습니다.

저는 아직도 그날의 해가 어땠는지, 바람은 얼마나 불었는지, 가족들의 표정은 어땠는지 전부 기억합니다. 마치 어제 있었던 일처럼 모든 것이 생생합니다.

✏️ 백 번 봐도 사라지는 기억

고등학교 2학년 어느 날이었습니다. 다음다음 시간은 영어 수업이었지만 매일 보는 영어 단어 시험 준비를 미처 하지 못했습니다. 앞으로 두 번의 쉬는 시간이 있었고, 평소대로라면 이 시간 동안 50개의 단어는 충분히 외울 수 있었습니다.

당시 영어 선생님은 어휘력의 중요성을 여러 차례 강조했고, 영어 수업 때마다 시험을 봤습니다. 50여 개 단어에서 20개를 추려 문제를 냈고, 18개를 맞히면 통과하는 시험이었습니다. 17개를 맞히면 손바닥을 3대 맞아야 했죠. 많이 아프지는 않았지만, 그렇다고 아예 안 아픈 것도 아니었습니다. 그래서 반 꼴등인 아이도 단어를 외우곤 했습니다.

이번에도 역시 정확하게 18개를 맞췄습니다. 체벌 시간이 지나가고 수업을 마치는 종소리가 났습니다. 선생님이 교실 밖으로 나가는 순간, 저는 놀라운 광경을 목격했습니다. 불과 1시간 전에 외운 50개의 영어 단어가 선생님을 따라 밖으로 빠져나가는 것을 분명히 봤습니다! 그렇지 않고서야 그렇게 하나도 기억이 나지 않을 리가 없으니까요!

어떤 기억은 한 번 봐도 평생 기억하지만, 또 어떤 기억은 죽어라 외워도 기억이 나지 않습니다. 저는 분명히 영어 단어를 열심히 외웠고 시험도 통과했지만 금세 잊어버렸죠. 이런 현상은 영어뿐만 아니라 다른 과목의 공부도 마찬가지였습니다. 하지만 어떤 기억은 한 번 봐도 평생 잊히지 않습니다. 굳이 외우려고 하지 않아도 자연스럽게 외워집니다.

만약 공부도 한 번 보고 평생 기억할 수 있으면 얼마나 좋을까요? 이런 기억의 메커니즘을 이해하면 효율적으로 학습할 수 있지 않을까요?

저만 이런 고민을 한 것이 아니었습니다. 많은 인지 과학자들이 기억의 메커니즘을 밝히고 공부의 비밀을 찾아내기 위해 많은 연구를 했습니다. 서울대학교 의과대학 강봉균 박사팀은 기억이 어디에 저장되는지 그 위치를 규명하는 연구를 세계 최초로 성공했고, 2018년 세계적인 학술지 《사이언스》에 발표했습니다. 기억이 시냅스에 저장된다는 가설은 캐나다의 신경 심리학자 도널드 헵Donald Hebb이 60년 전에 처음 거론했지만, 이제야 눈으로 확인하게 된 것입니다.

기억이 '저장'된다는 것은 엔그램Engram이 형성된다는 뜻입니다. '엔그램'은 사람뿐만 아니라 동물의 뇌 안에, 학습에 의해 축적되어 있는 기억의 흔적입니다. 좀 더 쉽게 말하자면, 우리가 어떤 정보를 기억한다는 것은 뇌세포 어딘가에, 즉 시냅스에 흔적이 남는 것이죠. 그런 흔적은 세포 내의 핵산이나 단백질 등의 고분자 안에 암호화되어 있고, 우리가 어떤 정보가 필요해서 기억을 떠올려야 한다면 고분자의 암호화를 풀고 해당 정보를 가져오게 됩니다.

정리하자면 기억은 뉴런과 뉴런 사이의 시냅스를 중심으로 저장이 이루어지는데, 이는 실제 생물학적 변화가 일어나는 것입니다. 실제로 학습이 잘 이루어지면 시냅스의 크기가 커집니다.

따라서 학생들이 열심히 공부하는 것도 시냅스의 물리적 변화를 이끌어내는 것을 의미합니다. 이때 재미있는 것은 공부가 근육 운동과 비슷한 메커니즘이라는 사실인데요. 마치 무거운 아령을 들며 열심히 운동해야 근육이 커지고 발달하는 것과 같은 이치입니다. 기억도 만들어지기 위해서는 적당한 수준의 자극이 필요합니다.

✏ 적당히 어렵게 공부해야 오래 기억한다

UCLA의 심리학과 교수인 로버트 비요크Robert Bjork는 1991년에 발표한 논문에서 '바람직한 어려움Desirable Difficulties'이라는 개념을 제시했고, 이후 대부분 학습과 관련된 연구에 영향을 주었습니다. 바람직한 어려움이란, 좋은 방법으로 적당히 어렵게 공부해야 기억을 오랫동안 유지할 수 있다는 의미입니다. 즉, 쉽게 공부한 내용은 쉽게 잊힙니다. 하지만 적당히 어렵게 공부하면 잊히는 것도 어려운 셈이죠.

그렇다면 로버트 비요크가 제시한 '바람직한 어려움'은 어떻게 하는 것일까요? 이와 관련해서는 책 한 권으로도 정리가 되지 않을 정도로 방대한 양이 있지만, 모든 공부법을 관통하는 가장 중요한 개념을 소개하겠습니다.

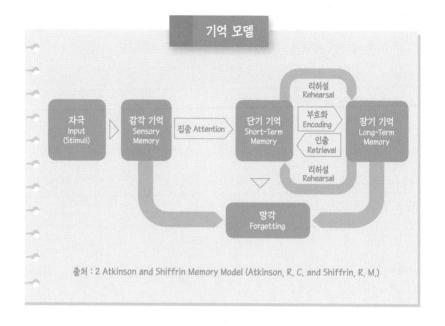

출처 : 2 Atkinson and Shiffrin Memory Model (Atkinson, R. C. and Shiffrin, R. M.)

미국의 인지 과학자이자 컴퓨터 공학자인 도널드 노먼은 1967년에 발표한 논문에서 인간의 기억 모델을 감각 기억Sensory Memory, 단기 기억Short-Term Memory, 장기 기억Long-Term Memory으로 구분했습니다. '감각 기억'은 몇 초만 기억할 수 있는 아주 순간적인 기억이고, 여기에서 조금만 노력을 한다면 대부분은 머릿속에 '단기 기억'으로 저장됩니다. 일반적으로 단기 기억은 특별한 노력을 하지 않으면 30초 이내로 기억에서 사라지게 되는데요. 반면 '장기 기억'은 짧게는 수개월에서 평생 동안도 기억할 수 있습니다. 우리가 일상적으로 '기억한다', 또는 '알고 있다'고 생각하는 것들은 대부분 장기 기억에 저장되어 있는 내용들입니다.

단기 기억은 쉽게 말해서 생각하는 공간입니다. 우리가 기억 속에 있는 정보를 생각하기 시작하면 그 기억은 장기 기억에서 인출Retrieval되어 단기 기억으로 불러온 것과 같습니다. 이때 인출은 통장에 있는 예금을 인출하는 것과 동일한 의미입니다.

학생들이 새로운 개념을 배우기 위해 공부를 한다고 가정해봅시다. 책에 있는 중요한 단어를 보는 순간 그 내용은 감각 기억을 지나 단기 기억으로 넘어옵니다. 이후 이 내용을 반복해서 공부하면 장기 기억에 저장되겠죠. 며칠이 지나 공부한 내용을 떠올릴 수 있다면 장기 기억에 저장되어 있던 내용을 단기 기억으로 인출하는 데에 성공한 것입니다.

기억의 인출은 뇌에 적절한 자극을 주기 때문에 '바람직한 어려움'을 동반하는 학습법입니다. 장기 기억에 저장된 지식을 인출하는 행위는 그 지식을 다시 떠올리기 쉽게 해주는 효과가 있어 그 자체로 높은 학습 효과라고 할 수 있습니다. 이런 학습 효과는 성별, 연령, 인종을 불문하고 모두에게 똑같이 나타나는데요. 시험을 보는 것만으로 성적이 올라가는 현상을 '시험 효과Testing Effect'라고 합니다.

이 '시험 효과'는 실증적인 연구로 탄탄히 뒷받침되고 있습니다. 수많은 학자들이 시험 효과를 반복적으로 검증하고 있으며, 거의 모든 연구에서 시험 효과는 다른 학습법과 비교했을 때 높은 학습 효과를 보여줍니다. 미국의 저명한 심리학자이자 워싱턴대학교 교수 헨리 뢰디거Henry L. Roediger Ⅲ와 퍼듀대학교의 제프리 카픽Jeffrey D. Karpick 교수팀은 시험 효과와 관련된 다양한 연구를 수행했습니다.

시험 효과를 명확히 보기 위한 연구팀의 실험 중 하나를 간단히 살펴보겠습니다. 한 실험에서 워싱턴대학교 학생 120명을 대상으로 과학과 관련된 글을 공부하도록 하고, 학습 방법에 따라 성적이 어떻게 달라지는지를 알아보고자 했습니다. 실험에 참여한 사람들은 모두 6개 그룹으로 나뉘어 다음과 같은 조건으로 학습하고 시험을 치렀습니다.

그룹	학습법	최종 시험
1	반복 읽기	5분
2	반복 읽기	2일
3	반복 읽기	1주
4	읽기 1회 + 셀프 테스트	5분
5	읽기 1회 + 셀프 테스트	2일
6	읽기 1회 + 셀프 테스트	1주

1~3번 그룹은 과학과 관련된 글을 두 번 반복해서 읽었고, 4~6번 그룹은 같은 글을 한 번만 읽고 나머지 한 번은 글의 내용을 생각나는 대로 최대한 많이 적도록 했습니다. 모든 집단은 글을 두 번 읽든, 한 번만 읽고 테스트를 보든 같은 시간 동안 공부했습니다.

이렇게 공부를 마치고 각 그룹은 최종 시험을 봤는데요. 1, 4번 그룹은 5분 뒤에 시험을 보고 2, 5번 그룹은 2일 뒤에 시험을 보고 3, 6번 그룹은 일주일 뒤에 시험을 봤습니다. 시험 결과는 다음과 같았습니다.

이 실험에서 알 수 있는 것은, 같은 글을 두 번 읽는 행위보다 한 번만 읽고 셀프 테스트를 보면 최종 시험에서 더 높은 점수를 받는다는 사실입니다. 읽기는 '안다'는 착각을 일으킬 뿐 공부한 내용 대부분은 머릿속에서 사라집니다. 뿐만 아니라 어떤 것을 안다고 착각하게 되면 그 내용에 대한 복습도 소홀해집니다. 결국 이러한 학습법은 좋은 성적을 받는 데 큰 도움이 되지 않습니다.

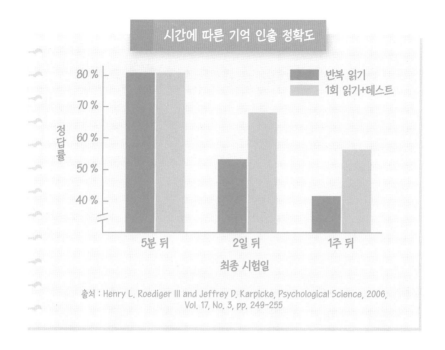

시간에 따른 기억 인출 정확도

반복 읽기
1회 읽기+테스트

정답률

80 %
70 %
60 %
50 %
40 %

5분 뒤   2일 뒤   1주 뒤

최종 시험일

출처 : Henry L. Roediger III and Jeffrey D. Karpicke, Psychological Science, 2006, Vol. 17, No. 3, pp. 249-255

하지만 한 번 공부를 마치고 배운 내용을 스스로 기억해내거나, 외운 내용을 빈 종이에 생각나는 대로 최대한 많이 써보거나, 관련된 문제를 푼다면 이 행위는 기억을 인출하는 과정이기 때문에 '바람직하게 어려운' 학습법이라고 말할 수 있습니다. 이런 바람직한 어려움은 반복해서 읽는 것보다 뇌를 강하게 자극하게 되고, 그 결과 공부한 내용을 더 오랫동안 기억할 수 있게 합니다.

이렇게 인지 과학을 통한 기본적인 학습 메커니즘을 살펴보며 첫 장을 열었습니다. 다음 목차에서는 기존의 상식을 깨는 특별한 공부법들을 하나씩 소개해보겠습니다.

2. 공부 잘하는 아이가 목표 세우는 법

✏️ 우유 항아리 이야기

어느 시골 마을의 장날, 우유가 가득 담긴 항아리를 머리에 인 소녀가 장터로 향합니다. 소녀는 장터에 가면서 행복한 상상의 나래를 펼쳤습니다.

'이 우유를 팔아서 무엇을 할까? 그래, 달걀을 여러 개 사자. 달걀이 부화해서 병아리가 나오면 큰 닭이 되도록 잘 키운 다음 가격이 좋을 때 팔아야지. 그럼 그 돈으로 염소를 사는 거야. 염소는 아무거나 잘 먹으니까 키우기 쉬울 테지. 염소가 크면 또 뭘 하지? 음, 그래! 돼지를 사야지. 새끼 돼지를 사서 키우는 거야. 돼지는 더 빨리 자라니까 돼지를 잘 키워서 팔면 내년쯤에는 예쁜 새 드레스를 살 수 있겠지? 그래, 아주 예쁜 드레스를 사서 축제 때 입고 나가면 모두 깜짝 놀랄 거야. 아마 모든 남자들이 나에게 춤을 추자고 하겠지? 처음부터 허락하면 나를 얕볼지도 모르니까 싫다고 해야

지. 싫어요, 싫어요! 하고 말이야.'

단꿈에 빠져 흥겹게 길을 가던 소녀는 앞을 살피지 못해 그만 돌부리에 걸려 넘어지고 말았습니다. 우유 항아리는 땅에 떨어져 산산이 부서졌고, 소녀의 꿈도 우유와 함께 흩어졌습니다.

이 이야기는 이솝 우화에 나오는 내용입니다. 미래를 생각할 때 사람들은 이야기 속의 소녀처럼 그럴듯한 상상을 합니다. 심리학에서는 이것을 '시나리오 사고 Scenario Thinking'라고 하는데요. 시나리오 사고는 들어보면 그럴듯하지만 사실 아무런 근거가 없습니다. 단지 자신의 희망 사항만을 늘어놓은 것뿐이죠. 공부할 때도 이런 식의 시나리오를 쉽게 발견할 수 있습니다. 학생이나 어른도 마찬가지로 이솝 우화 속 소녀처럼 우유 항아리를 들고 드레스를 꿈꿉니다.

'이번 시험은 이렇게 미리 준비하면 점수가 잘 나올 거야. 그러면 부모님께 새 스마트폰을 사달라고 해야지! 친구들이 내 최신형 스마트폰을 보면 부러워하겠지?'

✏ '의지'에는 잘못이 없다

공부법에 대한 책들을 살펴보면 '계획적인 공부'라는 말이 빠지지 않을 정도로 공부 계획을 중요하게 여깁니다. 많은 학생들이 공부 계획을 열심히 세우지만 대부분 지켜지지 않고, 자신의 나약한 의지를 탓하며 시간을 낭비하곤 합니다. 따라서 공부를 준비해야 하는 최적의 타이밍을 놓치고 뒤늦게 후회하는 경우가 많습니다.

하지만 공부 계획이 지켜지지 않는 것은 단지 의지 부족 때문만은 아닙니다. 이유는 다양합니다. 애초에 계획이 아닌 '목표'만을 설정했거나, 계획 자체가 구체적이지 않고 막연하기 때문일 수도 있습니다.

이렇듯 어떤 일을 하는 데 필요한 시간과 노력을 대충 어림잡거나 과소평가하는 경향을 '계획 오류Planning Fallacy'라고 합니다. 무리한 일정을 감당할 수 있을 리 없습니다.

캐나다 심리학자 뷀러와 그의 동료들은 우등 졸업 논문을 쓰는 대학생들에게 며칠이면 논문을 마칠 수 있는지 설문 조사를 했습니다. 조사에 참여한 대학생들은 평균 33일이면 논문을 다 쓸 수 있다고 대답했습니다. 그러나 실제로 논문을 마치는 데까지 걸린 시간은 평균 55일이었습니다.

이 학생들은 4년간 대학 생활을 우수한 성적으로 마무리한 우등생이었습니다. 그러니 의지가 부족하거나 능력이 없어서 마감이 늦어진 것은 아니었죠. 애초에 55일 걸리는 일을 33일 안에 해내겠다고 한, 지킬 수 없는 계획이었습니다.

많은 사람들이 계획을 지키지 못하는 이유는 자신의 능력이 어느 정도인지 정확하게 판단하지 않고 '이 정도 시간이면 이만큼은 할 수 있겠지'라는 막연한 생각으로 계획을 세우기 때문입니다. 심리학에서는 이것을 '과잉 확인Overconfidence'이라고 합니다. 사람들 대부분이 실제 자신의 능력 수준보다 더 높은 능력을 가졌다고 생각하는 것입니다.

'시나리오 사고'와 '계획 오류', '과잉 확인'은 이 글을 쓰고 있는 저 또한 비껴갈 수 없었습니다.

고등학교 1학년 때 저는 반에서 성적이 15등 정도였습니다. 당시 학급 정원이 54명이었으니 지금으로 치면 대략 7~8등이라고 할 수 있겠네요. 그리 두드러지지 않은 성적이었지만 저는 막연하게 좋은 대학에 갈 수 있다고 생각했습니다. 구체적인 공부 계획도 없으면서 열심히 하기만 하면 성적이 오를 것이고 자연히 좋은 대학에 합격할 수 있다는 장밋빛 꿈을 꾸었습니다.

그때 공부를 바로 시작하지 않고 '시나리오 사고'만 했던 이유에는 한 사람의 영향도 있습니다. 같은 동아리의 2학년 선배가 1~2학년 때는 열심히 공부할 필요가 없다고, 지금은 하고 싶은 일을 하면서 인생을 적당히 즐기라는 친절한(?) 조언을 했던 것이죠.

저를 포함해서 그 자리에 있던 같은 학년 7명과 선배 8명은 그 2학년 선배의 말을 듣고 고개를 끄덕였습니다. 모두가 그 말을 믿고 싶어 했습니다. 아니, 믿어야만 했습니다. 그래야 하기 싫은 공부를 당장 하지 않아도 되었기 때문입니다. 저는 그렇게 고등학교 1학년 때 '공부를 열심히 하지 않아도 되는 이유'를 찾을 수 있었고, 그 이유의 옳고 그름에 대해서는 확인하고 싶지 않았습니다.

선배의 '조언' 덕분에 저는 고등학교 1학년 내내 비슷한 성적을 간신히 유지만 했습니다. 그리고 2학년이 되어 얼마 지나지 않아 교육청에서 실시하는 전국 대학수학능력시험(이하 '수능') 모의고사를 치렀습니다. 보통 모의고사를 볼 때 지원하고 싶은 대학을 쓰는 란이 있는데, 저는 별생각 없이 연세대학교를 적어 넣었습니다. 그때까지만 해도 어떻게 해볼 만하다는 생각을 하고 있었습니다. 결과는 굳이 설명할 필요도 없이 처참하기 그지없었죠.

저는 이런 결과에 수긍할 수 없었습니다. 아직 최선을 다해 공부를 해본 적이 없다는 생각이 들었기 때문입니다. 그렇지만 곧바로 정신을 차린 것은 아니었습니다. 최선은커녕 적당히 대충 공부하며 그 성적 범위를 벗어나지만 않도록 했습니다.

'시나리오 사고'가 깨진 것은 몇 번의 모의고사를 더 치르고 난 후였습니다. 희망과 현실이 상당히 동떨어져 있다는 사실을 알게 되었죠. 이대로는 큰일이라는 위기감을 느끼고서야 정말 제대로 공부하기 시작했습니다.

하루에 잠자는 3~4시간만 제외하고 나머지 깨어 있는 모든 시간에는 공부하기 위해 최선을 다했습니다. 통학 버스 안에서도, 밥을 먹을 때도, 화장실에서 볼일을 볼 때도 가능하면 공부를 했습니다. 의자에 너무 오래 앉아 있어 엉덩이에 땀띠가 생겼을 때는 허벅지로 간신히 걸터앉거나 서서 공부하기도 했습니다.

이렇게 열심히 공부한 결과는 어땠을까요? 고등학교 3학년 때 지원한 대학교는 결국 불합격했습니다. 저는 뒤도 돌아보지도 않고 재수를 선택했습니다. 추운 날씨는 비교도 되지 않는 길고 긴 고통의 시간이었지만, 1년의 시간을 더 이상 버리고 싶지 않다는 간절한 마음으로 계속해서 묵묵히 공부했습니다. 다시 찾아온 겨울이 지나가고 봄이 왔을 때 저는 연세대학교 신입생이 되어 있었습니다.

지금 돌이켜 생각해보면 제 인생이 남들보다 1년 늦어진 이유는 막연한 희망을 바탕으로 제대로 된 계획을 세우지 않고 공부를 늦게 시작했기 때문입니다. 물론, 인생 전체를 볼 때 1년이라는 시간은 상대적으로 길지 않고, 재수를 했던 경험은 분명 인생의 교훈이 될 수 있습니다. 그래도 다시 고등학교에 입학하던 시점으로 돌아간다면, 최대한 재수를 하지 않을 수 있는 선택을 할 것입니다. 아마 처음부터 재수를 선택하는 사람은 거의 없겠지만, 2019년 통계청에 의하면 매년 수능을 본 학생의 약 30%는 재수하게 됩니다.

예외는 없습니다. 누구나 희망이 가득한 미래를 그리지만, 현실은 상상보다 훨씬 냉정하며 시간은 우리를 기다려주지 않습니다. 아무것도 하지 않고 버린 오늘 하루는 영영 되돌릴 수 없다는 뜻입니다. 그렇기 때문에 '시나리오 사고'에서 즉시 벗어나 희망의 나열은 멈추고, 지금 당장 무엇인가를 시작해야 합니다.

✏️ 자기 주도 학습의 비밀

학생들은 가까운 미래에 원하는 바를 이루어내야 합니다. 각자 꿈꾸는 것이 다르고 성공에 대한 정의도 다를 수 있지만, 지금 정한 목표를 달성하는 것도 하나의 성공이라고 한다면 그 목표를 위해 열심히 노력해야겠죠.

하지만 큰 목표는 한 번에 이루기 쉽지 않습니다. 따라서 큰 목표는 여러 개의 작은 목표로 나누고, 작은 목표는 다시 더 작은 목표로 나누어야 합니다. 그렇게 작게 쪼개진 목표를 하나씩 달성하기 위해 계획을 세우고 실천해나가는 것입니다. 결국 성공은 작은 것들의 실천이 모이는 것으로 시작됩니다.

처음부터 너무 잘하려고 하는 것은 독이 될 수 있습니다. 무엇이든 시작이 중요한데, 잘해야 한다는 부담감이 크면 의지를 꺾게 만들 수 있습니다. 어떤 일을 시작하기 위해 많은 준비 과정이 필요하다면 당장 그 생각을 떨쳐냅시다. 모든 아이들에게 필요한 자세는 '그냥 지금 하는 것'입니다. 자신이 공부를 하든 일을 하든, 행동의 결과가 완벽한지는 중요하지 않습니다. 그것보다 백만 배, 천만 배 더 중요한 것은 바로 '실제로 했는가'입니다. 사람들 대부분이 머릿속으로 시나리오만 그리면서 준비에만 몰두할 때, 성공하는 사람들은 일단 시작합니다.

아인슈타인은 이렇게 말했습니다.

"대부분 인생에서 실패하는 이유는, 포기하는 바로 그 순간 자신이 얼마나 성공에 가까워져 있는지 알지 못하기 때문이다."

성공의 단위를 잘게 나누어 작은 성공부터 이루기 시작하면, 큰 목표에 막연히 다가가는 것보다 구체적이고 눈에 보이는 결과를 만들어낼 수 있습니다.

✏ 1%씩 노력해도 37배 성장한다

공부를 잘하기 위해서, 더 멀리 보자면 인생의 성공을 위해서 목표를 정하고 잘게 나눈 다음 계획을 세웠다면 이제 그 작은 계획 하나를 실천합니다. 예를 들어, 수학 성적을 올리기 위해서 문제집 한 권을 푸는 일은 좋은 목표라고 할 수 없습니다. 실천하기 좋은 목표는 '문제집 한 페이지를 15분

안에 풀기'처럼 구체적이고 세분화한 것들입니다.

수학 성적을 위한 큰 목표를 세우더라도, 잘게 쪼갠 목표가 꼭 수학 문제집을 푸는 일이 아니라도 괜찮습니다. 자신의 작은 다짐을 실천할 수 있다면 어떤 일이라도 좋습니다. 물론 공부와 관련되면 더 좋겠죠.

'내일은 아침 7시에 일어나야지'라는 작은 목표를 세워봅시다. 전날 잠자리에 들면서 굳은 다짐으로 알람을 맞추었다면, 다음날 아침 알람을 듣자마자 주저 없이 침대를 빠져나옵시다. 사소한 행동이긴 하지만 만약 계획한 대로 실천했다면 분명 짜릿한 기분을 느낄 수 있습니다. 오늘은 무엇이든 해낼 수 있을 것 같기도 합니다.

실제로 이런 느낌은 과학적으로도 증명되었습니다. 시합에서 승리하거나 목표를 달성하면 뇌에서 '테스토스테론'이라는 남성 호르몬이 분비됩니다. 이 호르몬은 모험적이고 공격적인 성향을 자극하여, 승자들이 다음 시합에서도 승리할 가능성이 커지고 다음 목표를 달성할 확률도 높아집니다.

심리학자들은 이렇듯 작은 성공이 또 다른 성공을 불러오는 현상을 '승자 효과Winner Effect'라고 합니다. 자기 자신과의 싸움에서 한 번 이겨본 사람들은 그다음 싸움에서도 이길 수 있겠다는 마음이 생겨납니다. 그런 의지와 자신감을 바탕으로 이기는 방법에 익숙해지기 시작하고, 이와 같은 작은 싸움에서 여러 번 이기다 보면 결국 어떤 일에서든 스스로를 컨트롤하고 극복하는 방법을 터득하게 됩니다. 그리고 그것을 반복하며 큰 성공에 다다릅니다.

정리하자면, 수학 공부를 잘하기 위해 문제집 한 권을 완벽하게 풀려고 하지는 않아도 된다는 의미입니다. 지금까지 학생들이 경험한 수많은 실패는 바로 이렇듯 지나치게 큰 목표를 세웠기 때문입니다. 스스로를 시험에 들게 할 필요는 없습니다. 성공이 또 다른 성공을 낳는 것처럼, 실패는 또 다른 실패를 낳게 됩니다.

$$0.99^{365} = 0.025 \cdots$$
$$1^{365} = 1$$
$$1.01^{365} = 37.783 \cdots$$

평소에 하던 대로 하는 것이 1이라고 하면 오늘은 어제보다 100분의 1만큼만 더, 다시 말해 딱 1%만 더 노력해봅니다. 그렇게 365일을 보낸다면 1년 전과 비교했을 때 약 37.7배 성장해 있을 것입니다. 반대로 평소 하던 것에서 1%씩 덜 노력한다면 0에 가까워지겠죠.

작은 차이가 반복되면 결국 큰 변화가 일어나게 되어 있습니다. 이제 무엇이든 '그냥' 합시다. 처음부터 잘하려고 하지 말고, 이 방법이 옳은지 아니면 더 좋은 방법이 있을지 고민하지 말고, 일단 시작합시다.

3. 성적 급상승의 진짜 이유

✎ 반에서 1등 하면 서울대 간다?

중학교 교실에 있다고 상상해봅시다. 반에서 성적이 1등인 학생에게 "너는 어느 대학교에 갈 것 같아?"라고 묻는다면 열에 아홉은 '서울대학교'라고 대답합니다. 반에서 1등이면 나름 전교권이고, 같은 반 아이들도 인정하는 모범생일 테죠. 그러나 학생과 학부모 모두 좀 더 냉정하게 판단해야 합니다. 다음 질문의 답을 생각해봅시다.

> Q1. 반에서 1등 하는 중학생은 전국에 모두 몇 명 있을까?
>
> Q2. 서울대학교에서는 매년 신입생을 몇 명 뽑을까?

질문의 답은 2019년 교육통계서비스의 자료를 통해 명확하게 알 수 있습니다. 자료에 따르면 전국의 중학교 교실은 2019년 중학교 2학년 기준

17,432개입니다. 즉, 한 해에 반에서 1등 하는 학생이 우리나라에 17,000명이 넘는 셈이죠.

그렇다면 서울대학교에서는 신입생을 매년 몇 명이나 뽑을까요? 서울대학교는 2019년 기준 신입생을 총 3,428명 뽑았습니다. 생각보다 많다고 느낄 수도 있지만 전국의 중학교 2학년 반 1등 학생 수와 비교하면 5분의 1밖에 되지 않는 숫자입니다.

범위를 좀 더 넓게 잡아서 소위 'SKY'라고 불리는 서울대학교, 연세대학교, 고려대학교의 입학 정원을 다 합쳐도 1년에 11,876명이므로 반에서 1등하는 학생 중 3분의 1은 SKY에도 갈 수 없다는 계산이 나옵니다. 이마저도 공부를 잘하는 학생들이 몰린 주요 학군이 아니라면 반 1등도 SKY는커녕, 상위권 10개 대학에 입학하는 것도 쉽지 않습니다.

✎ 고등학교 때 성적 역전 가능하다?

그렇다면 대학교에 합격하는 성적은 언제 만들어질까요? 2011년 기준으로 진학사가 2007년 고등학교에 입학해서 2011년에 졸업한 약 43만 명의 성적을 분석한 결과는 참담했습니다.

고등학교 1학년 때부터 3학년이 될 때까지 성적이 2개 등급 이상 오른 학생은 모두 7,798명으로 조사 대상의 약 1.8%밖에 되지 않았습니다. 다시 말하면 96.6%의 학생은 성적이 거의 변하지 않았고, 그중 특히 74.7%는 성적이 1개 등급도 변하지 않았습니다. 고등학교 1학년 때의 성적이 3학년까지 그대로 유지된다는 말이 사실로 확인된 셈입니다.

우리를 더욱 불편하게 만드는 사실은 고등학교 2학년에서 3학년 때까지 성적이 2개 등급 이상 오른 학생이 약 0.3%로, 조사 대상 43만 명 중 1,466명밖에 되지 않는다는 것입니다.

성적이 조금, 1개 등급 정도 오른 학생은 많을까요? 아쉽게도 그렇지 않습니다. 1학년에서 3학년까지 성적이 1개 등급 오른 학생은 모두 56,120명으로 조사 대상의 약 13%였고, 2학년에서 3학년까지 1개 등급이 오른 학생은 그보다 더 적은 23,987명으로 약 5.5%에 불과했습니다. 즉, 고등학교 입학 이후로 성적이 역전되는 것은 불가능에 가까우며 2학년 이후 성적 상승은 5배나 더 어렵다는 뜻입니다.

고3 성적으로 대학이 결정된다?

앞서 언급한 대로라면 고등학교 성적은 3년 내내 차이가 거의 없고, 고등학교 1학년 때의 성적은 바로 몇 달 전인 중학교 3학년 때의 성적과 같습니다. 물론 중학교 3학년 2학기 기말고사를 마친 뒤 고등학교에 올라가기 직전까지 정신을 차리고 열심히 공부해서 성적 역전을 노리는 학생들도 있습니다. 하지만 성적이 비슷한 다른 친구들도 마찬가지로 노력하고 있지 않을까요? 또, 자신보다 성적이 더 좋았던 친구들은 가만히 놀고만 있을까요? 무엇보다도, 그동안 하지 않던 공부를 갑자기 열심히 할 수 있을까요? 어쩌면 이 계획은 깨진 우유 항아리와 같을지도 모릅니다.

일반적인 학생들 대다수는 중학교 3학년 성적으로 대학이 결정된다고 봐도 무리가 없습니다. 불편하다 못해 충격적인 사실이죠. 많은 학생이 고등학교에 입학하면 모든 것이 새로 시작하므로 이때부터 열심히 공부하면 분명 자신에게도 좋은 기회가 있을 것이라고 희망합니다. 하지만 현실은 이렇듯 가혹합니다.

따라서 아이들은 좀 더 빨리 그들의 미래를 구체적으로 계획하고 준비해야 합니다. 그나마 희망적인 것은 그래도 성적이 오르는 학생이 있다는 사실입니다. 2011년 진학사 조사 자료에서 성적이 2개 등급 이상 오른 학생이 전체의 1.8% 정도라고 했습니다. 실제 학생 수로 따지면 7,798명으로 결코 적은 숫자가 아닙니다. 그 영향이 있었을까요? 2012년 서울대학교 경영학과 1학년 학생 200명을 대상으로 설문 조사를 한 결과는 진학사 자료의 수치와는 다소 달랐습니다. 이 학생들에게 "언제부터 최상위권 성적을 유지했습니까?"라고 물어봤습니다.

초등학교부터 : 62명(31%)

중학교 입학 이후 : 30명(15%)

중학교 2학년 이후 : 59명(29.5%)

고등학교 입학 이후 : 41명(20.5%)

고등학교 2학년 이후 : 8명(4%)

예상했던 것처럼 초등학교부터 또는 중학교 1학년부터 최상위권 성적을 유지하면서 서울대학교에 합격한 학생은 200명 중 92명으로, 전체의 절반에 가까운 46%였습니다. 하지만 고등학교 입학 이후로 성적이 오른 학생도 20.5%로 적지 않았고, 4%의 학생은 무려 고등학교 2학년 이후 서울대학교에 갈 수 있는 성적이 만들어졌습니다.

왜 두 자료의 통계 값이 다를까요? 진학사의 연구 대상은 43만 명으로 상당한 숫자이기 때문에 학생 전체를 대표한다고 볼 수 있습니다. 서울대학교 200명을 성적과 무관하게 표집했다면 0.3%의 비율에서 크게 벗어나지 않아야 하는데, 이런 차이가 생긴 이유는 무엇일까요?

엄밀히 말하면 두 조사의 결과는 조사 대상부터 시점과 방법 모두 달랐기 때문에 직접 비교할 수는 없습니다. 다만, 주목할 점은 누군가가 분명히 성적 역전을 이루어낸다는 사실입니다.

고등학교 등급 조견표

등급	비율	누계	석차(300명 기준)
1등급	4%	4%	12등
2등급	7%	11%	33등
3등급	12%	23%	69등
4등급	17%	40%	120등
5등급	20%	60%	180등
6등급	17%	77%	231등
7등급	12%	89%	267등
8등급	7%	96%	288등
9등급	4%	100%	300등

이미 언급했지만 저는 고등학교 2학년 1학기 때까지 반에서 15등 정도였습니다. 정말 죽을 각오를 하고 공부한 결과 수능 점수 기준으로 반 2등까지 성적을 끌어올릴 수 있었죠. 현재 등급으로 환산하면 4등급에서 1등급으로 3개 등급이 오른 것입니다. 진학사 자료에 따르면 고2에서 고3까지 2개 등급 이상 성적이 오른 0.3%에 속한 셈입니다. 하지만 결론적으로는 고등학교 1학년과 2학년 때의 성적이 4등급 수준으로 내신이 좋지 않았기 때문에 원하던 대학교는 떨어졌습니다.

저를 포함해서 성적이 오르는 학생들은 어떻게 공부했을까요? 그냥 죽을힘을 다하면 된다는 막연한 이야기 말고, 바로 따라 해볼 수 있는 구체적인 방법은 무엇일까요?

✎ 성적 급상승의 필수 요소 3단계

고등학교 시기 중 특히 고3 때 성적이 많이 오른 학생들에게 어떤 특징이 있는지 알아보기 위해 앞서 2011년 약 43만 명의 진학사 조사 대상 중 1001명에게 설문 조사를 실시했습니다. 평균 내신 등급을 기준으로 2.75등급까지를 '상', 4등급까지 '중상', 5등급까지 '중', 6.25등급까지 '중하', 9등급까지를 '하'로 나눈다면 '중하' 또는 '하'에서 '중상' 또는 '상'으로 성적이 오른 학생들이 대상입니다.

고등학생 성적 변화 요인

가장 만족했던 사교육 (단위 : %)

인터넷 강의	과외	보습 학원	대형 학원	사교육 안 받음	기타
40.7	24.7	8.0	5.5	14.9	6.3

하루 중 예습 시간 (단위 : %)

30분 미만	48.9
30분 이상~1시간 미만	9.4
1시간 이상~2시간 미만	28.0
2시간 이상~3시간 미만	10.6
3시간 이상	2.8

하루 중 복습 시간	(단위 : %)
1시간 미만	13.8
1시간 이상~2시간 미만	31.6
2시간 이상~3시간 미만	29.5
3시간 이상~4시간 미만	14.5
4시간 이상~5시간 미만	4.5
5시간 이상	5.8
무응답	0.4

출처 : 2011년 6월 23일자 동아일보 기사 <고1 내신 성적 고3까지 간다>

성적 상승 키워드 ① 맞춤형 사교육

학생들이 가장 만족한 사교육은 인터넷 강의(40.7%)와 과외(24.7%)였습니다. 반면 보습 학원(8.0%)이나 대형 학원(5.5%)은 만족도가 낮았습니다. 만약 성적 상승을 위해 사교육을 받는다면 맞춤식 강의가 효과적일 가능성이 크지만, 인터넷 강의처럼 스스로를 통제하며 공부하는 것은 개인 성향에 따라 어려울 수 있기 때문에 자기 자신에게 맞는 사교육을 잘 선택하는 것이 중요합니다.

성적 상승 키워드 ② 복습과 자습

하위권 학생들은 예습에 많은 시간을 사용하지 않았습니다. 설문 조사 응답자 중 하루 30분 미만 예습했다는 학생이 절반에 가까웠습니다. 성적이 '하'에서 '상'으로 오른 학생들만 놓고 봤을 때는 이 비율이 60%였습니다.

반면 복습은 '하루 1시간 이상~2시간 미만'(31.6%)과 '2시간 이상~3시간 미만'(29.5%)이 많았죠. 공부할 때 예습도 중요하긴 하지만, 좋은 성적을 만들기 위해서는 배운 내용을 끊임없이 반복해서 공부하는 복습의 중요성을 무시할 수 없습니다. 이 조사 결과를 통해 다시 한번 확인할 수 있었습니다.

한편, 동아일보 기사에 따르면 설문 조사에서 사교육을 제외한 평균 자율 학습 시간은 일주일 중 '30시간 이상~40시간 미만'(27.3%)이 가장 많았다고 합니다. 두 번째로는 '20시간 이상~30시간 미만'(23.0%)이 많았고요. 즉, 성적을 올리기 위해서 하루에 4~5시간은 자습을 해야 한다는 뜻입니다.

성적 상승 키워드 ③ 오답 노트보다 개념 반복

매년 수능 만점자나 서울대학교 합격자가 오답 노트의 중요성을 강조하지만, 사실상 성적 하위권에서는 오답 노트가 큰 영향을 미치지 않는다는 결과도 기사를 통해 알 수 있습니다. 진학사 조사 대상 43만 명 중 44.6%는 오답 노트를 활용하지 않았다고 했습니다. 이런 비율은 성적을 '하'에서 '상'으로 올린 66.7%의 학생들이 더 높았습니다.

그 이유는 성적이 낮은 학생에게 오답 노트보다 개념의 반복 학습이 더 중요하기 때문입니다. 상위권의 경우 스스로 어떤 것을 모르는지 잘 알기 때문에 오답 노트 정리가 가능하고, 높은 성적을 유지하는 데 효과적이기도 합니다. 그러나 하위권 학생들은 대부분 모든 개념에 취약하기 때문에 쉬운 문제부터 반복해서 풀어보는 것이 훨씬 도움 됩니다.

중학생이든 고등학생이든 시기와 상관없이 공부에 매진하기 시작하면서 극적인 성적 상승을 기대한다면 반드시 갖춰야 할 태도가 있습니다. 바로 주요 과목 하나는 제대로 잡고 간다는 의지입니다. 수학이나 영어와 같은 주요 과목들은 단기간에 성적을 올리기 쉽지 않습니다. 예전에 배웠던 내용을 제대로 알고 있지 않으면 지금 배우는 내용을 이해하는 데 상당한 지장을 받을 수도 있습니다. 중등 수학의 원리를 완전히 습득하지 못하면 고등 수학을 따라가기 어려운 것처럼 말입니다. 따라서 주요 과목에서 성적을 끌어올리고 싶다면 한두 과목에 충분히 집중할 수 있는 시간을 확보해야 합니다. 그렇게 해서 그 과목들은 이미 100점에 가까운 수준이 되도록 공부해야 합니다.

저의 경우 수학과 과학은 비교적 쉬웠기 때문에 중학교 이후 거의 모든 시험에서 만점이었습니다. 하지만 영어나 사회는 거의 공부하지 않았던 과목이라 시험에서 찍다시피 한 적이 많았죠. 제가 고등학교 2학년 때부터 공부하기 시작한 과목이 바로 영어와 사회였습니다. 만약 수학과 과학까지 같은 비중으로 공부해야 했다면 극적인 성적 역전은 힘들었을 것입니다.

다음 목차에서는 과학적 연구를 통해 밝힌 성적이 오르는 공부의 비밀을 공개합니다. 이 학습법은 어떤 한 사람만을 위한 것이 아니라, 공부하는 사람이라면 누구에게나 통하는 검증된 방법입니다. 앞으로 소개할 방법들 중 하나라도 적용한다면, 어제와 똑같은 시간을 공부하면서 성적은 눈에 띄게 상승할 수 있을 것입니다. 지금부터는 정말로 어느 정도 마음을 다잡고 공부법을 하나씩 알아봅시다.

4. '공부 마음' 공부법

✎ 공부 재능은 타고난다?

우리는 '머리가 좋다'는 말을 자주 사용합니다. 공부를 잘하려면 머리가 좋아야 한다고 말하기도 합니다. 머리가 좋다는 표현은 '지능이 높다'는 표현으로 바꿔 말할 수도 있습니다. 그렇다면 '지능'은 무엇일까요? 지능은 글자 그대로 지적인 능력으로, 배우고 생각하고 이해하고 판단하고 계획하고 문제를 해결하는 모든 능력을 의미합니다. 당연히 모든 인간은 지능을 가지고 있습니다.

머리가 좋은지 나쁜지를 판단하는 지표로 가장 널리 쓰이는 방법은 바로 지능 지수Intelligence Quotient 검사, 즉 IQ 검사입니다. 미국에서는 '학업 적성 검사SAT, Scholastic Aptitude Test'라는 IQ 검사를 만들어 대학 입시에 사용했고, 우리나라는 1993년부터 학력고사 대신 수능을 실시하고 있습니다.

일반적으로 사람들이 머리가 좋으면, 즉 IQ가 높으면 공부도 잘할 것이라고 생각합니다. 그러나 여러 학자들이 조사한 결과 IQ는 성적 차이의 25% 정도 되는 원인일 뿐 학업 태도나 성실성, 친구나 교사 등 주변 환경이나 학습 방법과 같은 것들이 성적의 큰 변수였습니다. 결국 IQ는 그저 성적 차이를 만드는 여러 가지 원인 중 하나일 뿐인 것입니다.

　물론 IQ가 높은 사람이 유리한 점도 있기는 합니다. 미국 카네기 멜런 대학교 인지 심리학자 존 앤더슨은 실험을 통해 IQ가 높은 사람이 같은 내용을 배우더라도 배우는 속도가 비교적 빠르다는 사실을 밝혀냈습니다. 지능이 높은 사람은 낮은 사람에 비해 같은 내용을 더 빨리 이해하고 적용하면서 더 많은 공부를 할 수 있습니다. 따라서 원하는 성과를 이루는 시간을 단축하여 성적이 잘 나오게 되는 것입니다.

　그러나 이 결론을 뒤집어서 지능이 낮은 사람도 지능이 높은 사람보다 좀 더 노력하면 같은 결과를 얻을 수 있다는 의미를 만들 수도 있습니다. 미국의 정치학자 제임스 플린^{James Flynn}의 계산에 따르면 IQ가 100인 동양계 학생의 성적은 IQ가 115인 백인 학생의 성적과 별반 차이가 없다고 했습니다.

　한 마디로 성적은 머리가 좋은지 나쁜지에 달린 것이 아닙니다. 단지, 지능이 좋은 아이가 남들보다 같은 내용을 좀 더 빨리 배울 수 있을 뿐입니다.

✏ 시간당 효율성 높이기

　제임스 플린의 연구에서 IQ가 더 낮았던 동양계 학생들은 어떻게 머리가 좋은 백인 학생들과 같은 성적을 얻을 수 있었을까요? 이 답을 찾는다면 남들보다 특별히 머리가 좋지 않은 사람도 무엇인가 해낼 수 있지 않을까요? 상대적으로 지능이 낮기 때문에 일반인보다 더 긴 시간을 공부해야 하는데, 그렇다고 특별히 하루 30시간이 주어지는 것도 아니죠. 결국 시간당 효율성을 높일 수 있는 공부법이 답입니다. 강조하자면 IQ가 성적에 미치는 영향은 25%뿐, 나머지 75%는 IQ와 전혀 상관없는 요소들입니다.

내면을 들여다봅시다. 그동안 아이들은 어땠을까요? 단지 머리가 나쁠 뿐이라고 그대로 주저앉지는 않았나요? 공부 잘하는 친구들은 무조건 자신보다 머리가 좋기 때문이라고 단정 짓고 실력을 겨루는 일을 미리 포기해 버리지는 않았나요? 75%! 성적이 역전될 수 있는 절호의 찬스가 바로 여기에 숨어 있습니다.

학교에서 배우는 내용은 같은 학년이라면 누구나 이해할 수 있는 수준으로 구성되어 있습니다. 어느 정도 관심을 가지고 노력한다면 학생들 대부분이 평균 이상의 성적을 낼 수 있다는 뜻입니다. 이 말에 동의하기 어렵다면 스스로 우리나라의 수학 교육을 책임지는 높은 위치에 있다고 생각해봅시다. 수학 교과 과정을 구성할 때 어떤 학생을 대상으로 할까요? 머리 좋고 공부 잘하는 특수목적고등학교 학생들에게 수준을 맞춰야 할까요? 그렇지 않습니다. 국가 차원에서 전국의 모든 학생을 대상으로 교과 과정을 만들게 됩니다.

마음만 먹으면 누구나 충분히 배울 수 있습니다. 공부하고자 하는 의지만 있으면 잘할 수 있습니다. 이미 그렇게 만들어져 있습니다.

✎ 공부하는 방법을 공부하기

IQ가 낮은 동양계 학생들이 공부하는 자세나 방법은 백인 학생들과 달랐습니다. 자신만의 효과적인 공부법에 노력까지 더했기 때문입니다. 물론 공부 시간을 무조건 늘린다고 성적이 오르지는 않습니다. 우리나라 학생들은 외국보다 훨씬 많은 시간을 공부에 쏟고 있습니다. 한국청소년정책연구원의 보고에 따르면 우리나라는 하루 7시간 50분, 일주일 평균 49.43시간을 공부에 할애합니다. 2017년 OECD가 '국제 학업 성취도 평가^{PISA}'를 분석한 자료에서도 마찬가지로 한국 학생들의 주당 학습 시간은 49.4시간이며, OECD 평균인 33.9시간보다 무려 15.5시간이나 더 많이 공부하는 것으로 나타났습니다.

확실히 우리나라 학생들은 국제 학업 성취도 평가에서 우수한 성적을 내고 있습니다. 그러나 하루 평균 6시간 6분 공부하는 핀란드나 5시간 20분 정도만 공부하는 일본 학생들도 학업 성취도 면에서 우리나라와 큰 차이가 없는 것을 보면, 비효율적인 부분도 분명 있습니다. 무조건 공부 양을 늘린다고 공부를 잘하게 되는 것은 아니라는 의미죠.

문제는 무엇이 효과적인 방법이고, 어떤 노력을 기울여야 하는지 아는 것입니다. 학생들이 공부하는 방법을 배운 적 있을까요? 학교나 학원에서 문제를 푸는 방법은 가르치지만 공부를 효과적으로 하는 방법을 알려주지는 않는 것 같습니다. 문제를 왜 이렇게 풀어야 하는지, 어떻게 하면 그런 풀이가 저절로 떠오르는지 말이죠. 어쩌면 가르치지 않는 것이 아니라 가르치지 못하는 것일지도 모릅니다.

하버드 대학교에서는 학생들에게 제대로 된 공부법을 알리기 위해 'Learning How to Learn' 수업을 제공합니다. 공부를 잘해야만 합격할 수 있는 대학교에서 공부법을 가르치다니, 놀랍지만 사실입니다. 그만큼 어떤 것을 배우는 방법을 익히는 일은 매우 중요합니다.

아이들은 물론, 우리 모두 계속해서 무엇인가를 배우고 있지만 학교에서 가르치는 지식들은 평생의 자산이 된다기보다는 나중에 미래에 필요한 진짜 지식을 비교적 쉽게 얻을 수 있는 배경지식이 될 뿐입니다. 4차 산업혁명이 일어나고 있는 시대에 앞으로 사라질 직업과 새로 생겨날 직업은 무수하지만 그중 어떤 것들이 그렇게 될지는 아무도 모릅니다.

새로운 산업과 직업이 등장하면 그 일을 하기 위한 능력을 배워야겠죠. 아이들이 지금부터 찾고 고민하고 선택해야 할 여러 가지 배움의 방법들이 어쩌면 미래의 가장 중요한 지식이 될 수도 있습니다.

5. 아는 것도 틀릴 때 써먹는 공부법

✏️ 아는 것도 틀리는 이유

어느 날 학교에서 시험을 보는데 어려운 문제가 나왔습니다. 분명 배우지 않은 내용에서 나온 것 같았죠. 하지만 시험을 마치고 주변 친구들 이야기를 들어보니 충분히 풀 수 있는 문제였습니다. 단지 시험을 치르는 동안만 몰랐을 뿐입니다. 누구나 이런 경험이 한 번쯤은 있지 않을까요?

만약 이런 순간에 문제를 풀 힌트를 생각해낼 수 있는 비법이 있다면, 도저히 어디에서부터 손을 대야 할지 모를 문제의 실마리를 찾을 수 있는 방법이 있다면 알고 싶지 않나요? 그 비법은 바로 아래와 같습니다.

학습 단원별 목차를 외워라!

들어보지도 못하고 생각해본 적도 없는 다소 싱거운 듯한 이야기에 한숨을 쉬는 학생이 있을지도 모르겠습니다. 하지만 좀 더 읽어봅시다.

공부할 때 가장 중요한 2가지

① 기본이 되는 개념 공부를 탄탄하게 하라!

② 개념을 구조화하라!

첫 번째는 학생들 대부분이 공감할 법한 내용입니다. 두 번째로 '개념의 구조화'는 단어가 어렵게 느껴질 수도 있는데요. 쉽게 말하자면, 자신이 배운 개념을 머릿속에 연관 지어 저장하라는 뜻입니다. 어려운 문제를 만났을 때, 그 문제가 도대체 어디에서 튀어나왔는지조차 모른다면 필요한 지식이 바로 생각나지 않습니다. 학자들은 이런 식으로 장기 기억에 저장된 것들 중 필요한 지식을 생각해내는 일을 '인출'이라고 합니다. 다시 말해, 시험 문제를 보고 그 문제와 관련된 여러 가지 지식이나 풀이 방법을 떠올리는 것입니다.

배운 내용이 머릿속에 뒤죽박죽되어 있으면 필요한 순간에 금방 떠오르지 않습니다. 공부할 때는 머릿속에 지식을 저장하는 것만이 아니라, 그 지식을 빠르고 정확하게 떠올리는 것 또한 중요합니다. 따라서 아이들은 빠르고 정확하게 '인출'하는 방법을 알아둘 필요가 있습니다.

머릿속에 폴더 만들기

모든 사람들의 머릿속에는 기억해야 할 것들이 너무 많아서 뒤죽박죽 섞여 있습니다. 하지만 우리가 배운 내용들이 어떻게 연결되고, 어디에 사용되고, 또 어떻게 응용될 수 있는지 잘 알고 있어야 자유자재로 꺼내 쓸 수 있습니다. 마치 컴퓨터의 폴더를 머릿속에 만들어놓고 필요할 때마다 해당 폴더로 이동해서 자료를 열어보는 것과 같습니다.

우리가 몸에서 떼어놓을 수 없는 스마트폰을 떠올려볼까요? 지금 당장 사용하고 싶은 애플리케이션이 있다고 합시다. 분명 스마트폰 어딘가에 설치했을 텐데 보이지 않아 답답합니다. 이리저리 널려 있는 아이콘이 많아 눈에 잘 띄지 않습니다.

이렇게 수많은 애플리케이션이 질서 없이 섞여 있으면 원하는 것을 금방 찾기 어렵습니다. 그래서 우리는 보통 폴더를 만들어 비슷한 종류들을 한데 모아두죠. 이런 식의 폴더 정리는 한 번만 마음먹고 끝내면 그다음부터 편리하게 스마트폰을 사용할 수 있습니다.

공부할 때도 마찬가지로 학생들이 배운 여러 가지 개념들을 폴더별로 저장하면 나중에 기억하기 쉽습니다. 시험을 보거나 숙제를 하다가 풀이 방법이 떠오르지 않으면 전에 배웠던 내용들을 돌이켜봐야 합니다. 일단 자신이 알고 있는 내용이 무엇인지, 그 내용들 중 지금 맞닥뜨린 문제와 관련 있어 보이는 것이 있는지 말이죠. 이러한 과정이 머릿속에서 바로 일어나야 하는 것입니다.

그렇다면 머릿속을 어떻게 정리할 수 있을까요? 머릿속에 폴더를 만들기 위해 가장 중요한 것은 바로 목차를 외우는 일입니다. 목차는 교과서 한 권이 어떤 식으로 구성되어 있는지 한눈에 볼 수 있게끔 세분화되어 있습니다. 따라서 각 과정의 목차를 읽고 대단원이 어떻게 나누어져 있는지, 각 단원에 속한 소단원은 또 몇 개인지, 단원별 핵심 단어와 주제는 무엇인지 알고 있으면 모든 기억을 하나하나 헤집지 않아도 됩니다. 머릿속에서 필요한 지식과 관련된 주제의 폴더만 찾아 들어가는 것이 가능합니다.

목차를 외우는 일이 귀찮다고 생각할 수도 있습니다. 그러나 이 일은 의외로 쉽습니다. 대개 아이들이 배우는 학습 단원들의 키워드는 이미 수십 번씩 반복해서 듣고 봐왔기 때문에 낯설지 않을 것입니다. 순서만 기억하면 됩니다.

2011년부터 저는 대치동 학생들을 대상으로 목차를 외우게 했습니다. 하루에 2분씩 목차를 외우는 일을 일주일 반복했더니 학생들이 한 학기 분량의 목차를 대부분 쉽게 외울 수 있었습니다. 수업이나 숙제를 시작하기 전에 목차 페이지를 펼쳐 한 번씩 쭉 읽기만 하면 됩니다. 이렇게 하루에 2분씩만 투자하면 자신이 공부했던 개념들을 하나로 묶을 수 있는 것입니다.

✎ 공부 잘하는 아이는 연결할 줄 안다

여러 논문에서 공부를 못하는 학생과 잘하는 학생의 성향을 비교한 결과를 정리하면 다음과 같습니다.

공부를 못하는 학생

① 단편적인 지식으로 문제를 해결하려 함
② 예전에 배운 내용과 지금 배우고 있는 내용의 관계를 파악하지 못함

공부를 잘하는 학생

① 문제를 분석적으로 받아들임
② 복잡한 개념은 낱개의 개념으로 나누어 생각함
③ 서로 다른 요소를 구조화해서 관련 있는 개념끼리 묶으려고 노력함

공부 잘하는 학생들은 단편적인 지식들을 서로 연결하여 생각하고, 결국에는 큰 덩어리로 만들어 기억합니다. 이런 학생들은 수업 시간에 배우는 핵심 단어와 개념들 사이의 관계를 이해하고, 중요 개념들 사이의 연결망을 형성하여 공부하고 있었습니다. 결국 공부를 잘하는 핵심은 새롭게 배운 정보를 단편적으로 받아들이는가, 아니면 복합적으로 연결해서 받아들이는가의 차이에서 비롯되는 것입니다.

많은 학생들이 책을 읽거나 수업을 들을 때는 내용을 알 것 같은데 막상 지나고 나면 전혀 기억이 나지 않는다고 이야기합니다. 공부를 잘하는 핵심과 같은 원리입니다. 책이나 수업에서 주어지는 정보들을 파편적으로 기억하려고 할 뿐, 각 정보들과 이미 알고 있는 지식을 잘 연결하지 못하기 때문에 기억의 힘이 약해집니다. 만약 새로운 정보와 알고 있는 지식을 연결할 수 있는 능력을 키운다면 큰 학습 효과를 누릴 수 있습니다.

새로운 지식은 예전에 배웠던 비슷한 종류의 지식과 같은 공간에 저장되어야 나중에 떠올리기 쉬워집니다. 비슷한 정보는 서로 '인출 단서'가 되기 때문입니다. 우리가 흔히 '연상 작용'이라고 말하는 것과 같은 의미입니다.

원숭이 엉덩이는 빨개, 빨가면 사과, 사과는 맛있어, 맛있으면 바나나, 바나나는 길어, 길면 기차, 기차는 빨라, 빠르면 비행기, 비행기는 높아, 높으면 백두산…….

제가 초등학교 때 친구들과 재미로 불렀던 이 노래를 아직도 기억할 수 있는 것은 바로 이런 연상 작용 덕분입니다.

✏️ 제대로 된 노트 필기법

침팬지 교수로 잘 알려진 시카고 대학교의 수잔 골딩 미도 ^{Suzan Goldin-Meadow} 교수는 2007년 침팬지 실험을 통해 손을 사용하면서 공부하는 것이 학습 효과를 1.5배 늘려준다는 연구 결과를 발표했습니다.

교육에 대해 많은 연구를 했던 페퍼와 메이어 ^{Peper&Mayer}는 필기하는 과정에서 정보 처리가 이루어질 수 있기 때문에 노트에 기록한 내용은 기록하지 않은 내용보다 기억될 가능성이 더 높아진다고 했습니다. 다시 말해, 눈으로만 공부하는 것보다는 필기를 하면서 공부하는 것이 더 효과적이라는 뜻입니다.

그렇다면 어떻게 노트 필기하는 것이 좋을까요? 앞서 언급한 대로 단편적인 개념들을 연결 지어 전체를 구조화하려면 어떤 방법을 써야 할까요? 노트법에는 여러 가지가 있지만 정보의 연결에 도움을 주는 방법을 하나 소개한다면, 1971년 영국 심리학자인 토니 부잔 ^{Tony Buzan}이 고안한 노트법인 '마인드맵 ^{Mind Map}'이 있습니다.

마인드맵은 직역하면 '마음의 지도'라는 뜻으로, 우리가 기억해야 할 내용을 적고 그리는 데에 여러 가지 색깔을 사용해서 예술적인 형태로 표현하는 것을 말합니다. 따라서 마인드맵은 인간의 두뇌라는 무한한 용량의 컴퓨터에서 읽고, 생각하고, 기억하는 모든 것들을 마치 두뇌 속의 지도를 그리듯 해야 한다는 독특한 학습 방법이라고 할 수 있습니다. 중심 이미지, 핵심 단어, 색, 부호, 상징 기호 등을 사용한 시각적 형태와 그림을 통해 개념을 조직하는 창의적 방법인 것입니다.

미국과 유럽에서는 1970년대부터 '배우는 방법을 배우는 ^{Learning How to Learn}' 학습 도구로써 유아와 초·중·고등학생은 물론 대학과 기업에까지 널리 보급되었습니다. 옥스퍼드나 케임브리지 대학교에서는 마인드맵을 정규 과목으로 지정했을 만큼 세계적인 공인을 받았습니다. 우리나라에서는 2000년부터 시행된 7차 교육 과정 교과서에 마인드맵을 일부 적용하기 시작했습니다.

마인드맵 노트법은 핵심 단어와 이미지를 사용하기 때문에 기억력과 이해력을 높이는 데 효과적일 뿐만 아니라, 창의력과 문제 해결 능력까지도 신장할 수 있습니다. 이외에도 여러 학자들이 말하는 마인드맵의 교육적 효과는 일일이 나열하기 어려울 정도로 많습니다.

특히 수학 학습 능력이 떨어지는 학생이 마인드맵 노트법을 활용하면 개념 구조 형성과 창의력을 키울 수 있다는 의미 있는 연구 결과도 있습니다. 마인드맵 노트 작성이 수학 개념들 사이의 연결을 한층 더 강화하고, 새로 접하는 정보를 기존의 지식과 함께 재구성 및 재구조화해서 보다 큰 틀로 통합할 수 있기 때문입니다.

이러한 마인드맵의 장점을 구제적으로 정리해볼까요?

① 필요한 단어만 기록하여 약 70%의 노트 작성 시간을 절약할 수 있다.
② 필요한 단어만 읽어 총 90% 이상의 복습 시간을 절약할 수 있다.
③ 중심 단어, 개념, 공식들과의 관계를 이해할 수 있다.
④ 핵심어를 강조하고 중요 개념들 사이의 연결망을 형성할 수 있다.
⑤ 마인드맵을 작성하는 동안 끊임없이 새로운 것을 발견하고 깨달을 수 있다.

✎ 마인드맵 제대로 배우기

이번에는 토니 부잔이 설립한 부잔센터의 한국 지사 '한국부잔센터'에서 안내하는 방법을 읽으면서 그림을 확인하고, 아이들이 예제를 통해 직접 마인드맵을 그려볼 수 있도록 하면 어떨까요?

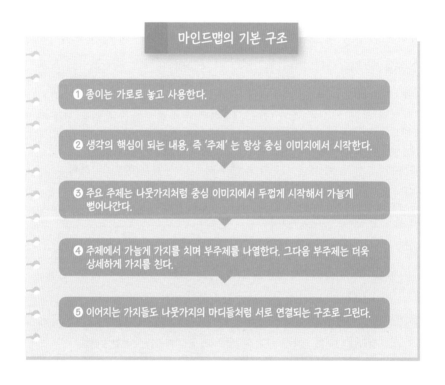

마인드맵의 기본 구조

❶ 종이는 가로로 놓고 사용한다.

❷ 생각의 핵심이 되는 내용, 즉 '주제'는 항상 중심 이미지에서 시작한다.

❸ 주요 주제는 나뭇가지처럼 중심 이미지에서 두껍게 시작해서 가늘게 뻗어나간다.

❹ 주제에서 가늘게 가지를 치며 부주제를 나열한다. 그다음 부주제는 더욱 상세하게 가지를 친다.

❺ 이어지는 가지들도 나뭇가지의 마디들처럼 서로 연결되는 구조로 그린다.

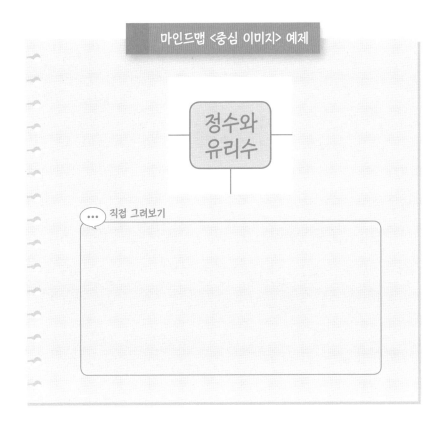

마인드맵 <중심 이미지> 예제

정수와
유리수

직접 그려보기

① 중심 이미지

먼저, 중심 생각(주제)을 찾습니다. 중심 생각은 눈에 띄게 그림으로 그릴 수도 있으며, 가능한 한 여러 가지 색깔을 사용하면 더 좋습니다. 이렇게 하면 마인드맵을 한눈에 볼 때 중심 생각에 항상 두뇌가 집중될 수 있습니다.

정수와 유리수

분류

사칙계산

수의 대소 관계

직접 그려보기

② 주가지

중심 이미지와 관련된 주요 내용들을, 중심 이미지에서 뻗어 나온 가지 위에 핵심어나 이미지로 표현합니다. 여기에서 주요 내용이란 중심 이미지를 설명하는 내용들을 묶을 수 있는 작은 주제들입니다. 주가지들은 주제가 확실하고 두드러져 보일 수 있도록 각각 다른 색을 사용하거나 굵은 선으로 표시할 수도 있습니다.

예를 들어 수학 학습을 할 때 '정수와 유리수'라는 큰 주제에서 '사칙 계산', '수의 대소 관계'와 같은 주가지가 뻗어 나올 수 있습니다. 만약 '분수와 나눗셈'이 주제라면 '대분수', '분모가 같은 진분수', '분모가 다른 진분수' 등이 주가지가 될 수 있겠죠.

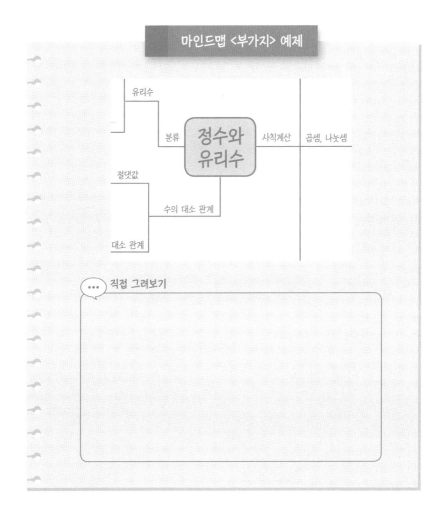

③ 부가지

부가지는 주가지의 내용을 보충하는 부주제 내용입니다. 주가지에 대한 설명이 바로 연결될 수도 있습니다. 그림으로 나타내게 된다면 부가지는 주가지에서 부드럽게 바깥쪽으로 가지를 펼치며 주가지 끝에서 부드러운 곡선으로 연결할 수 있습니다. 이미지가 아닌 핵심으로 표현할 때는 주가지에 썼던 글씨보다 조금 작은 글씨로 표현할 수도 있습니다.

만약 중심 이미지가 '정수와 유리수', 주가지 중 하나가 '수의 대소 관계'라면 부가지는 '절댓값', '대소 관계'가 될 수 있고, 주가지가 '사칙 계산'이라면 부가지는 '덧셈, 뺄셈'이나 '곱셈, 나눗셈'이 됩니다.

④ 세부가지

부가지를 부연 설명하는 내용이 세부가지에 자리합니다. 세부가지는 필요하면 얼마든지 덧붙일 수 있습니다. 각각의 부가지에 대한 상세한 내용을 쓸 수 있는데요. 예를 들어 수학 마인드맵이라면 공식을 옮겨 적을 수도 있습니다.

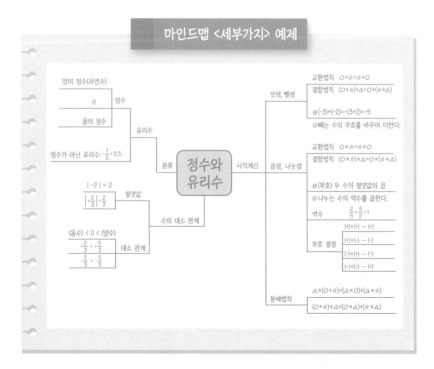

... 직접 그려보기

마인드맵의 구성을 살펴보니 어땠나요? 우리는 지금까지 공부할 때 여러 가지 개념들의 관계를 생각해보는 것이 중요하다는 이야기를 했습니다. 또, 새로 배운 내용과 알고 있던 지식을 연관 짓기 위해서는 기존의 지식들이 머릿속에 잘 정리되어 있어야 한다는 사실도 깨달았습니다.

그렇다면 아이들이 공부를 제대로 하기 위해서는 목차를 외워야 합니다. 이때 단순히 암기하려고 하는 것보다는 마인드맵을 활용하면 그동안 배운 내용들을 조직화할 수 있게 됩니다.

아이들이 성적을 올리고 싶다면 이제부터 책의 맨 앞에 있는 목차를 자주 펼쳐 읽고, 연습장에 마인드맵을 그리면서 전체를 파악하는 연습을 해야 합니다. 10분도 채 되지 않는 이 짧은 시간들이 쌓이면 어느 순간 아이들의 성적이 올라 있을 것입니다.

6. 패턴 암기에서 벗어나라

✏️ 창의사고의 힘

독일의 유명한 수학자 가우스는 어린 시절 학교 수학 시간에 다음과 같은 문제를 만나게 되었습니다.

> **"1부터 100까지 자연수의 합을 구하시오."**

다른 친구들이 1부터 숫자를 하나하나 더하고 있을 때 가우스는 손을 번쩍 들며 "5050이요!"라고 금세 답을 외쳤습니다. 어떻게 금방 값을 구할 수 있었을까요? 가우스는 1부터 100까지 숫자가 일정하게 늘어나기 때문에 양 끝의 수의 합과 그다음 끝에서 끝까지의 합은 모두 일정하다는 사실을 발견했습니다. 남들처럼 생각하지 않고, 수학적 원리를 이용해서 또 다른 해법을 찾은 것이죠.

현대 물리학에서 아인슈타인 다음으로 손에 꼽히는 과학자 닐스 보어는 코펜하겐 대학교 물리학과에 다니던 시절 재미있는 답안을 제출한 적이 있습니다. 교수가 수업 시간에 낸 문제는 다음과 같았습니다.

> **"기압계로 고층 건물의 높이를 재는 방법을 논하라."**

교수의 의도는 지면과 고층 건물의 기압 차이를 이용해서 건물의 높이를 재라는 것이었죠. 하지만 보어는 판에 박힌 답 대신 다른 답을 냈습니다.

> **"건물 옥상에 올라가 기압계에 줄을 매단 다음
> 아래로 늘어뜨린 뒤 줄의 길이를 재면 된다."**

답안을 두고 교수와 보어가 말다툼을 벌이고 있을 때 다른 교수가 "6분을 줄 테니 물리학 지식을 이용해서 답을 써내라"라며 중재에 나섰습니다. 보어는 즉석에서 "기압계를 가지고 옥상에 올라가 아래로 떨어뜨린 뒤 낙하 시간을 잰다. 이때 건물의 높이는 {1/2 X (중력 가속도) X (낙하 시간)의 제곱}이다"라고 답했습니다.

문제를 출제한 교수는 이 답안에는 높은 점수를 쳤습니다. 교수가 또 다른 방법은 생각하지 않았느냐고 묻자 보어는 바로 5가지 독창적인 방법을 제시하며 교수를 놀라게 했습니다. 이렇듯 보어는 출제자의 의도를 넘어서 다양한 아이디어를 떠올릴 수 있는 생각의 힘 덕분에 역사적으로 훌륭한 업적을 남길 수 있었습니다.

역사 속의 위대한 인물들에게는 항상 주어진 과제에 대해 또 다른 방법이 없는지 고민하는 시간이 많았습니다. 21세기 혁신의 아이콘인 스티브 잡스도 마찬가지였습니다. 시대의 흐름은 점차 빨라지고, 이 흐름을 관통하는 것은 창의적 사고력입니다. 이미 많은 대학과 기업체에서는 창의적인 사고가 가능한 인재들을 선호하고 있습니다. 더 이상 강조할 필요가 없는 것이죠. 세상과 교실 모두 변해가고 있습니다.

🖋 재료가 많아야 한다

창의사고력은 창의력과 사고력을 합성한 말입니다. '창의력'은 쓸모 있는 새로운 생각을 할 수 있는 능력을 의미하고, '사고력'이란 생각하는 힘을 뜻합니다. 따라서 창의사고력은 새로운 것을 포함한 유용하고 다양한 생각을 하는 힘으로 정의할 수 있습니다.

기본적으로 수학은 논리를 바탕으로 하는 학문입니다. 그렇다면 수학적 창의사고력은 '수학적 논리'에 근거해서 다양한 해결 방법을 깊이 생각해볼 수 있는 힘인 셈이죠. 좁게는 자신만의 새로운 풀이를 떠올리는 것으로 시작하고, 넓게는 어려운 문제도 해결할 수 있는 방법을 떠올리는 힘을 이야기합니다. 가우스와 닐스 보어처럼 남들과 다른 풀이로 문제를 해결하는 것도 창의사고력이지만, 복잡한 개념이 얽혀 있는 문제를 차근차근 풀어나가는 힘도 창의사고력에 속한다는 의미입니다.

어찌 보면 당연하게 들릴 수 있지만 '창의적인 무엇인가'를 머릿속에서 꺼내기 위해서는 반드시 생각을 시작해야 합니다. 하지만 생각을 하기 전에 먼저 해야 할 일이 있죠. 바로 기존의 지식을 익히는 일입니다. 자신의 머릿속에 아무것도 없다면 아무 생각도 할 수 없습니다. 다시 말해 기존의 지식은 생각을 할 수 있게 해주는 재료가 됩니다.

음식을 하려면 그 레시피에 맞는 재료가 있어야 하는 것처럼 생각을 하기 위해서는 여러 가지 지식이 필요합니다. 냉장고에 다양한 재료가 있어야 다양한 요리를 할 수 있듯, 내 머릿속에 다양한 수학 지식이 들어 있어야 여러 가지 문제를 해결하는 다양한 방법을 생각해볼 수 있습니다. 이렇게 창의사고력을 발휘하기 위해서는 기본적으로 기존의 지식, 즉 개념을 익히는 일이 선행되어야 합니다. 하지만 주의해야 할 점은, 기존의 지식을 어떻게 공부하느냐에 따라 창의사고력을 키울 수도 있고 죽일 수도 있다는 것입니다.

🖍 수학 공부에서 절대 하면 안 되는 것

아이들이 알고 있는 일반적인 수학 공부 방법이나 수학 교실의 모습은 어떨까요? 보통 수학 수업이 시작하면 선생님이 개념을 설명해줍니다. 이때 대화나 소통은 거의 없고, 단지 간단한 질문과 간단한 대답만 오갈 뿐입니다. 학생들은 선생님의 설명을 듣고 각자 예제를 풉니다. 그렇게 푼 문제 중 틀린 부분을 질문하면 선생님은 그 문제들을 다시 풀어줍니다. 학생들이 틀린 문제에 대해 어디까지 고민했는지는 크게 중요하지 않습니다. 학생들이 질문한 문제를 선생님이 처음부터 쭉 풀고 답까지 내줍니다. 상당히 익숙한 교실의 풍경입니다.

집에서 공부하는 모습도 비슷합니다. 많은 문제를 풀고 또 풀어봅니다. 문제의 양으로 승부하며 다양한 유형들을 구분해서 암기합니다. 문제를 푸는 패턴을 반복 학습을 통해 익히는 것이죠. 이런 방식의 공부에 도움이 되는 문제집이 바로 '유형별 문제집'입니다. 풀이 방법이 비슷한 문제들을 묶어서 한 번에 공부할 수 있도록 편집된 특징 때문에 시중에서 가장 잘 팔리기도 합니다. 학생들 스스로도 이런 문제집으로 공부하고, 선생님들도 다를 것 없이 학생들에게 비슷한 훈련을 시킵니다.

유형별 학습이 인기가 많은 이유는 단기간에 일정한 성과를 올릴 수 있다는 장점 때문입니다. 하지만 이 장점은 금방 약점이 되고 맙니다. 일방적인 설명과 유형별 문제 풀이식 학습은 문제를 분석하거나 풀이를 고민할 기회조차 주지 않습니다. 지금 풀고 있는 문제는 방금 전에 풀었던 문제와 크게 다르지 않기 때문에 큰 고민과 노력 없이 풀이 방법을 외우기 좋습니다. 따라서 학생들은 문제를 마스터했다고 착각하기 쉽지만, 다양한 유형의 문제들과 섞게 되면 결과는 금방 달라집니다. 이러한 공부법은 문제집 안에서 유효할지 몰라도 시험지 위에서는 절대 통하지 않습니다.

✎ 수학 공부는 발상부터

궁극적으로 수학이라는 것은 개념을 바탕으로 만들어진 문제를 해결해나가는 학문입니다. 하지만 이 개념과 문제는 항상 떨어져 있기 때문에 반드시 둘을 이어주는 연결 고리가 필요합니다. 수학 문제를 해결하는 중요한 열쇠인 이 연결 고리가 바로 '발상'입니다. '발상의 힘'은 한 마디로 문제를 해결하는 힘입니다. 이 힘을 기르려면 생각의 재료인 지식을 공부하는 개념 학습부터 스스로 탐구해야 합니다. 그리고 그 개념의 원리가 무엇인지 완벽하게 이해해야 합니다.

어떤 원리의 증명이 있다면 직접 그 과정을 거쳐 결과를 도출할 수 있어야 합니다. 개념이 어떻게 확장되어 다른 개념들과 연결되는지 흐름을 파악하고, 또 어떻게 변할 수 있을지 예측해야 합니다. 아무리 많은 지식과 정보가 있더라도 그것을 단순히 기억하고 재생하는 것은 창의사고력이 아닙니다. 다양한 지식을 재구성하고 재결합하여 의미 있고 유용한 결과를 만들어내는 것이 수학적 창의사고력의 핵심입니다. 개념이 완벽하게 자신의 것이 되면 그 재료(지식)를 활용하여 마음껏 수학 요리를 할 수 있는 '자유로운 발상'이 가능해지고, 이것이 바로 수학적 창의사고력을 기르는 방법입니다.

✏️ 수학 성적 올리는 4가지 방법

창의사고력으로 수학을 공부할 때 가장 핵심적인 과정은 '생각하기'입니다. 어떻게 생각해야 하고, 또 그 생각을 확장하는 방법은 무엇일까요?

① LONG TERM SLOW THINKING

대치동의 많은 아이들이 수학 선행 학습을 초등학교 4학년부터 시작합니다. 선행을 할 때는 1년 정도 앞서 미리 공부하는 학생들도 있고, 경시대회 같은 시험을 준비하는 학생들은 그보다 더 빠르게 진도를 나가죠. 하지만 선행 학습의 가장 큰 문제는 속도전에만 급급하다는 것입니다. 어릴 때일수록 수학 공부를 할 때 여유를 갖고 충분한 시간을 들여야 합니다. 많이 생각하고 푸는 연습을 해야 한다는 뜻입니다.

문제를 맞닥뜨리면 자신이 어떤 것을 배웠고 그들 중 무엇을 활용해야 할지 다각도로 생각해봅시다. 답을 구하는 것에 목적을 두지 말고 일단 팔짱 끼고 생각만 하는 과정을 어릴 때부터 많이 하면 할수록 좋습니다. 이런 식의 'LONG TERM SLOW THINKING', 즉 오랫동안 천천히 생각하는 과정이 습관처럼 몸에 밴다면 고등학생이 되었을 때 오랜 시간을 들이지 않고 자신만의 수학 접근법을 구축할 수 있습니다. 이때 선생님이나 부모님의 적절한 도움을 받는다면 자신이 세운 논리의 흐름도 올바로 잡을 수 있게 됩니다.

② 목차로 흐름 익히기

이미 언급한 내용이지만 중요하기 때문에 다시 요약합니다. 개념 공부를 탄탄히 하려면 배운 개념들을 머릿속에 연관 지어 저장하며 구조화해야 합니다. 특히 수학 과목은 순차적으로 개념을 확장하는 방식입니다. 따라서 지난 학년에서 배운 것을 제대로 이해하지 못하면 그다음 단계를 이해하기 어려워지고 점점 방황하게 됩니다. 모든 개념들이 긴밀하게 연결되어 있기 때문에 이전에 배웠던 것들의 흐름을 파악하는 것이 중요합니다. 큰 그림을 보기 위해서 가장 쉬운 방법이 바로 목차를 익히는 일입니다.

③ 나만의 문제 분류 카드

가장 기피해야 할 것은 같은 유형의 문제를 '생각 없이 반복'해서 푸는 일입니다. 반면 자신이 만든 기준으로 새롭게 문제 유형을 분류해보는 방법은 권장할 만합니다. 문제집을 사면 일단 그 안에 실린 주요 문제들을 복사합니다. 그리고 각 문제별로 잘라 낱장의 카드 형태로 만듭니다. 그리고 하나씩 풀어봅니다.

이 과정을 진행하다 보면 비슷한 과정이나 개념으로 풀 수 있는 문제들이 보이게 됩니다. 그렇게 자신이 생각하는 비슷한 유형의 문제들을 조합하고, 흩뜨려놓고, 또다시 조합합니다. 서로 다른 문제를 일정한 기준에 따라 묶는 연습을 하게 되면 창의사고력의 핵심인 '융합'의 능력을 키울 수 있습니다. 다양한 사고와 개념을 개별적으로, 또 통합적으로 생각하는 연습을 하는 것입니다.

④ 수학 토론 하기

미국에서도 명문 고등학교로 손꼽히는 하버드 웨스트레이크 스쿨^{Harvard-}Westlake school에서는 일찍이 수학 수업에 토론 시간을 따로 마련했습니다. 수업이 시작되면 이번에 배울 개념에 대해 교사가 짧게 강의하고, 이후 바로 학생들끼리 팀을 나눠 머리를 맞댑니다. 그리고 개념이나 공식이 만들어지기까지의 원리가 어떻게 적용된 것인지 역추적합니다. 주어진 문제를 풀기 위해 다양한 방법을 제안하기도 합니다.

학생들은 처음 배운 것들에 대해 팀원들끼리 이야기를 나누며 풀이 방식을 찾아갑니다. 자신이 가진 아이디어와 친구가 내놓는 것을 비교하고 대입해봅니다. 이후 각 팀끼리 또 한 번 토론으로 맞붙습니다. 개념을 정확하게 이해하고 다양한 예와 방법을 제시하는 학생들이 이기게 됩니다.

이러한 경험을 통해 아이들은 다채로운 발상을 접할 수 있습니다. 무엇보다 함께 생각하고 말하는 행위는 쓰는 것과 또 다른 학습 효과를 유도합니다. 이와 같이 마음이 맞거나 수준이 비슷한 아이들 3~5명씩 묶어 어려운 문제를 풀어보는 스터디를 하는 것도 좋은 결과를 불러올 수 있습니다.

7. 채점 후 진짜 공부를 시작하라

✏️ 진짜 공부와 가짜 공부

문제집을 다 풀고 난 다음 해야 하는 것은 무엇일까요? 맞습니다. 바로 채점입니다. 그렇다면 채점을 끝낸 다음은 어떨까요? 공부하려는 의지가 어느 정도 있다면 틀린 문제를 다시 풀어볼 것입니다. 그런데 이렇게 하면 정말 공부가 끝날까요?

사실 이해가 가지 않는 것은 아닙니다. 우리나라의 많은 학생들이 학교 말고도 학원을 다니거나 과외를 합니다. 이때 쌓이는 숙제가 만만치 않은 양이기 때문에 '진짜 공부'를 할 수 있는 시간이 부족할 만큼 바쁜 것이 예사입니다. 아이들 탓이 아닙니다. 좀 더 냉정하게 이야기하자면 혼자 공부할 시간을 주지 않고, 아이들 스스로도 공부할 수 있다는 것을 쉽게 믿지 못하는 사회 분위기 탓이라고 할 수 있습니다.

그렇다면 수학을 예로 들어봅시다. 진정한 수학 공부란 무엇이라고 생각하나요? 각 단원별 모든 유형의 문제 풀이 방법을 완벽하게 마스터하거나 외우고 있는 것일까요? 아니면 개념을 완벽하게 정리하는 것일까요? 물론 이런 것들이 가능하다면 좋은 수학 공부가 될 수 있습니다. 하지만 그만큼 상당히 많은 시간과 노력이 필요할 것입니다. 수학이 어려운 이유이기도 하죠.

다행히도 우리의 선배, 또 그 선배의 선배들이 지금까지 수학 공부를 하고 수많은 시행착오를 거치면서 쌓은 경험으로 보다 수학을 잘할 수 있는 방법을 터득하게 되었습니다. 어떤 학생에게는 새로울 수도 있고, 어떤 학생은 이미 그렇게 하고 있을 것입니다. 새로운 공부법을 배울 마음의 준비가 되었다면 다음 문장에 주목합니다.

> 개념 이해가 잘 마무리되었다면, 문제집을 꺼내 풀면서 공부하자!

"응? 그건 우리 아이가 맨날 하는 건데?"라는 생각을 하고 실망했나요? 그렇다면 좀 더 자세하게 단계별로 풀어 설명하겠습니다.

> ① 개념 공부를 마치면, 문제집을 꺼내 풀어라!
> ② 그리고 정확하게 채점하라!
> ③ 채점이 끝나면 틀린 문제를 확인하라! 답은 맞았지만 풀 때 아리송한 문제는 없었는지도 확인하라!
> ④ 이제부터 틀린 문제를 천천히 알아가는 '진짜 공부'를 시작하라!

공부는 모르는 것을 알아가는 과정입니다. 다른 과목들도 그렇지만 특히 수학은 개념이나 이론 수업을 마친 다음, 배운 내용이 어떻게 문제로 나오는지 확인해야 합니다. 그리고 다양한 문제를 반복해서 풀면서 배운 개념을 익히고 응용할 수 있어야 합니다. 문제를 풀다 보면 모르는 문제도 많고, 풀었지만 틀리는 문제도 있을 수 있습니다. 몰라서 틀린 문제는 어떻게 하면 그 문제를 해결할 수 있는지 다시 살펴봐야 하고, 풀었지만 틀리는 문제는 틀린 이유를 찾아서 다음에 또 틀리지 않도록 해야 합니다.

처음 문제를 풀면서 헤맸던 원인을 알아내는 공부, 그것을 자신의 것으로 만드는 일이 바로 '진짜 수학 공부'입니다. 많은 학생들이 그동안 공부라고 해온 것들은 대부분 진짜 수학 공부를 하기 위해서 공부할 거리를 준비하는 '과정'이었습니다. 물론 이 과정도 충분히 공부가 되지만, 더 중요한 진짜 수학 공부는 이때부터 시작인 셈입니다.

그런데 아이들은 이제껏 어땠을까요? 대부분은 앞에서 말한 4단계 공부법 중 3단계까지만 어설프게 도달합니다. 개념 공부는 요점만 정리되어 있는 페이지를 대충 읽기만 하고 바로 문제를 풀기 시작하지 않았나요? 문제를 전체적으로 한 번 풀고 난 뒤, 채점해서 몇 개나 맞혔는지 확인만 하고 바로 문제집을 덮어버리지는 않았나요? 그나마 오답을 정리하더라도 답안 해설을 보며 '내가 이래서 틀렸구나!' 눈으로만 보고 끝나지는 않았나요? 문제를 풀 때 맞게 푸는지 확신이 없었지만 결국 답은 맞혔기 때문에 그냥 넘어가지는 않았나요?

이렇게 공부한 아이들, 진짜 수학 공부를 하고 있었던 것 맞을까요?

✎ 문제집은 그물이다

안타깝게도 문제집을 푸는 것이 곧 수학 공부인 것은 아닙니다. 문제집을 한 번 푸는 행위는 단지 스스로 어떤 문제들을 풀 수 있고 어떤 문제를 모르는지 확인하는 과정일 뿐이죠. 문제집을 풀고 나면 이제 막 공부할 거리를 찾아낸 것과 다름없습니다.

말하자면 문제집은 그물과 같아 자신이 모르는 문제를 물고기처럼 낚아 올립니다. 물고기를 잡았다면 시장에 내다 팔든가 직접 맛있는 요리를 해 먹어야겠죠? 그러나 많은 학생들이 지금까지 물고기를 잡기만 했을 뿐, 그물에 그대로 방치한 셈입니다.

이러한 방식으로 실력이 향상되었을까요? 당연히 아닙니다. 물론 여태 해온 대로 문제집을 여러 권 반복해서 풀다 보면 처음에는 몰랐던 것을 알게 되기도 하고, 기존에 알고 있었던 부분은 더욱 확실하게 풀 수 있는 것은 맞습니다. 그러나 여전히 모르거나 틀리는 문제는 다음에 또 만나면 똑같이 틀리고 맙니다. 공교롭게도 학교 시험에는 이런 문제들이 많이 출제됩니다. 선생님은 학생들이 어떤 문제를 어려워하는지 잘 알고 있기 때문입니다.

✎ 생각의 차이 = 성적의 차이

대개 아이들은 그동안 모르는 것을 계속해서 모르는 상태로 방치했기 때문에 공부한 시간에 비해 성적이 오르지 않았습니다. 반면 성적이 높은 학생들은 모두 틀린 문제를 완벽하게 정리하는 데 많은 노력을 합니다. 이 생각의 차이가 바로 성적의 차이가 되는 것입니다.

많은 학생들이 틀린 문제를 다시 풀거나 나름대로 오답 정리를 하기도 합니다. 학원이나 과외 숙제로 오답 노트를 작성하기도 하죠. 하지만 대부분은 혼나지 않기 위한 숙제일 뿐, 진짜 수학 공부라고 하기는 어렵습니다. 어떤 학생들은 답안 해설을 보면서 풀이 과정을 반쯤은 베끼고 반쯤은 직접 풀기도 합니다.

그동안 채점하는 것으로 공부를 끝낸 기분을 느꼈다면 이제는 생각을 바꿔야 합니다. 공부하는 아이들의 생각이 바뀌지 않는다면 당장 다가오는 시험의 성적도 바뀌지 않을 것입니다. 제가 계속해서 말하고 있는 단 한 가지는, 많은 문제보다 적은 문제라도 완벽하게 공부하는 것이 진짜 수학 공부라는 점입니다.

이미 저는 이 사실을 많은 학생들에게 알렸고 억지로 시키기도 했습니다. 결과는 언제나 옳았습니다. 이 방법으로 공부한 학생은 백이면 백, 성적이 오르는 절대 불변의 진리입니다. 이 글을 읽고 아이들 모두가 바로 시작하게 해야 합니다. 선택의 문제가 아닙니다. 반드시 해야만 하는 것입니다.

8. 성적 상승의 비밀 : 누적 복습

✎ 돌아서자마자 잊어버리는 기억

인간은 짧은 시간에 많은 것을 외우는 놀라운 암기력도, 어렵게 외운 것을 쉽게 잊어버리는 망각도 동시에 가지고 있습니다. 이 책의 앞부분에서 이야기했던 제 두 가지 기억에 관한 이야기를 기억하나요? 아버지가 돌아가신 날과 영어 시험에 대한 내용 말입니다. 기억하고 있다면 여러분이 읽은 내용이 장기 기억에 잘 저장되어 있는 것이겠죠. 만약 그 이야기가 얼핏 떠오르는 정도라면 벌써 잊어버린 것입니다.

대부분 기억은 안타깝게도 금방 잊힙니다. 기억을 오랫동안 가져가려면 '바람직한 어려움'이 중요하지만, 놀랍게도 그것을 알고 있는 사람도 실제로 공부할 때는 인출 연습 없이 평소 하던 대로 반복해서 읽거나 단순하게 외우며 공부하는 경향이 있습니다. 아는 것과 행동하는 것은 다른 것이죠.

이렇게 무작정 반복해서 외우기만 하는 공부가 기대와는 다르게 큰 효과가 없다는 사실을 밝힌 연구가 있습니다. 심리학자 글렌버그Glenberg, A. M.와 스미스Smith, S. M., 그린Greene, C.은 실험 참가자를 모집해서 정해진 시간 동안 단어를 외우게 했습니다. 어떤 단어는 한 번만 되뇌도록 했고, 또 어떤 단어는 아홉 번 반복해서 되뇌도록 했습니다. 만약 단어를 여러 번 반복해서 외우는 행위가 학습에 도움이 된다면 참가자들은 여러 번 되뇌었던 단어를 잘 기억하겠죠. 실험 결과는 어땠을까요? 예상과는 달리 한 번이나 아홉 번이나 단어를 기억하는 데에 별 차이가 없었습니다.

다시 한번 강조하자면, 모든 사람은 배운 것을 잊어버립니다. 심지어 어떤 경우에는 잊기까지 시간이 오래 걸리지도 않습니다.

미국의 심리학자 건스바커Gernsbacher가 1985년에 발표한 논문의 연구에서 사람들에게 그림 한 장을 보여주었습니다. 그리고 10분 뒤, 이 사람들이 두 개의 그림 중 처음에 보았던 그림을 고르게 했습니다.

출처 : Gernsbacher, M. A.(1985), Surface Information Loss in Comprehension.
Cognitive Psychology, Jul;17(3):324-363

두 그림의 요소는 원래의 그림과 똑같았지만, 하나는 좌우가 바뀌어 있었습니다. 사람들은 자신이 10분 전에 본 그림을 얼마나 정확히 기억했을까요? 정답률은 57%에 불과했습니다. 찍어도 맞출 확률이 50%라는 것을 생각하면, 그야말로 돌아서자마자 잊어버린 셈입니다.

제가 쉬는 시간 동안 영단어를 외운 것은 단기 기억이었습니다. 외웠던 단어를 단기 기억에서 장기 기억으로 바꾸기 위해서는 몇 차례 반복적인 복습이 필요했지만 대부분 그렇게 하지 못했습니다. 그 결과 저는 고등학교 때 영어를 별로 좋아하지 않았고 잘하지도 못했습니다.

그나마 위안이 되는 사실은 이 기억력이라는 것이 저 혼자만의 문제가 아니라는 점입니다. 사람들 대부분이 비슷한 능력을 갖추고 있습니다. 자신의 관심사나 반복 여부에 따라 그 차이가 달라질 뿐이지, 기억력이 현저히 떨어지거나 반대로 한 번만 봐도 절대 잊히지 않는 경우는 사고나 죽음 목격 등 정말로 특별한 상황이 아닌 이상 거의 없다고 볼 수 있습니다.

인간은 망각의 동물입니다. 누구나 공부한 내용을 잊어버립니다. 전교 1등인 학생도 마찬가지입니다. 아이들이 알고 있는 가장 공부를 잘하는 학생이나 가장 기억력이 좋다고 생각되는 학생에게 직접 물어보라고 해봅시다. "너도 시간 지나면 공부한 내용들 잊어버리니?"라고!

✏️ 성적 상승, 누적 복습 공식

우리가 몇 개의 큰 물통을 가득 채워야 하는 임무를 수행 중이라고 생각해봅시다. 안타깝게도 물통에는 모두 조금씩 금이 가 있어서 시간이 지나면 물이 새게 되어 있습니다. 물이 새더라도 채우는 것이 우선이니까 일단 채우고 보자며 열심히 물을 길어 첫 번째 물통을 채웁니다. 흐뭇한 마음도 잠시, 물통이 더 있으니 재빨리 두 번째 물통을 채웁니다. 생각보다 빨리 채워지는 것을 보고 금방 임무를 완수할 수 있을 것 같다는 희망찬 생각이 듭니다.

세 번째 물통을 채우고 있는데 중간 점검을 나온 관리자가 첫 번째 물통을 보며 "이봐, 여기 아직 안 채웠잖아!"라고 합니다. '뭐라고? 아까 가득 채우고 흐뭇하기까지 했는데 무슨 말이야!'라고 할 찰나에 물통에 금이 가 있다는 사실을 번뜩 떠올립니다. 물통을 채우는 데 신경을 쏟았더니 다른 물통의 물이 모두 새고 남은 것이 거의 없을 때까지 까맣게 잊고 있었습니다. 다시 첫 번째 물통에 물을 채웁니다. 두 번째 물통에도 물이 샌 만큼 더 채워야 합니다. 두 번째 물통까지 물을 다 채우고 이번에는 네 번째 물통에 물을 붓습니다.

현실에서도 비슷한 현상이 반복해서 일어납니다. 언제일까요? 바로 학생들이 공부할 때입니다. 우리가 물통에 물을 붓는 것은 공부를 하면서 지식을 머릿속에 넣는 것과 같습니다. 하지만 공부한 내용은 조금씩 잊혀지죠. 슬프게도 한 번 공부한 내용을 영원히 기억할 수는 없습니다. 조금씩 새어나가는 지식을 머릿속에 다시 채우기 위해 학생들은 복습하고 또 복습해야 합니다.

잊는 행위를 슬퍼할 필요는 없습니다. 중요한 것은 공부를 할 때 복습해야 한다는 사실을 깨닫는 것입니다. 복습의 필요성을 아는 사람과 모르는 사람, 또 알면서 하는 사람과 하지 않는 사람의 차이가 바로 성적의 차이라고 할 수 있습니다.

그렇다면 반에서 1등을 하는 친구는 매일 이렇게 예전에 공부했던 것까지 전부 복습을 할까요? 믿기 어려울 수 있지만 그렇습니다. 그들이 왜 이제껏 그런 말을 하지 않았는지 따지지는 맙시다. 1등을 유지하는 비법을 숨기는 것은 당연하지 않을까요?

다행인 점은 두 번째 공부할 때는 처음 공부할 때보다 속도가 빨라진다는 사실입니다. 세 번째로 같은 내용을 복습한다면 두 번째보다 더 빨라지겠죠.

잊어버리니까 사람입니다. 선생님들조차 지난 기억들을 잊어버립니다. 학생들을 잘 가르치기 위해서 선생님들도 끊임없이 복습하고 연구합니다. 원래 인간은 잊고 기억하는 과정을 영원히 반복해야 합니다.

독일의 유명한 심리학자 헤르만 에빙하우스Ebbinghaus가 1855년에 한 연구에 따르면 인간의 기억은 학습 후 10분이 지나면 망각이 시작되고, 20분이 지나면 처음 학습한 내용의 38%를 잊어버린다고 합니다. 그리고 하루가 지나게 되면 67%, 한 달 뒤에는 79%까지 잊어버리죠. 따라서 이러한 망각을 이겨내기 위해서는 복습의 주기가 중요하다고 했습니다.

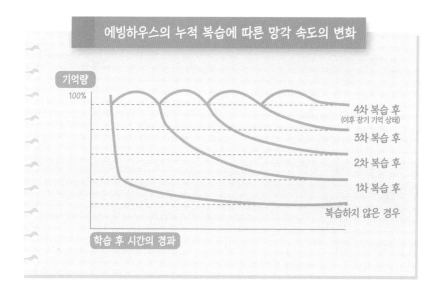

에빙하우스의 망각 곡선을 잘 활용하면 보다 효과적인 복습을 위한 최적의 주기를 찾을 수 있습니다. 이 곡선을 바탕으로 지금까지 효율적인 누적 복습과 관련된 수많은 연구가 이루어졌는데요. 연구 결과 대부분에서 첫 번째 학습이 끝난 뒤 바로 복습을 하고, 집에 돌아간 뒤에 2차 복습, 며칠 내에 3차 복습, 보름 또는 한 달 뒤에 4차 복습을 진행하는 것이 효과적인 복습 간격으로 나타났습니다.

따라서 저는 다음과 같이 누적 복습 주기를 만들어주는 공식을 세웠습니다.

김성태의 누적 복습 공식

$$R_m = T_d - \sum_{n=1}^{m} 2^{n-2}$$

R_m: m번째 복습할 학습 회차 (R_1은 1회차 복습, R_2는 2회차 복습)
T_d: 오늘 학습 회차 (T_{12}는 12번째 학습 회차)

어쩐지 많이 복잡해 보이지만 이 공식을 이해할 필요는 없으므로 염려하지 않아도 됩니다. 계산 결과만 알아도 도움이 됩니다. 이 공식을 통해 학생들이 오늘 배운 내용을 언제 언제 복습해야 하는지 정확한 날짜를 구할 수 있습니다.

이번에는 실제로 공식을 이용해서 오늘 공부한 내용을 복습할 날짜를 계산해봤습니다.

1번째 복습 : 오늘 자기 전

2번째 복습 : 1일 뒤

3번째 복습 : 3일 뒤

4번째 복습 : 7일 뒤

5번째 복습 : 15일 뒤

6번째 복습 : 31일 뒤

　최상위권 성적을 노리는 학생이라면, 초등학생의 경우 보통 3~4번 정도만 누적 복습을 하고, 중학생은 4~5번, 고등학생은 5~6번의 복습이 필요합니다. 물론 모든 과목을 이런 식으로 복습하기는 사실상 불가능하고, 과목에 따라서 필요한 복습의 차이도 다릅니다. 매일 스터디 플래너를 꼼꼼하게 작성하거나 어떤 프로그램의 도움이 있어야 복습 일정을 잘 따를 수 있습니다. 그리고 무엇보다 중요한 것은 바로 복습을 하는 요령입니다.

✎ 세상 쉬운 5분 누적 복습법

　가장 이상적인 복습을 이야기한다면 누적 복습 공식으로 도출한 최적의 주기에 맞추는 것입니다. 그러나 복습할 때 복습 주기보다 더 중요한 것은 실제로 복습을 했는지의 여부입니다. 복습도 여러 번 반복하면 더할 나위 없이 좋겠지만 상황에 따라 한두 번 정도만 해도 아예 하지 않는 것보다는 훨씬 성적에 도움이 됩니다. 따라서 복습을 어떻게 하면 쉽고 편하고 빠르게 할 수 있는지부터 먼저 살펴봐야 합니다. 여기에 5분도 채 걸리지 않는 세상 쉬운 복습 방법이 있습니다.

① 세상 쉬운 5분 복습 1회차

오늘 학교 수업 시간에 어떤 내용을 배웠습니다. 수업을 마치면 무엇을 하나요? 책상 위의 교과서를 전부 치우고 쉬는 시간을 마음껏 즐기고 있나요? 인생의 또 다른 목표가 있거나 자신의 꿈이 공부와 큰 관련이 없다면 괜찮지만, 만약 공부를 잘하고 싶다면 딱 2분만 참고 가볍게 복습을 해봅니다.

에빙하우스의 망각 곡선에서 본 것처럼 공부를 하고 나면 하루 이틀 만에 배운 내용 대부분을 빠르게 잊습니다. 처음 배운 내용은 아무리 머릿속에 잘 넣었다고 해도 1시간이 지나면 내용의 절반을 잊고, 다음날이 되면 70% 가까이 잊게 됩니다. 잊어버린 뒤에 복습을 하려면 시간이 오래 걸리지만, 아직 머릿속에 어느 정도 저장되어 있을 때 복습하면 걸리는 시간이 짧아집니다.

따라서 수업을 마치면 즉시 배운 내용을 빠르게 복습합니다. 보통 수업 시간에 배우는 내용은 교과서 기준으로 3~5페이지 내외입니다. 한 페이지당 중요한 개념은 적게는 1개에서 많게는 4~5개까지 있습니다. 그리고 그런 키워드들은 반드시 굵은 글씨나 눈에 띄는 다른 색상으로 강조되어 있죠. 수업을 마치자마자 복습할 때는 이렇게 중요한 개념만 다시 읽어보고, 선생님이 설명했던 내용을 머릿속으로 다시 한번 떠올리는 것으로도 충분합니다. 그리고 이러한 복습 습관이 그 어떤 복습보다도 중요합니다.

② 세상 쉬운 5분 복습 2회차

첫 번째 복습을 마쳤다면 이제 두 번째 복습을 할 차례입니다. 집으로 돌아가서 오늘 배운 내용을 첫 번째와 같은 방법으로 다시 한번 훑어보면 됩니다. 이때도 2~3분 정도면 충분합니다. 오늘 학교에서 6교시 동안 공부했고 그중 복습해야 하는 주요 과목이 3개라면, 길어봤자 10분이 채 걸리지 않습니다. 딱 10분만 오늘 배운 내용이 어떤 것들이었는지 확인합니다. 이렇게 두 번의 복습만 충실하게 해도 배운 내용을 기억하는 정도가 눈에 띄게 달라지는 것을 체감할 수 있을 것입니다.

③ 세상 쉬운 5분 복습 3회차

마지막으로 한 번만 더 신경 써서 복습해봅시다. 더 이상 요구하지 않겠습니다. 딱 세 번까지만입니다. 세 번째 복습은 선생님이 교실에 들어와서 수업을 시작하기 전에 지난 시간에 배운 내용을 되짚어보는 것입니다. 보통 쉬는 시간이 끝나는 종이 울리고 수업이 본격적으로 시작할 때까지 적게는 1~2분에서 많게는 3~4분까지 소요됩니다. 딱 이 시간을 활용해서 지난 내용을 빠르게 상기합니다.

만약 지난 수업 시간에 집중해서 공부했고, 수업이 끝난 직후 복습했고, 집에 돌아가서 두 번째 복습까지 했다면 배운 내용을 가볍게 읽는 것만으로도 지난 수업의 몇몇 장면까지 머릿속에 떠오를 수 있습니다.

이런 복습 행위는 별도의 복잡한 주기를 맞추거나, 특별히 시간을 내서 하는 공부가 아닙니다. 단지 자신이 공부한 내용을 잊기 전에 빠르고 가볍게 다시 한번 확인하는 것입니다. 실제로 해보면 깨닫겠지만, 이 방법은 정말로 놀랍습니다. 이렇게 복습한 5분이 아이들의 인생을 바꿀 수도 있습니다.

✏️ 문제집으로 누적 복습하기

학생들이 평상시에 공부하는 순서만 살짝 바꿔도 주기적인 복습 효과를 충분히 볼 수 있습니다. 문제집을 통해 확인해봅시다.

문제집을 풀 때 순서를 살짝 비틀어볼까요? 어차피 학생들은 문제집에 있는 거의 모든 문제를 먼저 한 번 풀고, 오답 정리하면서 또 한 번 풀어 총 두 번 정도는 풀게 됩니다. 하지만 이제는 첫 번째 문제부터 마지막 문제까지 순서대로 푸는 순진한 공부는 벗어납시다. 시험을 볼 때도 마찬가지지만 문제 번호가 문제를 푸는 순서인 것은 아닙니다. 문제 앞에 번호가 매겨진 것은 단지 문제의 답을 쉽게 찾기 위해서일 뿐입니다.

복습은 일정한 시간을 두고 같은 내용을 반복해서 공부하는 것이 핵심입니다. 그렇다면 1단원 문제를 순서대로 풀고 2단원을 거쳐 3단원으로 넘어간다고 했을 때, 1단원 내용은 이미 어느 정도 망각이 진행되었을 것입니다. 일반적으로는 이때 복습을 해야 한다고 하죠.

이 책을 통해 진정한 복습을 이해했다면 문제집을 띄엄띄엄 풀어봅시다. 우선 쉬운 문제들로만 1단원부터 마지막 단원까지 풉니다. 그리고 그다음 중간 난이도의 문제를 처음부터 끝까지 풀고, 또 어려운 문제를 처음부터 끝까지 풉니다. 이렇게 하면 문제집을 처음부터 끝까지 보는 속도도 빠르게 진행되어 성취감도 얻을 수 있고, 문제집 한 권을 3회에 걸쳐 나누어 보기 때문에 자동으로 주기적인 복습이 가능합니다.

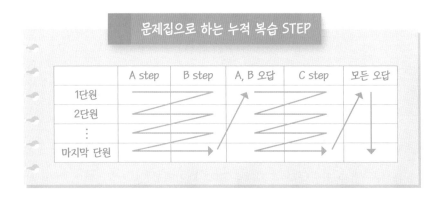

문제집으로 하는 누적 복습 STEP

	A step	B step	A, B 오답	C step	모든 오답
1단원					
2단원					
⋮					
마지막 단원					

이렇게 첫 번째 장에서는 진짜 공부의 의미에 대해서, 그리고 혼공에 필요한 방법을 여러 가지 알아봤습니다. 이 장에서 말하는 제일 중요한 부분은 쉽고 편한 공부법은 없다는 것입니다. 무엇을 얻고자 한다면 마땅히 대가를 치러야 합니다. 공부 또한 예외일 수 없습니다. 따라서 사회에서는 공부를 잘하는 학생들에게 더 많은 기회를 줍니다.

공부는 적당히, 바람직한 방법으로 어렵게 할수록 기억에서 잊히는 것도 어렵습니다. 이 사실은 이미 수많은 과학적 연구를 통해 밝혀졌습니다. 반복해서 읽는 공부보다 기억 인출을 연습하는 행위가 바로 '바람직한 어려움'입니다. 한 번 공부하고 마치는 것이 아니라, 짧은 시간이라도 주기적으로 복습하는 것이 무엇보다 중요합니다. 이것이 바로 제가 말하는 성적 상승의 비밀입니다.

스스로에 대한 고민은
목표를 명확하게 합니다

고려대학교 기계공학부 2018학번 김정륜

제가 청소년기에 가장 잘했다고 생각하는 일은 공부나 생활 기록부 관리가 아니라, 바로 목표를 명확히 했다는 점입니다. 사실 중·고등학생 때 자신이 무엇을 하고 싶은지, 앞으로 어떤 전공을 하고 싶은지 모르고 방황하는 일은 당연하다고 생각합니다. 저 또한 처음부터 기계공학부에 가고 싶다, 기계와 관련된 직업을 갖고 싶다고 꿈꾼 것은 아니었습니다.

진로를 확실하게 정한 고2 때까지 저는 진로와 꿈을 고민하는 일에 상당한 시간을 쏟았습니다. 오랫동안 스스로에 대해 생각하기는 쉽지 않지만, 막상 진로를 정하고 나니 그 이후는 수월했습니다. 목표점이 생기니까 제가 앞으로 해야 할 일이 무엇인지 보이기 시작했고, 단계별 계획을 세울 수 있었으며, 정말 무섭도록 집중하는 제 자신을 발견할 수 있었습니다.

대학교 입학이라는 목표를 달성한 뒤에도 적성에 맞는 공부를 하다 보니 대학 생활을 훨씬 즐겁고 값지게 보낼 수 있었습니다. 한편, 학교에서 심하게 방황하는 친구들도 만날 수 있었는데요. 보통 중·고등학생 때 목표가 없었고 점수에 맞춰 입학한 케이스가 많았습니다. 하지만 전공이 적성에 맞지 않아도 고등학교 때부터 목표를 갖고 달려왔던 친구들은 또 그 경험을 발판 삼아 다른 도전을 시도하고 성공하는 상반된 모습을 보였습니다.

이런 일들을 겪으면서 10대 때 자기 자신에 대해 고민하는 일이 얼마나 중요한지 다시 한번 느낄 수 있었습니다. 저도 그랬지만, 중·고등학생 때는 어쩐지 이 생활에 끝이 없는 것 같고 지금 머무는 세상이 전부인 것처럼 생각됩니다. 하지만 대학생이 되어서 돌아보면 그때 보낸 시간과 쌓아온 경험들이 지금까지도 큰 역할을 한다는 사실을 깨달을 수 있습니다.

대학 생활은 여러분이 꿈꾸거나 드라마에서 본 것과 비슷한 부분도 있고 아닌 부분도 많습니다. 하지만 3년 동안 학교에 다니면서 밤새 공부도 해보고 놀아도 보고, 스포츠 기자로 전국을 다니면서 취재도 하고, 아르바이트해서 번 돈으로 간 여행에서 외국인 친구들도 사귀면서 '아, 인생에서 이런 경험들도 할 수 있구나!'하는 생각을 정말 많이 할 수 있었습니다. 중·고등학생 때까지 경험해본 세상은 정말 100분의 1도 안 된다는 생각이 들 정도로 말이죠.

대학생이 되어 더 재미있고 값진 나날들을 보내기 위해서는 지금 흐르는 시간을 절대 허투루 쓰지 않았으면 좋겠습니다. 10대만큼 자신의 인생을 설계하고 준비할 수 있는 시간은 없습니다. 지금 당장은 힘들고 지칠지 몰라도 다시는 돌아오지 않을 순간이라는 사실을 생각하고 앞으로의 미래를 기대하면서, 더욱 소중한 하루하루를 보내기를 바랍니다. 파이팅!

> 모든 사람이 그렇지만 오늘이 생애 처음 살아보는 날이고 앞으로 1년 뒤, 2년 뒤는 미지의 시간이며 잘 살고 싶다는 기대감으로 채워진 세상입니다. 중학생이라면 고등학교 생활이 궁금하고, 고등학생이라면 대학교가 궁금하겠죠. 어떤 멋진 미래를 상상하긴 하지만 아직은 안갯속과 같고 우선 무엇부터 해야 할지 갈피를 잡기 어렵습니다.
> 이런 궁금증을 해결하는 데 도움이 되고자 현재 대학 생활을 만족스럽게 하고 있는 몇몇 학생들의 조언을 구했습니다.

2부

이유 없는
공부는 없다

박명희

1. 공부하는 이유에 대한 답변들

✎ 아이들은 왜 공부할까?

많은 사람들이 오래전부터 공부를 중요하게 생각하며 상당한 시간을 공부에 할애합니다. 특히 학생 신분이라면 공부를 선택이 아니라 필수로, 당장 자신이 해야 할 막중한 임무처럼 인식하곤 합니다. 우리나라 학생들은 중학교에 올라가면서부터 공부와 평가 사이를 오가며 더 나은 점수를 받고자 점점 더 많은 시간을 공부하는 데 쓰고 있습니다.

게다가 요즘은 다양한 비교과 활동까지 수행해야 하기 때문에 예전보다 힘든 나날을 보냅니다. 하지만 정작 공부를 해야 하는 이유나 방법, 공부할 때 주의해야 할 것들에 대해서는 인지하지 못하는 경우가 많습니다. 학습 진도를 따라가기 바쁘고, 시험 준비하느라 정신없고, 다양한 활동 참여로 분주하기 때문이죠. 공부를 해야 하는 이유는 궁극적으로 자신이 어떤 사람으로 살고자 하는지에 대한 답과 직결된다는 점에서 곰곰이 생각해볼 필요가 있습니다.

언젠가부터 대학 캠퍼스에서도 중·고등학생들을 쉽게 볼 수 있습니다. 진학하고 싶은 학교를 직접 둘러보며 자신의 미래 모습을 구체화한다면 공부하기 싫고 힘들 때 버틸 힘이 될 수 있다는 의도로 대학 탐방이 이루어집니다. 대학 탐방은 친구들끼리 나들이 삼아 하는 경우도 있지만, 일부는 학교나 학원 선생님들과 함께 방문해서 저와 같은 교수의 강의를 듣거나 진학에 대한 대화를 나누기도 합니다. 저는 이때 학생들에게 자주 이런 질문을 합니다.

"공부는 왜 하나요?"

처음에는 서로의 얼굴을 쳐다보고 웃기만 합니다. 보통 학생들이 성적을 높이기 위해 공부한다는 것을 제가 몰라서 묻는 것이 아니라는 사실을 직감적으로 알아채고 눈치를 보는 셈이죠. 저는 다시 묻습니다.

"뭐 하려고 공부해요? 이유 생각해본 적 있어요?"

그제야 학생들은 대답합니다.

"능력 있는 실력자로 잘 살고 싶어서 공부해요."

대개 사람들은 공부로 성공해서 능력 있는 사람이 되고 싶어 합니다. 능력이 있으면 그렇지 않은 사람보다 출세하는 일을 쉽게 볼 수 있죠. 실제로 학생들은 공부가 지식과 경험을 쌓을 수 있는 통로며, 멋진 인생을 살아가는 토대가 된다는 것을 알기 때문에 쉽게 포기하지 않습니다. 다시 말해 공부는 그 과정이 힘들지라도 노력한 사람은 능력을 향상할 수 있고, 힘들었던 것 이상을 미래에 보상 받을 수 있는 가능성을 높이기 때문에 가치가 있습니다.

교육경제학자들은 인간이 교육과 훈련을 받으면 몸속에 일반지식·기술·창의력 등과 같은 인적 자본이 축적되고, 이 자본들이 향후 생산성을 증대하여 높은 임금을 받는다고 말합니다.[1] 다시 말해서 공부를 통해 인적 자본, 즉 능력을 축적하면 평생 높은 소득으로 수익을 가져오기 때문에 인간의 노력이 모든 부(富)와 연관된다는 의미입니다.[2] 공부의 경제적 가치는 사람들이 인적 자본을 얻기 위해서 공부를 하고, 그렇게 쌓은 인적 자본이 노동시장에서 자신의 가치를 향상할 때 높아집니다.[3]

2016년에 고용정보원이 발표한 『미래 수익 보고서』에 따르면, 흔히 '교육투자수익률'로 불리는 교육에 대한 투자와 소득 간의 관계가 우리나라 4년제 대학의 경우 7.5%입니다. 요즘 시중은행의 정기 예금 이율이 1.5% 선이라는 것을 고려하면, 교육투자수익률은 매우 높다고 볼 수 있습니다. 인적 자본은 한번 쌓이면 쉽게 없어지지 않고 경제적 안정을 위한 자산이 될 뿐만 아니라, 훗날 가정과 사회의 건강과 행복 지수를 높이는 데 기여한다는 면에서 중요합니다.[4]

1 백일우(2007), 교육경제학, 서울:학지사

2 Adam Smith(1776), An inquiry into the Nature and Causes of the Wealth of Nations, 유인호 역, 국부론 I, 서울:동서문화사

3 Theodore William Schultz(1963), The Economic Value of Education. N.Y., USA:Columbia University Press

4 백일우(2007), 교육경제학, 서울:학지사

공부를 열심히 해서 능력 있는 사람이 되고, 이를 토대로 잘 살고 싶다는 희망은 논리적입니다. 따라서 우리는 공부하는 이유 중 하나로 '공부로써 높인 능력이 미래에 경제적으로 안정된 삶을 사는 기반이 되리라는 믿음'을 생각해볼 필요가 있습니다. 공부는 힘들어도 참고 견딜 만한 가치가 있다는 말입니다. 그러나 공부가 잔돈푼이나 벌기 위한 밑천을 마련하는 행동이 되어서는 안 됩니다. 공부는 자신이 더 자신다워지기 위한 길이고, 스스로 행복해지는 토대입니다. 매일 공부하기 위해 투자하는 수많은 시간과 노력이 우리의 몸 안에 지식과 능력으로 차곡차곡 쌓여 더욱 멋진 인생을 살아갈 수 있기를 기대해봅니다.

명문대 졸업생으로 인정받고 싶어서

2018년에 방영된 드라마 〈스카이 캐슬〉은 대한민국 상위 0.1%가 모여 사는 '스카이 캐슬'이라는 타운하우스를 배경으로 명문가를 향한 주민들의 욕망을 파헤치며 시청자들의 인기를 끌었습니다. 실제로 다수의 학생들이 공부하는 이유로 '명문 대학교'에 진학해서 부자로 살고 싶다는 말을 하곤 합니다. 우리나라처럼 학벌이 중시되는 사회에서는 어느 학교 졸업장을 가지고 있느냐에 따라 그 사람의 수준이 가늠되고 평가된다는 점에서 학생들이 명문 학교를 선호하는 것은 자연스러운 현상입니다. 그래서 학생은 물론 학부모들도 SKY만을 기대하며 '스카이 캐슬'의 환상에서 벗어나지 못합니다.

그렇다면 SKY에만 입학하면 인생이 보장되는 것일까요? 학생들은 보통 '스카이 캐슬'이라는 단어를 들으면 부자들이 사는 동네, 명문 대학교, 고액 과외, 치열한 입시 경쟁을 떠올리며 피곤할 것 같지만 살 수 있다면 살고 싶은 곳이라고 대답합니다.

정부는 오래전부터 능력만 있으면 잘 살 수 있다고, 출신 학교보다 능력이 중요하다고 강조하면서 학생들에게 다양한 진로를 제시해왔습니다. 하지만 소위 '인서울'이라고 말하는 서울권 대학들의 인기는 여전하고, 서열이 높은 대학의 경쟁률도 낮아지지 않는 것을 보면 여전히 대학교 졸업장의 파워가 지속되고 있다고 볼 수 있습니다.

류동민 충남대학교 경제학과 교수는 "국적은 바꿀 수 있어도 학력은 바꿀 수 없다"고 했습니다.[5] 마음에 들지 않으면 국적도, 이름도, 심지어 얼굴도 바꿀 수 있는 세상이 되었지만 학력은 바꿀 수 없다는 뜻입니다. 한국인이 미국으로 국적을 바꾸고, 주변 사람들이 알아보지 못하도록 이름과 얼굴을 바꿀 수는 있어도 그 사람이 어느 학교 출신이라는 것은 평생 변함이 없습니다. 특히 학벌 사회가 만연한 국가에서 학력은 지위를 대신하기까지 합니다. 이렇듯 자본주의 사회에서 학생들이 원하는 대학의 졸업장을 받아서 평생토록 잘 살아보겠다는 의지로 공부에 매진하는 것은 매우 타당해 보입니다.

교육경제학자들은 개인이나 기업, 정부 등 개별 경제 주체들이 서로가 서로에 대해서 잘 모를 때 졸업장이나 자격증 같은 '교육을 받았다'는 증명서가 개인의 능력이나 성품을 나타내는 대리 지표 및 선별 도구로 사용되고 있다고 말합니다. 이런 증명서가 능력이 있는 사람과 그렇지 못한 사람, 성품이 이런 사람과 저런 사람을 가려내는 여과 과정과 분류 과정의 역할을 하기 때문입니다.[6]

---

5 김상곤 외(2011), 경제학자 교육혁신을 말하다, 서울:창비

6 Weiss, A.(1995), Human Capital vs. Signalling Explanations of Wages, Journal of Economic Perspectives, 9(4), 133–154

일반적으로 학교들은 그 학교가 발전해온 전통 속에서 학생들을 공부시키고 우수한 인재를 양성하고자 노력합니다. 학생들은 매일 같은 공간에서 같은 선생님의 가르침을 받은 결과, 같은 학교 출신끼리 사고방식과 성품이 닮아갑니다.

학교 또는 회사에서 사람을 선발할 때는 지원자의 실력과 능력뿐만 아니라 지원자의 출신 학교도 봅니다. 특히 주변에 지원자와 같은 학교를 졸업한 사람이 있고 그 사람이 훌륭하다면, 지원자의 합격 가능성은 높아집니다. 정리하자면 지원자가 누구인지 잘 모를 때는 그가 소지한 졸업장으로, 그리고 같은 졸업장을 가진 사람들의 성품과 성과를 참고해서 지원자의 능력과 성품을 가늠하고 평가하게 됩니다.

따라서 상급 학교와 관련된 다양한 정보를 탐색하고 탐방하는 것은 매우 중요합니다. 즉, 어떤 교육 환경에서 어떤 공부를 할 수 있는지를 검토하는 것을 넘어서 해당 학교를 졸업하면 얻을 수 있는 이익에 대해 함께 생각할 필요가 있습니다.

그러나 졸업장과 소득 간에는 함정이 있습니다. 졸업장이 모든 것을 보장하지는 않는다는 사실을 알아야 합니다. 주변에서 명문 대학교 졸업장을 자랑하는 사람 중 일자리를 얻지 못하고 실속 없이 사는 모습을 본 적 있다면, 그것이 바로 증거입니다.

졸업장은 상급 학교나 회사에 들어가는 데 힘이 될 수는 있지만 결국 지원자가 실력이 없으면 합격하더라도 금방 낙오된다는 면에서 그 파워의 한계가 있습니다. 어떤 회사도 제대로 일을 해내지 못하는 직원에게 높은 임금을 지불하고 싶어 하지 않기 때문입니다. 그렇지만 아직까지는 사회에서 졸업장을 중요하게 여기는 것이 현실입니다. 학생들은 진학 및 진로와 관련된 의사 결정을 할 때, 졸업장이 거의 평생 자신의 능력을 나타내는 하나의 증표가 될 수 있다는 사실을 기억할 필요가 있습니다.

✏️ 남들 다 하는데 나만 안 할 수는 없어서

학생들은 공부하는 이유로 '별로 하고 싶지 않지만 친구들이 모두 하는데 혼자만 하지 않으면 불안하다'는 것을 들기도 합니다. 공부는 순전히 실력을 쌓고 싶거나, 자랑스러운 졸업장을 따서 잘 살고 싶다는 욕심을 가지고 해도 힘들기 마련입니다. 그런데 남들 따라 하는 것이라면 실제로 공부하기보다는 공부하는 '척'으로 끝날 가능성이 높습니다.

"자신에게 손해가 되는 게임을 계속할 것인가?"

교육경제학자들은 여러 사람이 모여 의사 결정을 하는 상황을 '게임 상황'이라고 합니다. 보통 게임은 참여자가 다른 참여자들의 생각과 행동을 탐색하고 자신의 이익을 위해 의사 결정을 추구한다는 가정 속에서 이루어집니다.[7] 그래서 일반적인 게임에서는 승자가 기쁨을 누리게 되는데요. 교육경제학자들은 게임을 하는 사람들이 상대방의 전략을 고려하여 의사 결정을 하는데도 어쩐지 선택의 결과가 오히려 자신에게 손해가 되는 '딜레마 게임'에 빠지기도 한다고 말합니다.

딜레마 게임의 예시로는 죄인 두 명이 공범으로 잡혀온 '죄수의 딜레마 게임' 이야기가 유명합니다. 이 두 죄인은 공범이라는 심증이 있지만 물증은 없기 때문에 둘 중 한 명이 자백을 해야 경찰이 범죄를 입증할 수 있

---

7 김영세(2000), 전략과 정보 : 게임이론적 접근, 서울:박영사

는 상황입니다. 그래서 경찰은 범인을 한 명씩 독방에 가둔 다음 먼저 자백하는 사람은 그 대가로 석방해주고, 자백하지 않는 사람은 형량을 두 배로 올리겠다고 제의합니다. 이들은 서로 믿고 의리를 지키면 둘 다 무사히 석방될 가능성이 있지만, 만약 상대방이 자백하면 자신은 형을 배로 받게 된다는 불안감 때문에 먼저 자백해야 할 것 같은 충동을 느낍니다. 결국 죄수 둘 다 동시에 자백하게 되면서 석방의 기회를 놓치고 죗값을 치르게 됩니다.

시험 성적이 자신을 평가한다는 사실과 치열한 입시 경쟁 때문에 스트레스를 받는 학생들은 의존성이 강하고 합리적인 의사 결정을 어려워합니다. 물론 잘 모를 때는 친구들을 따라 하는 것이 도움이 되기도 하므로 그들 사이의 의존성이 마냥 나쁘기만 한 것은 아닙니다. 그러나 주의해야 할 점은, 공부 같이 장기간 해야 하고 그 결과가 자신의 인생에 커다란 영향을 미치는 결정의 경우 최소한 자신에게 손해가 발생하지 않도록 해야 한다는 것입니다.

옛말에 "친구 따라 강남 간다."는 말이 있습니다. 남들이 하니까 나도 해야 한다는 압박감으로 의지와 상관없이 행동하다가 결국 큰 손해를 볼 수 있다는 뜻입니다. 친구 따라 학교나 학원은 갈 수 있어도 스스로 공부하지 않으면 성적은 오르지 않습니다. 최소한 공부한다는 명분을 앞세워 귀한 시간과 교육비를 허공에 날리는 일은 없도록 해야 합니다.

✎ 높은 지위를 얻고 폼 나게 살고 싶어서

높은 지위나 직책을 얻어서 주위의 존중과 존경을 받으며 살고 싶기 때문에 공부한다는 학생들도 있습니다. 자본주의 사회에서 상대방보다 높은 자리나 지위를 차지하고 싶어 하는 사람들의 욕구는 아주 보편적인 현상입니다. 교육과 관련된 지위 경쟁은 학력이 중시되는 사회에서 더욱 두드러집니다. 학력이 지위 획득의 결정적 수단으로 인식되고, 한 단계라도 높은 학력을 가지고 있는 사람이 경쟁 사회에서 유리하기 때문입니다.[8]

실제로 우리나라에서도 명문 대학교 졸업생들이 정치계·경제계·학계에서 요직을 두루 차지하고 있습니다. 이들이 국회의원이나 대기업의 임원, 교수 등으로 활동하고 있기 때문입니다.[9] 이런 현실을 직접 보고 듣는 학생들이 '학력 취득 → 지위 획득 → 명예 및 권력 확보 → 경제적 수익 증대'라는 관계성에 따라 공부하려는 것은 당연합니다.

과도한 지위 경쟁은 학생들의 전인적 성장을 방해하고 스트레스를 유발한다는 점에서 교육적·사회적으로도 문제입니다. 그러나 앞으로도 젊은 세대들이 사회 진출의 기회를 얻기 녹록지 않으리라는 점에서 지위 경쟁은 지속될 가능성이 높습니다.

한편 지위 경쟁은 경제적으로 풍요로운 사회에서 더 치열하기 때문에 주의 깊게 살펴볼 필요가 있습니다. 지위는 이미 제도나 법률로 정해져 있고 사람들의 노력으로 그 수를 늘릴 수는 없습니다. 많은 사람들이 부를 쌓기 위해 공부했던 가난하고 궁핍하던 시절과 비교하면 세상이 많이 변했죠.

돈은 100만 원, 200만 원 벌면서 재산을 쌓아갈 수 있습니다. 하지만 지위는 축적하거나 빌릴 수 없기 때문에 공부하는 사람들에게는 그 무엇보

---

8 김신일(2007), 교육사회학, 서울:교육과학사

9 대학교육연구소(2014), 통계로 본 학벌사회, 현안보고 4호(2014-11-19)

다 중요한 목표가 됩니다. 배고픔이 사라진 사회에서 사람들이 지위 경쟁을 하는 이유는 돈으로는 살 수 없는 지위가 자신의 존재감을 보여주는 증표 역할을 하기 때문입니다.

공부하는 이유로 지위를 우선하는 것은 공부의 본질과 거리가 있지만, 학생들의 지위 경쟁이 선의적으로 이루어진다면 서로의 발전에 기여하는 순기능도 있습니다. 지위 경쟁은 남들이 우러러보는 자리를 차지하기 위한 것보다, 자신이 자신답게 살면서 행복해질 수 있는 지위를 얻기 위해 이루어질 때 의미가 있습니다.

지위 경쟁은 그 자체의 문제가 아니라 어떤 지위를 차지하기 위해 공부하고 누구와 경쟁할 것인지가 관건입니다. 다시 말하면 지위 경쟁에서 '내 자리는 내가 만든다'는 자신과의 경쟁을 피할 수 없습니다. 따라서 학생들이 공부하다 지칠 때마다 공부는 스스로 목표하는 지위를 만들기 위해 당연하게 감수해야 하는 여정이라는 사실을 이해하고, 미래에 자신이 서 있을 위치를 생각하며 정진할 필요가 있습니다.

2. 효율적인 공부를 위한 자세

✏️ **성적은 공부한 만큼 나온다**

공부에 대한 학생들의 주요 관심사는 다양합니다. '어떻게 하면 공부를 잘할 수 있을까?'부터 '쉽게 성적을 올리는 방법은 무엇일까?', '지금처럼만 공부하면 원하는 학교에 진학할 수 있을까?' 등을 예로 들어볼 수 있습니다. 사실 이런 질문을 하는 학생들 중에는 공부를 잘하기 위한 정도(正道)를 몰라서가 아니라 이 길을 피할 수 있는 요령을 알고 싶은 경우도 많습니다.

어느 수도원의 수사가 원장에게 어떻게 하면 훌륭한 수도자가 될 수 있는지 정도를 알려달라고 요청했습니다. 그러자 수도원장은 이렇게 대답했습니다. "너는 이미 그 길을 알고 있다. 다만 실천하지 않을 뿐이다."

훌륭한 수도자라면 으레 진실한 마음으로 수도원에서 교본으로 삼는 성경이나 불전의 말씀에 따라 살면 됩니다. 그러나 그 말씀들을 직접 실천하기 벅차므로 비껴갈 방법이 없는지 꾀를 내려는 수사들도 있다는 것입니다. 수도자가 정도, 즉 올바른 수도의 길을 외면해서는 결코 제대로 된 수행을 할 수 없습니다. 어린 아이들도 알 법한 사실을 저버리고 수도자들이 요행을 바란다는 이야기는 안타까울 따름입니다.

명문 대학교에 다니는 학생들은 선생님이 지도하는 방법대로 열심히 실력을 갈고닦으면 입시 제도가 어떻게 바뀌든 상관없이 성적이 잘 나올 수밖에 없다고들 말합니다. 단순하게 교과서를 외우거나 기출문제만 파서는 평가 방식이나 입시 제도의 변화에 물먹기 십상입니다. 어느 정도 공부를 해봤다면 알겠지만, 성적은 공부한 만큼 나오게 되어 있습니다.

정리하자면, 요행을 바라는 얄팍한 공부로는 승리할 수 없다는 말입니다. 공부는 멀리 보고 깊이 있는 정도를 한 발씩 꾸준히 걸으며 열심히 노력할 때 결실을 얻을 수 있습니다.

피할 수 없다면 즐겨라

그동안 수많은 학생과 공부에 대해 상담했던 내용들을 돌아보면, 성적이 꼴찌 수준인들 그 누구도 공부를 못하고 싶다고 말한 적이 없습니다. 특히 성적이 비교적 낮은 학생들은 단 한 번만이라도 공부를 잘해서 선생님에게 인정받고 부모님에게 효도하고 친구들의 부러움의 대상이 되고 싶다고 합니다.

그러면서도 본격적으로 공부 이야기를 꺼내면 고개를 절레절레 흔들 뿐입니다. 지금까지 한다고 했는데도 성적이 오르지 않으니 포기하는 것이 현명하지 않느냐고 되묻기도 합니다. 이런 상황에서 공부를 즐겁게 해보라는 제안은 다소 억지스럽습니다.

"열심히 일하는 사람보다 즐겁게 일하는 사람의 성과가 더 좋다."

무슨 일을 얼마만큼 해내느냐 하는 것은 그 일을 대하는 마음이나 태도에 따라 달라집니다. 일에 대한 자세가 처음에는 별것 아닌 듯 보이지만, 시간이 지날수록 일을 완수하는 정도에 큰 차이를 만들기 때문입니다. 특히 하고 싶지 않은 일을 해야 할 때는 더욱 그렇습니다. 일상적인 예로, 누군가 시켜서 하는 방 청소와 스스로 원해서 즐겁게 하는 청소는 청소가 끝난 뒤 방의 모습을 보면 그 차이를 바로 느낄 수 있습니다.

공부도 마찬가지로 하기 싫고 힘들 때가 많지만, 학생이 해야 할 도리로 확고히 마음을 먹고 자신과의 타협이나 갈등을 없앤 상태에서 즐겁게 하려고 노력해야 합니다. 사실 성적이 잘 나오지 않는 학생들은 공부하기 싫은 마음을 다스리지 못하고 당위성에 사로잡혀 억지로 하다가 지쳐 결국 제대로 공부를 끝내지 못하는 일이 많습니다.

어차피 해야 할 공부라면, 못 이기는 척하고 웃으면서 합시다. 공부는 과거보다 다양한 내용과 방식으로 이루어지고 있지만 학생의 신분인 이상 여전히 선택이라기보다는 필수로 인식되고 있습니다. 뒤로 물러설 데도 없고 포기할 수도 없기 때문에 머뭇거리거나 미루고 싶은 유혹을 물리치고 즐겁게 공부를 맞이해보면 어떨까요? 당장 공부한 만큼 결과가 나오지 않더라도 최선을 다하겠다는 의지가 중요합니다.

긍정적으로 생각합시다. 성적이 낮으면 그만큼 더 올릴 가능성이 있는 것 아닐까요? 또한 성적이 낮게 나오더라도 즐겁게 공부했다면 적어도 후회는 없을 것입니다.

✎ 시너지 효과가 기대되는 공부 자세

사냥꾼 두 명이 사냥 게임을 하고 있습니다. 각자 사슴을 쫓으려면 혼자서는 잡기 어렵고, 토끼를 쫓는다면 한 마리씩 잡을 수 있습니다. 이때 힘을 합쳐 사냥하면 어떨까요? 둘이 함께 사슴을 쫓으면 한 마리는 잡을 가능성이 높아집니다. 토끼를 쫓더라도 각자 한 마리씩 두 마리를 잡을 수 있죠.

이런 상황에서 사냥꾼들은 사슴 한 마리를 잡아 나누는 것이 각자 토끼 한 마리씩 잡는 것보다 낫기 때문에 게임을 조정합니다. '조정 게임'은 게임 참여자가 더 나은 효용을 얻고자 서로 협력하는 상황을 설명하는 데 주로 사용됩니다. 서로 다른 전략을 취하지 않고 협력하는 것이 상호 이익이 되기 때문입니다.

학생들은 학교 수업을 따라가면서 중간고사나 기말고사, 모의고사까지 대비해야 하기 때문에 옆의 친구를 돌아볼 경황이 없습니다. 오히려 개인의 발전과 미래를 위해 친구들보다 앞서가야 한다는 주변의 부추김으로 친구와의 사이에서 갈등과 스트레스를 받으며 경쟁이 발생하기도 합니다.

실제로 성적이 우수한 학생들 중에는 혼자 공부하는 것 자체를 좋아하는 경우도 있지만, '나만 잘되면 그만'이라는 생각으로 자신이 애써 습득한 지식을 친구들이 훔칠까 두려워서 혼자 공부하는 경우도 있습니다. 시험에 나올 만한 내용은 혼자 알고 있으면 된다는 식입니다. 이런 태도를 취하는 학생들이 많은 학교는 서로 경쟁 관계 이상도 이하도 아닙니다.

하지만 공부해서 쌓게 되는 지식은 혼자 간직할 때보다 친구들 앞에 내놓을 때 발전할 수 있습니다. 자신이 아는 것을 친구들과 나누면 그 내용을 더욱 깊이 이해할 수 있는 기회가 되기 때문에 결과적으로 이득입니다. 혼자만 공부한다면, 친구들은 전부 아는데 자신만 모르는 함정에 빠질 우려도 있습니다. 물론 개개인의 성적이나 성향, 목표에 따라 학습 내용과 방법의 선호도가 다르기 때문에 자신과 맞는 친구를 찾는 일이 쉽지는 않습니다.

그럼에도 조정 게임에서 참여자들의 협력이 더 나은 성과를 낸 것처럼 학생들도 서로의 지식을 공유하고 토론하면 상호 협력의 시너지가 발현될 수 있습니다. 혼자 공부할 때보다 재미를 느낄 가능성이 높아지겠죠.

✏️ 독서로 지식과 지력 쌓기

한 청년이 어느 날 근무하는 회사의 사장님으로부터 외국에서 온 손님을 모시고 경복궁 투어를 하라는 업무를 지시받았습니다. 경복궁은 외국인을 위한 투어 가이드를 갖추고 있어 크게 걱정할 일이 없었고 무사히 일정을 마쳤습니다. 그러나 그날 저녁, 영어 실력이 출중한 편이었던 청년은 자신이 오늘 한 일이 무엇인지 돌이켜보며 참담한 심정을 느꼈다고 합니다. 경복궁 투어를 예약하고 인솔한 것 말고는 그 외국인과 아무 말도 하지 못했기 때문입니다. 직장에서 가장 영어를 잘하는 직원으로 인정받아 외국인 손님 접대라는 업무를 도맡았지만, 경복궁과 조선의 역사에 대해 아는 바가 없어 입도 뻥끗 못한 자신이 부끄러웠다는 것이죠. 그래서 청년은 뒤늦게 조선 시대와 관련된 역사책을 읽기 시작했습니다.

"진짜 실력과 전문성은 해박한 지식과 지력으로 나타난다."

독서가 중요하다는 교육계의 지침 아래 우리는 어릴 적부터 독서 활동에 참여해왔습니다. 추천 도서를 몇 권 읽었는지, 필독서는 언제까지 읽어야 하는지 등 일종의 미션처럼 책을 읽어내느라 정신이 없습니다. 그러다 보면 책을 다 읽고 나서 '그래서 이 책이 하고 싶은 이야기는?', '책을 읽고 생긴 내 지식과 생각의 변화는?', '다른 책들과 접목할 수 있는 부분은?' 등 다양한 생각을 할 겨를이 없습니다. 책을 읽는 근본적인 이유이기도 하지만, 독서를 통해 지식을 모으고 자신의 것으로 만들면서 지력을 높여야 하는데 그럴 새도 없이 또 다른 책이 손에 들어와 있는 것입니다.

독서는 단순히 몇 권의 책을 읽었는지에 의미를 부여하지는 않습니다. 지식을 얻고 세상을 이해하기 위해 독서를 시작하지만, 궁극적으로는 그렇게 쌓은 지식으로 자신만의 견해를 갖추고 지속적인 공부를 해나갈 수 있는 지력을 키우는 것이 목표입니다.

지력은 쉽게 말하면 살아가면서 직면하게 될 어려움을 지혜롭게 해결하고, 새롭게 도전하는 정신을 견인하는 힘입니다. 학생들에게 지력은 곧 하나를 배우면 두세 개를 깨닫는 힘, 공부를 포기하지 않고 끝까지 해낼 수 있는 힘, 그리고 배움에 대한 올곧은 힘이라고 말할 수 있습니다.

따라서 성공하고 싶은 학생들에게 지력은 필수입니다. 그러나 지력은 단순한 암기와 훈련으로 만들어질 수 없으며 지식을 얻기 위해 노력하는 과정에서 키우게 됩니다. 마치 매일매일 꾸준히 운동해야 체력이 좋아지는 것처럼 지력을 높이기 위해서는 폭넓은 독서를 해야 합니다.

진짜 실력은 지식을 얼마만큼 가지고 있느냐가 아니라 끊임없이 지식을 탐구하는 지력이 중요합니다. 4차 산업혁명 시대에 들어서면서 지식의 생산은 가속화되고 있습니다. 인류가 만들어낸 총 지식이 2배가 되는 데 100년 전에는 100년이 걸렸다면, 1950년 즈음에는 25년이 걸렸으며 현재는 1년이 걸린다고 합니다. 지식의 생산은 새로운 정보 통신 기술의 발달에 따라 앞으로 지금보다 더 빠르고 넓게 확장될 것으로 보입니다. 그래서 독서는 단편적인 책의 내용보다, 읽은 내용을 자신이 가지고 있던 지식과 연계해서 새로운 지식을 창출해내는 방향으로 지력을 높이는 것이 중요합니다.

✏ 잘 쓴 글 하나로 높은 점수를 얻는다

학생들은 대부분 글을 잘 쓰고 싶어 합니다. 초등학교 숙제부터 대학교 과제와 논문에 이르기까지 평가 받아야 하는 일이 허다하기 때문입니다. 그래서인지 글쓰기 수업을 해보면 학생들이 글을 잘 쓰는 기준을 자주 묻곤 합니다.

글은 어떻게 써야 잘 쓰는 것일까요? 글을 잘 쓰려면 영어나 한자를 혼용하거나 유명한 학자의 이론과 철학을 소개해야 하는지 묻는 경우도 있습니다. 사실 글을 잘 쓴다는 기준은 작가나 독자에 따라 상대적이기 때문에 한 마디로 말하기는 어렵습니다. 하지만 이런 질문을 받으면 저는 서슴없이 대답합니다.

"독자가 한 번 읽고 이해할 수 있는 글이 잘 쓴 글입니다."

글은 쓰는 사람이 자신의 유식함을 자랑하기보다 자신의 주장을 기존에 있던 이론과 학문의 흐름 속에서 조화롭게 내보이는 방식으로 쓰일 때 좋은 글이 됩니다. 이때 학생들은 어떻게 글을 써야 독자가 한 번 읽고 이해할 수 있을지 다시 묻습니다.

독자가 한 번 읽고 글을 이해하려면, 쓰는 사람이 그 글의 내용을 제대로 이해하고 써야 합니다. 좋은 글을 쓰겠다는 의지는 강하지만, 정작 자신의 생각은 담기지 않은 채 거창하고 멋진 말로만 치장하려는 사람들이 있습니다. 글 속에 대단한 내용들이 포함되어 있더라도 각각의 내용이 연결되지 않아 도통 무슨 말을 하고 있는지 알 수 없는 경우입니다. 즉, 대가들의 글을 이해하고 자신의 문장으로 새롭게 써야 하는데 그렇게 하지 못한 셈입니다.

생김치로는 묵은지 맛을 낼 수 없습니다. 어떤 사람의 능력을 알아보려면 복잡한 일을 시켜보라고 합니다. 문제를 복잡하게 풀어낸다면 아마추어, 문제를 이해하고 쉽게 해결하는 사람은 프로라고 할 수 있죠. 글을 잘 쓰고 싶다면 먼저 쓰고자 하는 글의 내용을 깊이 있게 이해하는 단계가 우선적으로 이루어져야 합니다.

3. 공부할 때 이것만은 피해라

✏️ 현상 유지의 함정

우리는 매일 같은 길로 학교와 집을 오가고, 같은 편의점을 이용하며, 편의점 안에서 라면을 먹을 때도 처음 앉았던 자리에 계속 앉으려는 경향이 있습니다. 따로 특별한 이유가 있어서라기보다는 현재의 익숙한 생활 패턴과 습관을 유지함으로써 안정적인 생활을 하려는 욕구가 크기 때문입니다. 더 안전한 길이 생겼는데도 기존의 길로만 걷고 옆에 더 크고 좋은 편의점이 생겼는데도 가던 편의점만 이용한다면 변화의 혜택을 누리지 못하고 오히려 손해를 보기도 합니다.

행동경제학자들은 이러한 현상을 '현상 유지 편향Status Quo Bias'이라고 하며, 이는 손실을 피하고 후회하지 않으려는 마음에서 발생한다고 합니다.[10] 손실을 회피하려는 성향은 일반적으로 사람들이 같은 1,000원이라도 이익보다 손실에 대한 가치를 훨씬 크게 인식하기 때문에 나타납니다.

---

10 홍훈(2016), 홍훈교수의 행동경제학 강의, 파주:서해문집

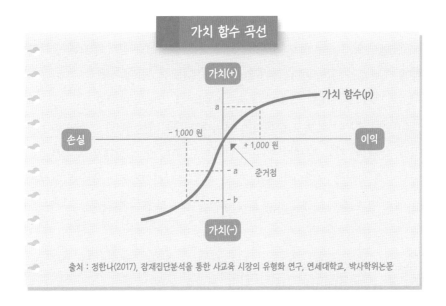

가치 함수 곡선

가치(+)

가치 함수(p)

a

손실

－1,000 원

＋1,000 원

이익

－a

준거점

－b

가치(－)

출처 : 정한나(2017), 잠재집단분석을 통한 사교육 시장의 유형화 연구, 연세대학교, 박사학위논문

    쉽게 이해할 수 있도록 한 가지 예를 제시하겠습니다. 겨울철에 길에서 우연히 1,000원을 주웠다고 상상해봅니다. 계속 걷다 보니 저만치 앞에 붕어빵 가게가 보입니다. '아! 이 돈으로 붕어빵이나 사 먹어야지'하고 가게 앞으로 달려갑니다. 호주머니에 손을 넣어 돈을 꺼내며 붕어빵을 달라고 하려는 순간, 어찌 된 일인지 아까 주운 1,000원이 손에 잡히지 않습니다. 1,000원이 어느새 사라져버린 것입니다. 그런데 이상하게도 1,000원을 주웠을 때의 기쁨보다 잃어버렸을 때의 기분이 훨씬 아쉽기 그지없습니다.

    학생들은 공부하면서 나름의 스타일을 유지합니다. 학교뿐만 아니라 학원이나 인터넷 강의, 개인 과외 등에서 자신이 선호하는 방식으로 공부합니다. 지금까지 지속해온 방식이 익숙하기 때문에 더 가치를 느끼고 집착하기도 하며, 다른 방법은 생각해보지도 않는 경우가 많습니다. 공부법을 바꾼다면 성적이 물론 오를 수도 있지만 떨어질 수 있다는 가능성에 더 집중해서, 불안과 걱정을 피하고자 기존의 방식을 고수합니다.

학교는 학생 마음대로 바꿀 수 없는 반면 학원이나 인터넷 강의는 자유롭게 선택할 수 있습니다. 근거 없이 공부하는 방식을 변경하는 것은 좋지 않지만, 노력하는데도 성적이 향상되지 않거나 지금의 방식으로는 입시 제도의 변화에 탄력적으로 준비하기 어렵다고 느낀다면 달리 생각해봐야 합니다. 더 좋은 결과를 낼 가능성이 있는데도 굳이 현재 상태를 유지하려는 일관성의 함정에 빠진다면 손해를 볼 수 있습니다. 현재 방식으로 공부했을 때의 결과를 예상해보고 후회하지 않을 선택을 해야 합니다.

✎ 아까워서 하는 공부는 시간 낭비다

대학 진학을 앞둔 한 학생이 결정에 망설이며 초등학교부터 고등학교까지 쓴 학비, 학원비, 교통비, 기숙사비 등이 총 얼마인지 계산기를 두드려보고 있습니다. 왜 굳이 과거에 이미 써버린 비용에 연연하는 것일까요? 많은 학생들이 부모님의 희망이 곧 자신의 꿈이라고 생각합니다. 어릴 적부터 부모님이 기대하는 대학과 전공에 맞추어 공부하다 비로소 대입 문턱에 다다르게 되죠. 부모님과 자신의 방향이 같다면 다행이지만, 학년이 올라가면서 부모님의 기대와는 다른 꿈을 꾸는 경우가 있습니다.

행동경제학자들은 사람들이 회수할 수 없는 '매몰비용Sunk Cost'에 상당 시간 얽매인다고 말합니다.[11] 대학 진학을 앞두고 있는 학생에게 지난 12년간 교육에 쓴 돈은 회수가 불가능합니다. 그러나 대다수가 어떤 목적을 위

---

11 홍훈(2016), 홍훈교수의 행동경제학 강의, 파주:서해문집

해서 투입한 시간과 비용, 에너지가 아까워서 그 목적에 확신이 없는데도 포기하지 못하고 시간과 비용, 에너지를 계속 쓴다고 합니다. 이미 엎질러진 물은 쓸어 담을 수 없는데 말이죠.

특히 예체능 분야를 전공한다면 매몰비용에 대한 미련이 두드러집니다. 그동안 레슨과 악기 구입, 무대 의상 대여, 소모품 등에 어마어마한 비용이 들어갔을 텐데 아무리 실력이 석연치 않다고 해도 '지금까지 들인 돈과 애쓴 공이 얼만데……'하며 그만둘 수 없는 것입니다.

운동을 하는 고등학생의 말을 들어보면 초등학교 때부터 공부를 거의 하지 않고 운동장과 체육관에서만 생활한 탓에 기본적인 지식도 갖추지 못했으니, 당장 기량이 달린다고 운동을 포기할 수도 없다고 합니다. 이러한 현실은 지켜보기 안타깝습니다. 재능이 부족해서 경쟁력이 떨어지는데도 그 자리를 고수한다면 시간과 돈을 더 낭비하는 셈이고, 결국 오래 매여 있을수록 손해가 불어나기 때문입니다.

매몰비용에 대한 미련은 잘못된 지출을 지속하게 하고, 과잉 투자를 유발하는 인질이 된다는 측면에서 위험합니다. 매몰비용은 금전적 비용뿐만 아니라 시간 비용인 비금전적 비용이 높다는 점 또한 분명히 알고 있어야 합니다. 학생들은 진학과 진로를 결정하는 데 있어 이미 써버린 비용은 생각하지 말아야 합니다. 어차피 중학교 3년, 고등학교 3년은 지나가면 다시 오지 않습니다.

지금까지 SKY에 진학하기 위해 과외 비용으로 엄청난 비용을 쏟아부었다고 하더라도, 현실적으로 판단했을 때 이들 학교에 들어가기 어려운 실력이라면 더 이상 이런 비용이 새지 않도록 조심해야 합니다. 앞으로는 학생들이 지금까지 투입된 교육 비용과 시간 비용에 연연하지 말고, 향후 달성하고자 하는 목적이나 목표에 맞춰 공부해나가는 지혜를 발휘할 수 있기를 기대합니다.

✎ 시간과 돈을 낭비하지 않는 학습 전략

이제 우리는 현재에 안주하지 않고 매몰비용에 얽매이지 않는 현명함을 지니면서 더 나은 방법으로 실력을 향상할 수 있을지 주위를 둘러봐야 한다는 것을 이해할 수 있습니다. 하지만 이것만으로는 한정된 시간 안에 정해진 공부를 완벽하게 잘하기는 어렵습니다. 입시나 평가 제도가 수시로 바뀌어 적응하는 데 어려움이 있기 때문입니다. 한편으로는 치밀한 학습 계획을 기초로 공부해야 한다는 사실을 안들 원래 했던 대로 대충 하는 경향 때문이기도 합니다.

"지금까지 대충 했어도 잘 지냈는걸. 더 따진다고 달라질 것이 있겠어?"

행동경제학자들은 사람들이 불확실한 상황 때문에 판단의 명확한 근거를 찾기 어려운 경우 고정적인 인식 또는 편견을 가지거나 대충 어림잡아서 판단하는 오류를 범하는 경향이 있으며, 이를 '휴리스틱 편향Heuristic Bias'이라고 설명했습니다.[12] 사람들이 의사 결정을 할 때 논리적인 규칙을 따르거나 철저하게 계산하기보다는 '지금까지 그래왔지', '대충 이쯤 돼', '꼼꼼히 따져봤자 피곤해'라고 하면서 주먹구구식으로 생각한다는 것입니다.

---

12 최성희(2016), 행동경제학 핸드북, 서울:시그마프레스

학생들은 성적이 향상된다는 막연한 정보와 기대 속에서 공부하고 사교육을 선택하기도 합니다. 어떤 학생은 자신의 공부 방식과 목표는 깊게 고민해보지 않고, 어떤 학원이 명문 대학교에 몇 명이나 합격시켰다더라 또는 어떤 과외 선생님이 잘 가르친다더라 하는 소문에 근거해서 무작정 사교육을 결정합니다. 학생과 학원 간의 목표, 학생과 과외 선생님 간의 학습 방식이 잘 맞을지 따지지 않고 '일단 유명하니까 해보자', '공부하면서 맞춰가면 되지'라는 식입니다. 하지만 학습자와 교육자가 제대로 매칭되지 않으면 학습의 효과는 낮을 수밖에 없습니다. 언제까지 선생님만 바꿔가며 공부할 수 있을까요?

또한 사교육에는 수강료 외에도 교재 구입 비용, 교통 비용, 시간 비용, 심리적 비용까지 들어간다는 점에서 더욱 꼼꼼히 따져봐야 합니다. 사교육 비용으로 단순히 학원비나 학습지 구독료 같은 수강료만 계산한다면 사교육을 더 많이 받을 가능성이 있기 때문입니다. 결론적으로 휴리스틱 편향이 강한 사람은 그렇지 않은 사람에 비해 더 많은 비용을 지불하게 됩니다.

이제부터 학생들은 우선적으로 자신의 학습 성향과 목표를 명확하게 인지하고 그에 맞는 학습 전략을 세워야 합니다. 그리고 정확한 정보를 수집하고 검토해서 체계적으로 공부해야 합니다. 교육비를 지출할 때도 당장 눈에 보이는 것만 믿지 말고 전체적인 비용과 수익을 생각해서 의사 결정을 하는 것이 중요합니다.

✏️ 친구 따라 강남 가지 말자

우리는 자신에게 이익이 되는 방향으로 의사 결정을 하고자 하지만 실제로는 주변 사람들의 행동이나 선택을 보면서 최종 결정하는 경우가 많습니다. 옛말에 '울며 겨자 먹기'가 있습니다. 말하자면 자신은 겨자를 좋아하지 않지만 주변의 모두가 냉면에 겨자를 넣어 먹는 것을 보고 따라서 겨자 넣은 냉면을 울면서 먹고 있는 셈입니다. 그냥 '저는 겨자 싫어해요'라고 말하면 될 것을 말이죠.

행동경제학자들은 사람들이 의사 결정을 하는 데 있어 자신의 이익뿐만 아니라 다른 사람의 이익을 생각하고 다른 사람으로부터 많은 영향을 받는데, 이것을 '사회적 선호 편향Social Preferences Bias'이라고 설명했습니다.[13] 사람들 대부분은 자신이 딱히 원하지 않더라도 주변에서 인정하는 것이라면 이를 따르거나 다수의 행동에 동참한다는 의미입니다.

주변 사람들의 행동을 따라 하는 동조 현상은 집산주의 문화가 발달한 지역에서 더 두드러집니다. 이런 지역에서는 자신이 속해 있는 집단의 문화적 특성이나 행동 준거를 따르는 것이 이상적이고, 어떠한 성과나 결과 역시 집단적으로 공유되기 때문입니다. 이곳 사람들은 상호 의존적이며, 개인의 학문적 성취가 가문과 지역의 자랑거리로 인식됩니다.

학생들 상당수는 '친구들이 모두 공부하니까 나도 한다', '친구들이 다 학원 다니니까 나도 간다'는 말을 아주 쉽게 합니다. 실제로 학교 외에 추가적으로 어떤 수업이 얼마나 어떻게 필요한지 고민하지 않고 친구들이 다니거나 유명세를 타는 학원에 수요가 몰리는 현실은, 학생들의 사회적 선호 편향을 잘 보여줍니다. 우리는 주변 사람들의 선택, 평판, 소문 등에 의존해서 의사 결정을 할 때 자신에게 손해가 올 수 있다는 사실을 이제부터라도

---

13 최성희(2016), 행동경제학 핸드북, 서울:시그마프레스

정확하게 알아야 합니다.

사람은 개개인이 전부 다른 독자적인 존재입니다. 자신의 미래를 개척하고 꿈을 실현하기 위해서는 스스로 한 선택과 정진이 필요합니다. 친구들과 서로 장래 희망이 다르다면, 즉 자신이 가고자 하는 방향이 아니라면 수많은 사람들이 걸어가는 길이라도 동참하지 않을 수 있어야 합니다.

✏️ 나만의 지식을 만드는 '미디어 리터러시'

요즘은 스마트폰 하나만 있으면 매일 새롭게 나오는 미디어를 손쉽게 접할 수 있는 세상입니다. 얼마 전까지만 해도 '네이버맨'이라고 불리던 사람들이 어느새 '구글맨', '유튜브맨'이 되어 있고 트위터, 페이스북, 틱톡, 인스타그램 등을 통해 수많은 미디어를 생산하고 공유하고 있습니다. 그만큼 다양한 정보가 세상을 떠돌고 사람들은 지식을 빠르게 수용하고 또 활용하고자 분주합니다. 그러나 한편으로 우리는 잊을 만하면 한 번씩 사람들을 놀라게 하는 가짜 뉴스에 웃고, 화내고, 항의하면서 진짜와 가짜를 구분하는 능력이 필요하다는 것에 공감하기도 합니다.

통신 기술의 발달과 다양한 형태의 디바이스 확산으로 미디어 간 경계는 더 느슨해지고, 이용자들은 확장된 미디어 환경에서 양방향 소통을 더욱 추구하게 됩니다. 이때 미디어 리터러시 능력이 떨어지는 사람들은 미디어의 홍수에 휩쓸려 갈 우려가 있습니다. '미디어 리터러시' 능력이란 미디어 컨텐트의 의미와 가치를 파악할 수 있는 이해력과 더불어 컨텐트를 비판적으로 읽고 검증하여 자신의 관점에서 해석할 수 있는 능력입니다.

실제로 최근 방송 프로그램뿐만 아니라 웹이나 모바일 앱을 통해 전달되는 미디어 컨텐트의 부적절성이 사회 문제로도 부각되고 있습니다. 가짜 뉴스, 성 착취물, 폭력물, 텔레그램의 'n번방' 사건과 같은 비윤리적이고 비도덕적인 미디어가 청소년들의 건강한 성장을 위협하고 있기 때문입니다.

따라서 우리는 텔레비전이나 스마트폰 등을 통해 접하는 미디어 정보를 생각 없이 받아들이는 것이 아니라 내용의 진위 여부를 의심해보고 비판적으로 수용하는 능력을 함양해야 합니다. 다양한 정보 중에서 쓸 만한 것을 알아보고, 그것을 지식으로 내재화하는 힘을 길러야 한다는 것이죠. 공부할 때도 단순히 입시만 생각하기보다는, 올바른 지식과 정보를 자신의 것으로 만들고 살아가면서 필요한 리터러시 능력을 향상하는 데 주안점을 두어야 합니다.

우리가 리터러시 능력을 키우면 보다 올바른 판단을 해서 한 사람 한 사람이 가치 있는 지식과 가치 없는 지식, 의미 있는 정보와 그렇지 않은 것들을 변별하게 되므로 사회 전체가 합리적인 방향으로 나아갈 수 있습니다.

뿐만 아니라 미디어 리터러시는 다양한 형태의 미디어를 생산하여 다양한 사람들과 공유하고 소통하면서 더 나은 공동체를 형성하는 데 기여합니다. 21세기를 살아가야 하는 우리, 특히 아직 가치관이 확립되지 않은 학생들에게 미디어 리터러시는 필수적인 능력인 셈입니다. 미디어 리터러시 능력을 키워 미디어의 위협을 제압하면서도, 미디어의 기회를 극대화할 수 있기를 바랍니다.

4. 공부할 때 도움이 되는 것들

✎ 나만의 스트레스 해소법

요즘 많은 사람들이 너나 할 것 없이 스트레스 때문에 못 살겠다고 합니다. 병원에서 며칠씩 이 검사, 저 검사 다 하고도 병명을 알 수 없다면 스트레스가 원인이라는 진단을 받는 일이 허다합니다. 의사들은 환자들이 스트레스를 풀어야 하는데 그렇지 않아 병이 더 심각해진다고 합니다. 우리는 보통 스트레스 없는 사람은 거의 없는데다 자신이 받는 스트레스도 다른 사람들과 다르지 않은 수준이라고 생각하기 때문에 그냥 마음에 품고 삽니다.

학생들 또한 일상적으로 학교나 학원에서 시험과 과제에 대한 스트레스를 받고, 외모에 관심이 많은 시기인 만큼 일부는 헤어 스타일이나 미용 때문에 스트레스를 받습니다. 부모님의 이혼 같은 가족 간 불화나 학교 폭력, 이사처럼 기존의 관계가 깨지는 상황에서는 정말 심각한 스트레스를 받기도 합니다. 이러한 현상은 학생들도 평상시에 스트레스 관리가 필요하다는 것을 시사합니다.

스트레스는 우울증, 강박증, 불안증 같은 방해꾼들을 만들어내기 때문에 학생들이 공부하는 데 지장을 줍니다. 스트레스는 단순히 신체적 피로감을 더하는 것으로 그치지 않고, 심리적·정서적 손상을 유발하며 궁극적으로 학습 동기를 사라지게끔 합니다. 그 결과 성적까지 떨어질 수 있기 때문에 학생들의 스트레스는 꾸준히 관리되어야 합니다.

마음과는 다르게 스트레스는 눈에 보이지 않아 해소하는 것이 쉽지 않고, 개개인의 성향이 다른 만큼 해소 방법도 상이합니다. 그래서일까요? 서점에 가면 스트레스를 푸는 데 도움이 된다는 안내서들이 즐비합니다. 전문가들에 의하면 스트레스도 준비를 해야 풀 수 있으며 명상이나 산책, 영화 감상, 목욕, 낮잠, 운동 등이 도움 된다고 합니다. 그러나 이런 활동들을 싫어하거나, 또 좋아하더라도 할 수 없는 상황에 놓인 학생들은 갑갑할 뿐입니다. 결국 스트레스를 푸는 방법을 모른다는 자체가 스트레스가 됩니다.

영상을 보거나 책을 읽는 행동으로 주의를 분산할 수는 있지만 실제로 스트레스를 낮추지는 못한다고 합니다. '스트레스가 풀린다'는 것을 정확하게 확인하기는 어렵지만, 어떤 행동을 해서 마음이 편해지고 기분이 좋아지는지 떠올려봅시다. 좋아하는 음악을 듣거나 자신의 마음을 이해해줄 수 있는 친구와 연락하고 기분이 전환되었다면 스트레스가 낮아졌다고 여길 수 있습니다. 힘든 운동을 했는데 머리가 맑아졌거나 노래방에서 목청을 높였더니 가슴이 후련해지는 것처럼 분명 몸은 피곤하지만 기분이 좋아질 때도 스트레스가 해소되는 것이라고 할 수 있습니다.

저는 산책을 하면서 미운 사람이 생각나면 욕도 하고, 속상했던 일은 바람더러 가져가라고 소리를 지르기도 하는데요. 그러면 집으로 오는 발걸음이 가벼워집니다. 이렇게 스트레스는 해소하기 위해 무엇을 준비하기보다는 일상에서 자연스럽게 할 수 있는 자신의 방법을 찾는 것이 좋습니다.

✎ 착한 사람이 아니면 어때?

사람들은 착한 사람을 좋아합니다. 상대적으로 친절하거나 사려 깊고 배려를 잘하는 경우가 많아 주변을 기분 좋게 하기 때문입니다. 식당이나 마트에서는 가격이 저렴한 상품에 '착한 가격'이라는 표현을 앞세웁니다. 백화점이나 호텔에서 직원들이 친절하게 서비스하면, 고객들이 '착한 직원'이라는 평가를 주기도 하죠. 그러나 아무리 착한 가격이라고 해도 원가, 즉 본전에 못 미치는 수준으로 가격이 책정되지는 않습니다. 이와 달리 착한 사람들 중에는 자신의 감정을 억누르고 분노를 참느라 본성이 상처 받는 경우가 있습니다.

착한 사람은 훌륭한 사람일까요? '착한 사람 콤플렉스'가 위험한 이유는, 착한 사람이라는 함정에 빠져 있는 사람들이 예상치 못한 상황에서 기존의 억눌려 있던 감정과 분노를 폭발하여 주위를 당황하게 만들 수 있기 때문입니다. 또한, 착한 사람이라는 평가를 받고 싶어 자신의 감정에 정직하지 못하거나, 주변 모두의 사랑을 바라는 마음으로 착하게 행동하면서 스스로를 혹사할 수도 있습니다.

물론 착한 심성은 따를 가치가 있지만, 무조건 착하게 살기 위해 노력하기보다는 먼저 자기 자신에게 솔직하면서 생각과 감정을 챙긴 다음 야무지게 착해야 합니다. 자신의 행복을 외면한 착함은 오래가지 못할뿐더러 오히려 상처로 되돌아올 수 있다는 것을 기억합시다.

✏️ 친구와의 공감 대화법

자신과 마음이 맞는 사람을 곁에 두는 일은 누구에게나 중요하지만, 특히 학생들에게 친구 관계는 필수적입니다. 비슷한 호기심과 스트레스를 경험하다 보면 서로에게 쉽게 공감할 수 있습니다. 서로의 고민과 걱정을 가장 잘 이해하는 관계에서 해결책도 나와야 실질적인 도움이 되고 실현 가능합니다.

스스로 기억을 되짚어보면, 어려움이 있었을 때 친구에게 고민을 털어놓으면서 문제를 해결하거나 대처하는 힌트를 얻은 경험이 있을 것입니다. 우리 주변에는 좋은 사람들이 많습니다. 친구들과 이런저런 이야기를 나누다 보면 자신이 걱정하고 있던 문제가 별것 아니라는 생각이 들 때도 있습니다. 또한 중요하다고 믿고 있던 신념이나 목표가 보잘것없다는 사실을 깨닫고 발전하거나 방향을 트는 계기가 될 수도 있습니다.

정말로 친구와의 대화가 전보다 즐거운 나날을 보내는 데 도움이 되는지 궁금한가요? 그렇다면 우선 가볍게, 힘들어하는 친구의 이야기를 한번 들어봅시다. 마음을 열고 친구의 이야기를 듣는다면 그 친구에게 위로가 되고, 서로 부자가 된 것 같은 든든함도 느끼게 될 것입니다.

"먼 길을 가장 빨리 가는 방법은 바로 친구와 함께 가는 것이다."

세상은 살아보고 지나고 나면 별것도 아닙니다. 하지만 그 당시에는 깨닫기 쉽지 않죠. 장기간 공부를 하고 주어진 과제를 수행해야 하는 학생들에게는 중·고등학생 시기가 마냥 좋지는 않습니다. 공부가 버겁고 외롭다고 느껴질 때는 친구와 시간을 보낼 필요가 있습니다. 속 시원하게 이야기하다 보면 마음의 짐도 어느 정도 내려놓을 수 있고 긴말 없이도 어려움이 공감됩니다. 상대방이 문제를 해결해주지 못하더라도 스스로 해결 방안을 떠올리기도 합니다.

어떤 학생은 학교와 학원 생활로 친구를 사귈 시간이 없다고 말합니다. 해야 하는 공부도 많고, 성적 관리도 해야 하기 때문입니다. 안타까운 점은 이런 학생들이 힘들어도 말하지 않고 속으로만 끙끙 앓다가 괜히 엄한 가족들에게 화살을 돌리는 경우가 발생하기도 한다는 것입니다. 집안 분위기가 삭막해지고 서로가 불편해지면, 이 상황이 꼬리에 꼬리를 물며 더 악화되기만 할 뿐입니다.

상당수는 자신이 무엇 때문에 힘든지조차 모르는 경우가 많다는 점에서 해결 방안을 찾기 어렵습니다. 또래와 고민을 나누는 행위로 힘든 이유도 찾고, 머리가 맑아지고 마음이 가벼워져서 무엇이든 해야 할 것 같은 생각과 의지를 느낄 수 있으면 좋겠습니다.

누구에게도 말 못할 고민 털어놓기

학생들은 예상치 못한 어려움에 직면하기도 합니다. 연일 뉴스에서는 학생들이 왕따나 집단 폭행 같은 학교 폭력에 시달리거나, 호기심으로 클릭했던 동영상에 발목 잡혀 성 착취를 당하기도 하며, 게임 중독에 빠지는 일들이 보도됩니다. 공부만 하기도 벅찬 시기에 다른 일들로 곤혹을 느낀

다니 큰일이 아닐 수 없습니다.

학생들의 이런 '누구에게도 말 못할 고민'은 생각해본 적 없는 위험한 행동으로 돌변하기도 합니다. 피해 학생이 오히려 자신보다 어린 학생을 괴롭히는 가해 행위, 도둑질이나 거짓말을 일삼는 이상 행동 등이 나타날 수 있습니다. 극단적인 선택에까지 이를 수 있다는 점에서 말 못할 고민들은 반드시 해결되어야 합니다.

가장 먼저 학생들은 힘들 때 이 세상 모두가 자신을 외면하더라도 끝까지 편들어줄 사람이 부모님이라는 것을 기억해야 합니다. 학업 등에 대한 의견 충돌로 종종 데면데면할 수 있지만, 부모님은 자기 자신보다 자식을 더 끔찍이 여기고 사랑하는 사람들입니다. 직접 대면하기 어려운 말 못할 고민이 생기면 문자나 편지, 전화로라도 부모님에게 자신의 입장과 상황을 솔직하게 알리는 지혜가 있어야 합니다.

✏ 스트레스를 흡수하는 일기 쓰기

1970년대 국민학교, 즉 오늘날의 초등학교에서는 방학 숙제로 일기 쓰기를 해야 했습니다. 학생들은 방학을 시작하고 이삼일은 일기를 곧잘 썼지만 곧 손 놓고 놀기 바빴고, 방학이 끝나갈 무렵에야 밀린 일기를 쓰느라 한동안 골머리를 앓곤 했습니다. 어제오늘 별반 다르지 않은 생활을 했기 때문에 일기 내용을 날짜별로 다양하게 쓰는 것은 여간 어려운 일이 아니었습니다. 그래도 학생들은 선생님이 검사할 것을 우려하고 모든 상상력을 총동원해서 일기장을 채워나갔습니다.

어쨌든 일기 숙제는 자신의 생활을 돌아볼 뿐 아니라 상상의 날개를 펼쳐보는 연습을 할 수 있는 기회라는 점에서 학생들의 성장에 일조하는 셈입니다. 분명 일기가 좋은 추억만 기록하는 일은 아닙니다. 일기는 속이 상하고 화가 나지만 이유를 찾기 어렵고, 이유를 찾았더라도 해결하기 어렵고, 또 창피해서 남들에게 말하고 싶지 않은 이야기가 있을 때 자신의 속내를 털어놓는 공간이기 때문입니다.

마음이 불편하지만 누구와도 이야기하고 싶지 않다면 일기를 써봅시다. 일기는 쓰는 동안 자신이 했던 말과 행동을 돌아보고, 괜한 갈등이나 잘못된 부분이 있다면 원인을 생각해볼 수 있어서 좋습니다. 글로 한 자 한 자 적어가면서 문제가 있다면 좀 더 나은 방향으로 해결을 시도하고, 생각해보니 별것 아닌 문제였다면 부담을 내려놓을 수 있습니다. 자신의 감정이 왜 이런지 솔직하게 따져보고 행동을 돌아보며 스스로를 이해하고 설득할 수도 있죠.

일기를 쓰다 보면 자신이 힘들어하고 있는 부분이 정확하게 무엇이고, 누구 때문에 이런 어려움과 감정이 생긴 것인지 파악하고, 누가 무엇을 어떻게 하면 상황이 나아질 수 있을지에 대해 숱한 질문과 대답을 스스로에게 던지게 됩니다. 당장 답을 찾지 못하더라도 마음속을 묵직하게 누르던 것들을 종잇장 위로 옮겼기 때문에 가슴이 후련해지고 머리가 맑아지면서 얼굴에 여유로운 미소가 피어납니다.

미운 대상을 향해 실컷 욕을 하다 보면 어느새 화해하는 방법을 생각하고 있는 자신을 발견할 수도 있습니다. 일기는 우리가 삶에 대한 희망의 끈을 다잡을 수 있도록 힘을 실어줍니다. 일기를 쓰면서 자기 자신과 진솔한 대화를 한다면 그 전보다 한결 여유를 찾을 수 있다는 사실을 알게 됩니다.

그 여유로운 시선으로 바라보는 부정적인 것들이 예전과는 어딘가 다르게 느껴집니다. 학생들이 일기 쓰기를 통해 공부하는 데 방해되는 모든 것을 날려버릴 수 있게 되면 좋겠습니다.

✏️ 언제 어디서든 비밀이 보장되는 대화법

성당이나 교회, 사찰에서는 다양하게 기도하는 사람들을 볼 수 있습니다. 혼자 조용히 기도하는 사람, 이유는 몰라도 하염없이 눈물을 흘리는 사람, 간절함이 느껴질 정도로 두 손 모아 무엇인가 청하는 사람들도 있습니다. 사람들이 인간의 힘으로 할 수 있는 일은 더 잘할 수 있기를, 그리고 인간의 힘으로는 할 수 없는 일이 신의 도움으로 순조롭게 풀리기를 바라는 마음을 모아 기도합니다.

학생들도 여러 종교 시설에서 기도하거나, 이들 기관에서 운영하는 프로그램에 참여하기도 합니다. 신부님과 목사, 스님들은 언제나 학생들을 환영하고 위로해주며 주변에서와는 다른 방식으로 사랑을 줍니다. 종교를 통해 청소년들은 신앙과 신뢰, 신념, 희망과 같은 긍정적인 감정을 느낄 수 있고, 그들이 직면하고 있는 어려움을 인내와 사랑, 겸손과 같은 덕목들로 극복할 수 있도록 합니다.

하지만 막상 공부하거나 일하는 것이 힘들다고 기도를 더 많이 하는 것 같지는 않습니다. 종교 생활이 마음 내킬 때만 하는 것이 아니라는 사실을 알면서도 우리는 정작 힘들 때 오히려 종교를 멀리하기까지 합니다.

일기 쓰기가 개개인의 내면과 하는 대화라면 기도는 신과의 대화입니다. 기도에 어떤 특별한 기도문이나 절차는 필요하지 않습니다. 자기 자신에게 필요한 것, 마음속의 걱정, 현재 닥친 문제들을 신 앞에서 이야기하는 것입니다. 신에게 어려움을 맡기고 상황을 극복할 수 있기를 청하기만 하면 됩니다. 신들은 우리가 상상한 것보다 훨씬 좋은 해결책을 줄지도 모릅니다. 신과의 대화는 언제 어디서든 가능하고 비밀이 보장된다는 점에서 좋습니다. 학생들이 기도를 통해서라도 마음이 편안해지고 공부할 수 있는 힘을 얻기를 저 또한 기도합니다.

✏ 스스로를 성장시키는 봉사 활동

1970년대 후반쯤에 고등학교 여학생 몇 명이 '사랑의 천사'라는 모임을 만들고 영아원이나 고아원을 방문하며 봉사를 했습니다. 이 여학생들은 다른 목적이 있어서가 아니라 봉사는 훌륭한 행동이라는 것에 공감하고 뭉친 것이었죠. 이 학생들, 저를 포함해서 이제는 성인이라고 말하기도 민망할 만큼 중년의 나이에 들어섰지만 40년이 지난 지금도 만나면 그때 이야기로 꽃을 피웁니다. 어릴 적 봉사 경험 덕분에 어려운 이웃을 만날 수 있었고 그들이 바라는 것이 무엇인지 알게 되면서 우리들이 성장할 수 있었다고 이야기를 나눕니다. 저는 '사랑의 천사' 멤버들과 여전히 봉사 활동을 하고 있으며, 봉사 활동은 받는 사람보다 하는 사람에게 더 큰 힘을 준다는 말을 믿습니다.

많은 학생들이 이미 '연탄 나눔', '김치 나눔', '독거노인 돌봄' 등의 봉사 활동을 참여한 경험이 있을 것입니다. 땀을 흘리고 몸은 고되었을지언정 사람들과 손발 호흡을 맞췄던 순간과 즐거운 웃음소리는 오랫동안 기억되고 있지 않나요? 봉사 활동은 우리가 배우고 아는 것을 다른 사람들과 자연스럽게 공유하고, 자신과 이웃 그리고 세상을 알아갈 수 있는 통로라는 점에서 이보다 더 좋은 일은 없습니다. 즉, 봉사 활동은 다른 사람을 돕고 싶다는 마음에서 시작하긴 하지만, 결국 자기 자신을 돕는 일이라는 사실을 깨닫는 계기가 된다는 점에서 특별한 의미가 있습니다.

"다른 사람을 돕는 일이 곧 스스로를 돕는 일이다."

봉사 활동은 특별한 날, 특별한 행동을 하는 것만 의미하지는 않습니다. 단순히 친구에게 옆자리를 내주는 일로도 봉사를 시작할 수 있습니다. 친구가 대화를 원하면 시간을 들여 귀 기울이고, 문제 풀이에 대한 도움을 요청하면 같이 공부하는 것도 진정한 봉사가 될 수 있습니다. 가족 간의 불화로 마음이 아픈 친구, 공부를 열심히 했는데도 성적이 잘 안 나와서 속상한 친구, 잘못한 것도 없는데 선생님의 꾸중을 들은 친구, 친구끼리의 오해로 왕따 아닌 왕따를 당하는 친구들에게 옆자리를 내주는 일이 학생들 입장에서 가장 잘할 수 있는 봉사입니다. 봉사는 이렇듯 일상 속에서 적극적으로 이루어질 때 스스로의 힐링 또한 느끼게 됩니다.

5. 행복이라는 결승점

✏️ **나의 내면 검색하기**

요즘처럼 세상이 빨리 바뀌어가는 시대에는 성인이 되어 무슨 직업을 가지고 어떤 일을 해야 할지 생각이 많아집니다. 많은 직업이 생기고 없어지고를 반복하고 막막하기만 하죠. 다른 사람과 비교하지 말고 자기 자신이 무엇을 좋아하고 잘할 수 있는지 알아보라는 말들은 정석적인 답변처럼 보입니다.

잠재력이 없는 사람은 없습니다. 그러나 부모님은 다른 사람들의 이야기를 가지고 와서 이런 사람이 되어라, 저런 사람이 되어라 합니다. 자식의 미래를 걱정하는 것은 이해되지만 부모님이 원하는 것이 학생 자신의 잠재력이나 희망과 거리가 멀 때는 혼란에 빠지기 쉽습니다. 또한 자신이 원하는 것을 모른 채 부모님의 말에 떠밀려간다면, 진로를 개척하는 데 갈피를 못 잡고 빨간불이 켜질 위험이 있습니다.

자신이 어떤 사람이고 또 앞으로 어떤 사람이 되고 싶은지 모를 때는 스스로 무엇을 할 때 시간이 가는 줄 모를 정도로 신나고 배고픈 줄도 모르는지 생각해봐야 합니다. 이것이 너나 할 것 없이 중요하다고 말하는 '꿈'을 찾는 방법입니다.

모든 꿈이 실현되거나, 꿈의 실현이 곧 인생의 완성을 의미하는 것은 아닙니다. 그러나 크든 작든 목적지를 정하고 발걸음을 내딛으면 정처 없이 걷는 일보다 좋은 결과를 가져옵니다.

꿈이 그려지면 자신이 하고자 하는 것을 주변에 이야기해야 합니다. 만약 자신의 꿈이 부모님이 기대하는 바와 동떨어진 것이라면, 부모님을 설득하기 위한 논리적 근거와 자신의 의지를 정리한 자료를 준비할 필요가 있습니다. 막연한 추측이나 예상되는 피상적인 이야기로는 부모님을 이해시키기 어렵습니다. 선생님이나 부모님이 제시하는 것도 분명 좋은 진로일 것입니다. 그러나 그것이 자신의 잠재력이나 꿈과 맞아떨어지지 않는다면 나중에 많은 시간을 헛수고로 낭비할 수 있습니다. 미래를 준비하기 위해서는 무엇보다 자기 자신을 스스로 꼼꼼히 검색합시다.

대학 입학이 목표이자 꿈인 학생들이 있습니다. 하지만 대학 입학은 삶의 목표와 꿈을 이루기 위한 '수단'이고 '과정'이지, 대학 자체가 목표나 꿈일 수는 없습니다. 대학 입학과 동시에 목표와 꿈이 사라진다면 인생은 너무나 허무해질 것입니다. 100세 시대에 영원히 사라지지 않는 꿈을 키우기 위해서는 내면을 탐색한 결과를 토대로 삶을 디자인해나가야 합니다. 어떤 사람이 되고 싶은지 고민하다 보면 자신에게 가장 맞는 일이 무엇인지 떠오를 수 있습니다. 사막에서 흐르는 물줄기를 따라가다 보면 오아시스를 쉽게 찾을 수 있는 것처럼 말이죠.

　사람들은 자신을 포함해서 타인의 존중을 받으며 멋진 삶을 살아갈 수 있기를 희망합니다. 그러기 위해서는 스스로에 대한 이해의 수준이 높아야 하고, 타인과의 의사소통 수준 또한 높아야 합니다. 이번에는 샌프란시스코주립대학교의 조셉 러프트Joseph Luft 교수와 UCLA의 해리 잉햄Harry Ingham 교수가 제시한 '조하리의 창'을 살펴보겠습니다.

　'조하리의 창Johari's window'에서는 서로를 알고 이해하는 정도에 따라 사람들의 모습을 4개의 창으로 구분합니다. 첫 번째로 '열린 창Open window'은 자신뿐만 아니라 타인도 알고 있는 영역입니다. 일반적으로 자기 자신은 물론이고 주변 사람들도 알고 있는 모습이 여기에 속하는 것이죠.

　두 번째 '숨겨진 창Hidden window'은 자신은 알고 있지만 타인이 알지 못하는 영역입니다. 자신만의 비밀이 많은 반면 타인들이 이 사실을 알지 못하는 경우로, 표면적으로는 서로 알고 있는 것 같지만 실제로는 깊이 있게 알지 못하는 모습이 여기에 속합니다.

　세 번째 '보이지 않는 창Blind window'은 타인들은 알고 있지만 정작 자신은 모르는 영역입니다. 이러한 영역이 좋은 부분이라면 소리 없는 칭찬의 주인공이 될 수 있지만, 반대로 좋지 않은 부분이라면 소위 '뒷담화'의 주인공이 될 수 있습니다. 남들은 모두 알고 있는데 자신만 모르는 부분이 있다는 점에서, 두 번째와 세 번째 모두 타인들과 표면적으로는 서로 알고 지내는 것 같지만 사실은 잘 알지 못한 채 생활하는 모습입니다. 두 번째는 자신이 감추고 싶은 부분을 타인에게 공개하지 않아서 타인이 자신을 모르는 것이고, 세 번째는 타인이 평가하는 자신의 모습을 몰라서 겉도는 것입니다.

　마지막으로 '미지의 창Unknown window'은 자신뿐만 아니라 타인도 알지 못하는 영역입니다. 미지의 창은 부정적으로 보는 사람들에게 어둠의 세계로 느껴질 수도 있습니다. 하지만 긍정적으로 보는 사람들에게 미지의 창은 어떻게 보면 이 세상에 자신을 보낸 신만이 알고 있는 자기 자신의 고귀한 영역입니다. 아직까지 본인도 타인도 모르는 귀하고 멋진 모습이 있다는 뜻입니다.

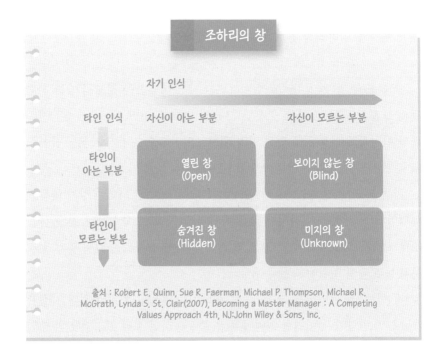

조하리의 창

자기 인식

타인 인식	자신이 아는 부분	자신이 모르는 부분
타인이 아는 부분	열린 창 (Open)	보이지 않는 창 (Blind)
타인이 모르는 부분	숨겨진 창 (Hidden)	미지의 창 (Unknown)

출처 : Robert E. Quinn, Sue R. Faerman, Michael P. Thompson, Michael R. McGrath, Lynda S. St. Clair(2007), Becoming a Master Manager : A Competing Values Approach 4th, NJ:John Wiley & Sons, Inc.

멋진 삶을 살아가기 위해서는 자신도 알고 타인도 아는 첫 번째 창을 활짝 열고 즐거운 마음을 가져야 합니다. 그리고 숨겨진 자신의 모습을 타인에게 내보이기 위해 용기를 내고 두 번째 창을 열어 당당하게 살아가야 합니다. 또한 보이지 않는 창에 있는 자신의 모습을 검토하고 겸손하게 살아가야 합니다.

이제는 네 번째 창을 열 순서입니다. 마지막으로 자신도 타인도 모르는 귀하고 멋진 본인을 만나기 위해 나서야 할 때입니다. 이 세상에 둘도 없는 '나'를 찾고 만들어가야 합니다. 지금까지의 다양한 경험을 바탕으로 자신이 무엇을 좋아하고 잘할 수 있는지, 자신을 둘러싸고 있는 다양한 것들에 대해 주변의 기대나 분위기에 휩쓸리지 않고 스스로 생각해야 합니다. 지금껏 모범 답안으로 생각되었던 것들이 자신의 현재와 미래에 적합하지 않다면 이제라도 던져버려야 합니다.

오늘 당장 네 번째 창을 열고 새로운 마음으로 도전한다고 해서 생활이 크게 달라지지는 않습니다. 하지만 자신을 깨우는 스스로에 대한 노크는 신선한 기운으로 전달될 것이고, 미래를 이끌어나가는 에너지가 될 수 있습니다.

멋진 모습은 저절로 만들어지지는 않습니다. 스스로 만들어야 하지만 걱정할 필요는 없습니다. 우리의 내면에는 이미 멋진 모습이 숨어 있기 때문입니다. 주변에 유명하거나 위대하다고 평가 받는 사람들도 알고 보면 우리와 별반 다르지 않은 사람들이었습니다. 자신만의 고유한 모습을 찾고 키운 사람들이죠. 많은 학생들이 스스로에게 어울리는 모습을 찾고 멋진 미래를 향해 새로운 날갯짓을 시작해보기를 기대합니다.

✏️ 가방 속을 보면 미래가 보인다

학생들에게 어떤 사람이냐, 어떤 사람이 되고 싶으냐 물으면 선뜻 대답하지 못합니다. '중학생이에요', '어느 고등학교로 진학하고 싶어요'라는 대답은 흔해서 말하고도 그다지 시원하지는 않을 것입니다.

스스로를 잘 모를 때는 자신의 가방 안을 들여다보라고 권하고 싶습니다. 가방 안에 든 물건들이 자신을 대변할 수 있기 때문입니다. 모두 그런 것은 아니지만 보통 공부를 잘하고 싶은 학생들은 각종 교과서와 노트, 참고서들을 가방에 넣고 다니죠. 운동이 목표인 학생들은 운동복과 운동에 필요한 기구들이 가방에 들어 있을 것이고요. 어떻게 보면 간단하지만 그만큼 확실하기도 합니다.

✏ 마음 챙김으로 공부 쉬어가기

우리는 줄곧 가방을 챙깁니다. 학생들은 학교에서 공부할 때 필요한 물건들을 찾아서 넣거나 빠뜨린 것은 없는지 살피면서 학교 생활을 준비합니다. 하지만 가방을 챙기듯, 마음 또한 챙길 필요가 있습니다. 인생을 살아가는 데 무엇이 필요하고 빠뜨린 것은 무엇인지 되짚어봐야 한다는 의미입니다. 공부하는 이유가 단순히 성적을 올리는 것이 아니라 인생을 풍요롭고 행복하게 살기 위해서이기 때문입니다.

학생들이 누려야 할 행복은 무시당하거나 포기되면 안 되는 권리입니다. 학생들의 삶 속에서 미래의 행복을 위해 오늘의 행복이 저당 잡히는 일이 없어야 한다는 것입니다. 자기 자신을 챙기고, 가족과 친구 그리고 이웃을 살피고, 사회를 돌아보는 여유를 가지면서 충족되는 행복감을 느낄 수 있어야 합니다. 그러기 위해서 마음을 챙기는 연습이 이루어져야 합니다. 즉, 마음을 챙기는 연습이 곧 행복으로 가는 길이라는 뜻입니다.

다수의 학생들이 이 말에 동의하겠지만 학업이 힘들고 바쁘다는 이유로 마음 챙김을 미루거나 등한시하는 경우가 많습니다. 무엇을 하기 전에 또는 무엇을 하고 난 이후에 마음을 챙기지 않아서 분주해진다는 사실을 인지하지 못하는 것이죠. 실제로는 아무도 쫓아오지 않는데 혼자 마음이 급해서 절절매는 일도 쉽게 볼 수 있습니다.

마음 챙김은 별다른 것을 필요로 하지 않습니다. 마음만 먹으면 지금 당장이라도 가능합니다. 학교를 오가는 길에 하늘을 한 번 쳐다보고 깊게 숨을 내쉬면서 웃어보는 것도 마음 챙김의 하나입니다. 마음 챙김은 학생들 각자 공부하는 과정에서 생기는 스트레스를 스스로 조정하고, 가끔 쉬어 간다는 생각으로 수행하면 됩니다.

겉으로는 잘 지내는 것 같지만 마음이 불안하고 헛헛하다면 마음을 챙겨봅시다. 스스로를 칭찬하고 격려하면서 말이죠. 사실 공부하는 데 있어 자기 자신만큼 수고하는 사람은 없습니다. 모든 학생들이 공부나 또 다른 어떤 일이 생각대로 되지 않아서 지치고 피곤할 때는 잠깐 쉬어 가는 지혜를 얻기를 바랍니다. 스스로에게 이렇게 한 마디 건네면서요. "오늘 수고 많았지? 너는 잘할 수 있어!"

6. 행복해지는 마음 공부법

✏ 계획의 크기가 행복의 크기를 결정한다

누구나 행복하기를 바라지만 모두가 그에 맞는 노력을 하지는 않습니다. 그렇다면 행복하기 위해 어떤 마음가짐과 행동으로 노력해야 할까요? 저는 학생들에게 보통 누구를 만나고 무엇을 보며 지내는지, 또 흔히 말하는 멘토가 있는지 질문합니다. 이런 것들을 학생 스스로 결정할 수 없을지라도 생각해보는 것 자체가 중요합니다. 어떤 결정을 하느냐에 따라 인생이 크게 달라질 수 있기 때문이죠. 이해를 돕기 위해 이야기를 하나 해보겠습니다.

가뭄이 이어지는 여름철 어느 날, 내일 오후 2시에서 4시 사이에 소나기가 온다는 일기 예보가 있었다. 사람들은 간만의 비 소식에 물을 받을 준비를 시작했다. 다행히 다음날 예정된 시간에 비가 내렸고, 사람들은 저마다 준비한 만큼 물을 받았다. 그러나 어떤 사람은 한 바가지의 물을, 어떤

> 사람은 커다란 대야만큼의 물을, 또 어떤 사람은 욕조만큼이나 되는 양의
> 물을 받았으며 각자 받은 물의 양만큼 기쁨의 크기도 달랐다.

왜 이런 일이 생겼을까요? 가뭄이 계속되었고, 물이 필요했고, 마침 소나기 예보를 접한 것도 똑같은데 말이죠. 모두가 예상했듯, 사람들이 같은 소식이라도 다르게 준비했기 때문에 받은 물의 양과 기쁨의 정도가 전부 다르게 된 것입니다.

우리가 앞으로 경험하는 어려움과 해결해야 할 과제들은 조금씩 다르겠지만, 크게 다르다고 할 수는 없습니다. 다시 말해 주어진 시간 내에 누구를 만나고 무엇을 할 것인지 결정하는 것은 모두에게 중요하다는 의미입니다. 아무리 주변에서 중·고등학교 시절에는 좋은 선생님과 좋은 친구들을 만나서 공부를 열심히 하는 것이 중요하다고 해도, 스스로 중요하게 듣지 않는다면 소용이 없습니다. 오늘은 누구를 만나 무엇을 할지 생각해봤나요?

✎ 성공 기회를 잡는 계획 세우기

우리는 살아가면서 알게 모르게 숱한 우연을 만나게 됩니다. 그래서 사람들은 우연이 그야말로 '우연히' 찾아온다고 이야기하죠. 하지만 어떤 사람은 그 우연을 필연으로 만들어 성공하기도 하고, 어떤 사람은 우연이 왔었는지도 알아채지 못하고 흘려버립니다. 즉, 우연을 기회로 알아보는 사람은 소수에 불과하다는 뜻입니다.

우연을 성공의 발판으로 삼지 못하는 사람들은 주변에 펼쳐진 수많은 우연의 진가를 알아보지 못하거나, 우연을 잡을 준비를 하지 못한 사람들입니다. 그러므로 기회의 주인공이 되기 위해서는 우연을 알아보는 능력과 마침내 찾아왔을 때 잡을 준비를 갖추고 있어야 합니다.

우연은 계획하고 준비한 사람에게만 기회로 작용합니다. 세상에 저절로 손에 들어오는 공짜 우연은 없습니다. 귀한 우연을 필연으로 이어나가는 사람들은 그만큼 아주 오래전부터 그 우연을 기다리고 준비한 사람들입니다. 우연을 받아들일 준비가 되어 있지 않은 사람에게 우연은 그냥 스치는 바람일 뿐입니다.

어떤 유명한 헤어 디자이너는 어릴 적부터 교수가 꿈이었다고 합니다. 그러나 공부할 형편이 되지 않아 미용 분야에서 공부를 하고 경험을 쌓으며 수많은 시간을 보냈습니다. 이후에도 지속적으로 공부를 하고 경연에 참가하며 해외 연수를 통해 전문성을 높여나갔습니다. 단순한 손 기술이나 재능을 넘어 뷰티 전문가로서의 성장을 추구한 것입니다.

그러던 어느 날 우연히 이 헤어 디자이너는 뷰티 스쿨에서 교수로 초청받게 되었습니다. 꾸준히 이론과 기술을 겸비하기 위해 노력을 해왔으므로 우연을 잡을 수 있었고, 결국 어린 시절의 꿈도 이루게 되었죠.

또 어떤 경영자는 교육 기업의 대표가 되고 싶었습니다. 그래서 교육과 관련된 학과에서 공부하고 학위를 받았으며, 교육 분야에서 다양한 지식과 경험을 쌓았습니다. 교육 프로그램을 개발하고 프랜차이즈 사업으로 작은 성공도 거둠과 더불어 다양한 강의를 통해 경영인들의 전문성을 높이는 데 기여하기도 했죠.

예상했듯, 어느 날 우리나라 교육 기업을 대표하는 회사에서 이 경영자를 전문 경영인으로 초청했습니다. 역시 오랫동안 경험과 노하우를 축적하고 전문 경영인이 되기 위해 준비하고 있었기 때문에 이 우연한 초청이 필연으로 이어질 수 있었습니다.

우리가 어떤 우연의 주인공이 되고 싶다면 그것을 계획하고 준비해야 합니다. 오늘의 준비가 '계획된 우연'의 주인공으로 우리를 인도할 것입니다.

✎ 최상위권 아이들의 숨겨진 비밀

사람들은 날고 싶어 합니다. 남들이 우러러보는 자신만의 영역을 구축하고 멋진 삶을 살아가고 싶어 합니다. 날기 위해서는 날기 위한 준비와 연습을 해야 합니다. 우선은 바로 설 수 있어야 합니다. 바로 서서 걷는 연습을 통해 잘 걸어야 하고, 달려야 하며, 결국 날 수 있는 연습까지 이어져야 합니다. 반듯하게 서지도 못하는 상태에서 걷기 또는 날기에 매진한다면 현재의 노력은 헛걸음이 될 수 있습니다.

학교에는 공부를 많이 하지 않아도 성적이 잘 나오고, 연습을 많이 하지 않아도 축구를 잘하는 친구들이 있곤 합니다. 남다른 능력을 타고났을 수도 있지만, 학생들 대부분은 이 친구들의 99%가 남들이 알지 못하는 피나는 노력을 하고 있다는 사실을 잘 모릅니다. 개개인의 특기와 능력은 저마다 다르지만 최고의 경지에 오른 사람들은 거의 유사한 노력을 합니다.
따라서 성적이 생각만큼 오르지 않는다면 현재의 결과에 낙담하기보다 자신의 현재 능력과 잠재 능력을 살펴보고, 성적을 올리기 위해 노력했던 과정을 다시 검토해봐야 합니다. 그리고 그것들을 기반으로 하나씩 하나씩 단계를 밟아나가야 합니다. 이러한 과정들이 커다란 인내를 요구하더라도 앞으로 날기 위해서는 참고 버텨야 합니다.

날지 못하는 것은 능력이 없어서가 아니라 아직 때가 되지 않았기 때문입니다. 날기 위해 오랫동안 훈련하는 것은 비록 성적이 금방 오르지 않더라도 중요합니다. 학생들이 노력하는 과정에서 얻는 경험은 무엇보다 값진 재산으로 스스로를 무장시킬 수 있기 때문입니다. 성적이 만족스럽게 올랐던 시험의 내용은 시간이 지나면 잊어버리지만, 그 과정에서 몸으로 얻은 경험은 어느 누구도 빼앗을 수 없습니다. 그리고 그 과정 속에서 우리의 모습이 만들어집니다.

✎ 영토의 주인이 되어라

새해가 되면 많은 사람들이 신년 계획을 세우고, 올해는 반드시 이것을 성취하리라 결심합니다. 성인들 입장에서는 주로 다이어트나 운동, 금주와 금연이 대표적입니다. 이러한 계획들은 대체로 매년 세워지고 짧게는 수년, 길게는 수십 년 동안 반복적으로 세워지기도 합니다.

가령 다이어트에 성공하지 못한 사람들 중 다이어트를 위해 제일 필요한 것은 하지 않는 경우가 많습니다. 다이어트를 위해 책도 읽고 인터넷 검색도 하며 분주한 나날을 보내고는 있지만, 정작 꾸준한 식이 요법이나 정기적인 운동은 게을리한다는 것입니다. 그래도 주변에서 요즘 뭐 하냐고 물으면 '다이어트 해요'라고 대답합니다. 실제로 다이어트를 위한 행동을 하지 않으면서 생각으로는 다이어트를 한다는 착각에 빠진다는 말이죠.

해마다 같은 계획을 세우지만 그 계획을 달성하는 사람은 많지 않다는 점에서, 해리슨 오웬Harrison Owen 박사가 저서 『셀프 오거나이징』에서 언급한 말이 떠오릅니다.

"어떠한 경우에도 지도가 영토를 만들지 않는다."

아무리 계획을 잘해서 근사한 지도를 만든다고 해도, 그 지도를 완성하기 위해 노력하지 않는다면 영토는 조금도 넓어지지 않는다고 해석해볼 수 있습니다.

학생들도 새해가 시작되면서 '공부를 열심히 하겠다', '성적을 이만큼 올리겠다', '게임 하는 시간을 줄이겠다' 등의 다양한 계획을 세웠을 것입니다. 지금 얼마나 계획이 달성되고 있는지 검토해볼 필요가 있습니다. 아마도 상당수가 계획만으로는 영토의 주인이 될 수 없음을 금방 깨달을 수 있겠죠. 멋진 영토의 주인이 되기 위해서는 실현 가능한 지도를 그리는 것에 그치지 않고 계속해서 정진해야 합니다.

지도를 그릴 때는 스스로 직접 만들어갈 수 있는 영토, 자신이 살고 싶은 영토를 그려야 합니다. 자신의 능력을 벗어나거나 실행력을 과신하는 경우, 특히 남들이 하는 것을 나도 해보겠다는 식의 과시용 지도로는 한 치의 영토도 넓히기 어렵기 때문입니다. 학생들 자신이 행복하게 살 수 있는 영토의 주인이 되기 위해 오늘 차분하게 도화지를 펼쳐보기를 바랍니다.

✎ 세상은 넓고 할 일은 많다

과거는 우리가 좋아하는 것이 있고 해당 분야에 소질이 있으면 그것을 배우면 되는 시절이었습니다. 대체적으로 우리가 배우고 익힌 분야에서 터전을 잡기가 어렵지 않았죠. 하지만 오늘날은 그야말로 급변하는 시대입니다. 학생들도 무엇을 어떻게 배우고, 또 그중 무엇을 자신의 것으로 삼아야 하는지 걱정이 많습니다.

세상 변화를 크게 걱정할 것은 없습니다. 과거에는 학생들이 공부를 마치면 대한민국에서 직장을 잡고 평생을 살아야 했지만, 지금은 세상 곳곳을 누비며 살 수 있는 일이 가능해졌기 때문입니다. 대우그룹 회장이었던 고(故) 김우중 회장은 젊은이들에게 넓은 세상으로 나아가라고 강조했습니다.

물론 미래에 대한 부담감과 다가오는 걱정을 외면하기는 어려울 수 있지만, 자신이 살아가야 하는 세상을 넓게 보면 할 일은 많다는 사실을 알 수 있습니다. 지리적으로 봐도, 청년들의 활동 무대에는 일본이나 중국과 같은 아시아가 있고, 유럽과 아메리카, 오세아니아 주도 있습니다. 최근에는 아프리카 지역으로 유학을 가는 학생들이 증가하는 추세입니다.

직업적으로도 오늘날의 직업은 4차 산업혁명과 인공지능의 발달 덕분에 그 분화와 진화의 정도가 가늠될 수 없을 정도로 확대되고 있습니다. 이제는 앉아서 오는 세상을 기다리는 것이 아니라 자신이 위치하고 싶은 세상을 찾아 나서야 한다는 뜻입니다.

지금까지 살아오면서 후손들에게 물려줄 만한 세상이 있었다는 이야기는 들어본 적이 없습니다. 그러나 지나온 역사를 돌이켜보면, 많은 어려움속에서도 세상은 늘 놀라운 발전을 이루어왔습니다. 이러한 발전은 수많은 사람들의 수고로 가능했고, 지금도 보이지 않는 곳에서 많은 노력들이 진행되고 있기 때문에 발전은 계속 이어지리라 예상할 수 있습니다.

우리는 좀 더 살기 좋은 세상을 만들기 위해 공부를 하고 지혜를 모으는 다양한 활동을 하고 있습니다. 하나의 개별적인 경험은 사소해 보일 수 있지만, 하나가 둘이 되고 둘이 셋으로 되면서 쌓아가는 경험은 더 큰 세상으로 나갈 때 큰 힘이 됩니다. 즉, 각자의 작은 경험이 더 넓은 세상으로 가는 통로나 다름없습니다. 학생들도 공부를 하거나 교내·외 활동에 참여하면서 벅차고 힘들지라도, 세상은 넓고 할 일은 많다는 사실을 기억하면서 자신만의 대장정을 준비해나가기를 바랍니다.

목표를 달성하기 위해
사수를 했습니다

전북대학교 수의예과 2020학번 문정식

제가 어렸을 때는 특별히 무엇인가를 하지 않아도 초등학교에서 중학교로, 중학교에서 고등학교로 올라갔습니다. 그래서 이대로 아무것도 하지 않아도 어떻게든 될 줄 알았습니다. 좋은 대학교에 갈 줄 알았고, 좋은 직장에서 좋아하는 일을 하며 살 줄로만 믿었습니다. 그렇게 무의미한 시간만 흘려보낼수록 점점 '이러다 양아치 백수가 될 수도 있겠구나'하는 불안감이 생기기 시작했습니다. 하지만 무엇을 어떻게 해야 할지 감이 전혀 잡히지 않았습니다. 당시 저는 꿈은 커녕 스스로 어떤 것을 좋아하는지도 모르고 있었거든요. 그래서 우선 좋아하는 것부터 찾기로 했습니다.

돼지는 선 채로 하늘을 볼 수 없다는 사실을 아시나요? 돼지의 목 구조상 고개를 뒤로 젖힐 수 없다고 합니다. 족쇄와도 같은 견고한 뼈와 근육들 때문이죠. 그래서 돼지가 하늘을 보려면 그냥 옆으로 구른다고 합니다!

사람도 마찬가지라고 생각합니다. 족쇄와 같은 현실과 습관, 삶의 패턴이 우리가 세상으로 나아가는 것을 방해한다면, 우리도 스스로의 세상을 만들기 위해 옆으로 굴러 기존의 틀을 벗어나야 합니다. 그래서 저는 원하는 세상으로 나아가기 위해 경험을 쌓기 시작했습니다. 거창하지는 않았습니다. 책을 읽거나 학생회, 동아리 활동을 하거나 여행을 가는 등 평소에 주로 하지 않았던 일들 위주로 했습니다. 그러다 제가 동물을 좋아한다는 사실을 알게 되었고, 수의사가 되기로 마음먹었습니다. 그때가 예비 고3 때였습니다.

앞의 내용으로 예상할 수 있듯이 저는 공부를 못했습니다. 학교에서 시키는 것만 설렁설렁 겨우 했는데, 수의대는 공부를 잘 해야 갈 수 있는 곳이죠. 결론부터 말하자면 저는 사수, 즉 수능을 4번 봤습니다. 공부를 시작하면서 재수는 각오하고 있었지만 설마 사수까지 하리라고는 꿈에도 몰랐는데요. 수험 생활을 하는 동안 제일 힘들었던 것은 닿을 듯 말 듯한 꿈을 계속 꾸는 일이었습니다. 꿈 자체가 없는 것보다도 말이죠. 왜냐하면 매해 수의대의 커트라인이 올랐기 때문입니다.

고3 현역 때 수도권의 대학도 가지 못할 정도였던 수능 점수를 재수하는 동안에는 인서울 상위권 대학의 기준까지 올렸습니다. 하지만 이 점수는 제 목표를 이루기에 턱없이 부족했고, 삼수 때도 마찬가지였습니다. 특히 삼수에 실패하고 난 뒤로는 정말 포기하고 싶었습니다. 한 번 더 한다고 해도 안 될 수 있다는 불안감이 밀려왔습니다. 하지만 더 두려운 것은, 목표를 이루지 못하고 평생을 살아야 할 수도 있다는 우울한 미래의 그림자였습니다.

재수 이후 현실과 타협하고 잠깐 어느 학교를 다닌 적 있지만, 꿈과 동떨어진 곳에서 하는 공부에는 아무런 의욕이 생기지 않았습니다. 이 감정을 언제까지 지고 살 수는 없다고 생각해서 다시 도전했고, 결국 목표를 이루었습니다. 제가 사수를 하는 동안 만들어낸 것 중 가장 값진 것은 바로 '포기하지 않은 경험'입니다. 앞으로도 살아가면서 힘든 상황이 오더라도 이 경험이 저에게 큰 힘이 되겠죠.

여러분은 꿈이 있나요? 지금은 없어도 괜찮습니다. 정답은 아니더라도 제가 그랬듯이 꿈을 찾기 위해 다양한 경험들을 해보세요. 그렇게 목표가 생기면 아무리 힘들어도 도망치지 마세요. 포기하지 않는 한, 그 꿈은 반드시 이루어집니다.

3부

항해에도
목적지가 필요하다

임정빈

✏️ 직업, 뭣이 중헌디?

"넌 꿈이 뭐니?"

한 친구의 9살 난 아들 우주에게 물어본 적이 있습니다.

"의사요!"

우주의 대답에 친구는 대견하다는 듯한 눈으로 아이를 바라봤고, 의사가 되려면 열심히 공부해야 한다고 응원의 말을 덧붙였죠. 아이들에게 꿈을 물어보면 저마다 생각해본 직업들을 말하곤 합니다. 의사, 교사, 변호사, 운동선수……, 이런 직업들이 꿈이 될 수 있을까요? 우주에게 질문을 다시 했습니다.

"열심히 공부해서 의사가 되면, 그다음 꿈은 또 뭐니?"

"돈 많이 버는 부자 의사요!"

우주의 엉뚱한 대답에 함께 있던 모두가 빵 터져 크게 웃었습니다. 하지만 가만히 생각해 보니, 어쩌면 우주의 대답은 엉뚱한 대답이 아니라 사람들 대부분이 생각하는 정답일 수도 있겠다 싶었습니다. 경제적으로 풍요로운 삶을 살고 싶지 않은 사람이 있을까요? 바로 그런 풍요로운 삶을 위해 우리는 경제 활동, 즉 일을 하면서 토대를 마련해야 합니다.

과거 농업이 주를 이루던 시대에는 몇 대에 걸쳐 농사를 짓고, 농작물을 다른 필요한 물품들과 교환하거나 시장에 내다 팔며 생활했습니다. 따라서 평생토록 농사를 짓는 일 외에는 다른 일을 할 수 있다는 상상을 하기 힘들었죠. 더 나은 삶을 위해 열심히 농사를 지었을 뿐이었습니다.

산업혁명 이후 인간의 노동력이 기계로 대체되면서 산업화가 이루어졌고, 기술이 개발되면서 많은 물건이 공장에서 생산되기 시작했습니다. 농촌에서 농사를 짓던 많은 사람들이 일자리가 더 많은 공장으로, 도시로 이동하면서 다양한 직업들이 생겨났습니다. 기술을 배워 공장에서 일했고, 운전을 배워 버스를 몰았으며, 글과 복잡한 계산법들을 배워 사무직이 되었습니다. 엔지니어, 운전사, 은행원 등 한 번 일자리를 정하면 직장을 옮기지 않고도 한 곳에서 일하며 편안한 삶을 살 수 있었습니다.

이러한 기술 발전은 더욱 빨라져 이제는 공장에서 일하는 작업자의 역할을 로봇이 대체하고, 자율 주행 자동차가 운전사 없이 스스로 이동하고, 은행 업무는 스마트폰으로 고객이 알아서 처리하는 시대가 되었습니다. 어느새 공장 노동자, 운전사, 은행원의 일자리가 사라져가고 있는 것입니다.

지금 유망해 보이는 직업들도 앞으로 10년 후에 여전히 유망한 직업으로 남아 있을지 확신하기 어렵습니다. 정보화 시대를 맞이하며 소프트웨어 개발자, 인공지능 기술자, 빅데이터 전문가들의 미래가 밝다고 합니다. 그러나 인공지능은 스스로 진화된 코딩을 하는 프로그램이기 때문에, 어쩌면 자신이 만든 프로그램 때문에 정작 자신의 직업이 사라질 수 있는 것이 오늘날의 현실입니다. 인공지능이 빅데이터를 활용해서 환자를 진단하고 처방하며, 로봇이 본격적으로 환자를 수술하는 시대가 곧 다가옵니다. 의사라는 직업 또한 과거의 모습과 완전히 다를 것이고, 새로운 변화에 적응하지 못하는 의사는 과거에 누렸던 풍요로운 삶을 유지하기 어려울 수도 있는 것이죠.

직업에는 3가지 기능이 있습니다. 그중 가장 기본적인 첫 번째 기능이 경제적 기능입니다. 우리가 가진 직업은 풍요로운 삶까지는 아니더라도 생계를 유지할 수 있을 정도는 되어야 합니다. 가령 자원봉사는 자신의 시간과 에너지를 투자하지만 돈은 벌지 못하기 때문에 직업이 될 수 없습니다. 직업의 두 번째 기능은 사회적 기능입니다. 직업은 사회 발전에 기여할 수 있을 때 의미가 있습니다. 소매치기, 강도 등으로 생계를 유지할 수는 있더라도 사회는 그것을 직업으로 인정하지 않죠. 세 번째는 자아 실현의 기능입니다. 직업은 개인의 성장을 이끌어야 합니다. 생계를 유지할 수 있고 사회 발전에 기여하는 일이라고 하더라도, 막상 일하는 본인이 만족하지 못하고 즐겁지 않다면 직업으로 유지하기 어렵습니다.

사회 변화로 하나의 직업을 평생 가져가기는 어려운 세상을 살아가는 아이들은 이제 좀 더 넓은 시야로 꿈을 설정할 필요가 있습니다. 앞서 언급한 직업의 기능들을 염두에 두고, 눈앞에 보이는 것이 아니라 좀 더 멀리 있고 오랫동안 지향할 무엇인가가 필요합니다.

그렇다면 먼저 목표와 목적의 차이를 살펴봐야 합니다. '목표'는 눈앞에 보이는 구체적인 어떤 것을 말하는 반면, '목적'은 눈앞에 보이지는 않지만 좀 더 멀리 있는 지향점을 뜻합니다. 다시 말해 목적은 '왜 이 일을 해야 하는가?'에 대한 대답이고, 목표는 '이 일을 언제까지 얼마만큼 할 것인가?'에 대한 대답이라고 할 수 있습니다.

인생의 관점에서 '나는 무엇을 위해 살아갈 것인가?'를 설정하는 것이 목적이라면, '지금부터 5년 뒤에 나는 어떤 자리에서 어떤 일을 하며 살 것인가?'는 목표에 해당합니다. 따라서 목적을 먼저 정하면 이후 구체적인 목표를 세우기 수월해집니다.

꿈을 이야기할 때 의사라는 직업보다는 '나는 무엇을 위해 살아갈 것인가?'를 생각해볼 필요가 있습니다. '의사'에 관심이 있더라도 '의사라는 직업은 이 세상에 왜 필요한가?', '나는 무엇을 위해 의사가 되고 싶은가?' 등의 대답을 고민해야 한다는 뜻입니다.

"나는 질병의 고통에서 인류를 구하고 싶다."
"나는 생명 연장을 실현해서 인류의 번영에 기여하고 싶다."
"나는 의료 사각지대가 없는 복지 국가를 건설하는 데 기여하고 싶다."

이렇듯 궁극적인 목적을 설정하면 구체적으로 그 목적을 향해 나아가는 중간 목표를 설정하기 쉽습니다.

'고등학교를 졸업하고 의대에 진학하겠다'는 시간이 정해진 구체적인 목표를 정하면, 목표를 이룬 다음 각자의 목적에 따라 그다음 목표를 또 세울 수 있습니다.

"의대를 졸업하고, 현장 경험을 쌓은 뒤 많은 질병의 원인이 되는 바이러스를 연구하는 교수가 될 것이다."
"의대를 졸업하고, 노화 방지를 위한 신약 개발에 몰두할 것이다."
"의대를 졸업하고, IT 기술을 접목한 원격 진료 시스템을 개발할 것이다."

삶의 목적을 분명하게 하는 사람은 세상이 변하고 직업 세계가 변하더라도 흔들림 없이 목적을 향해 나아갈 수 있습니다. 아무리 인공지능과 로봇이 발전하더라도 그 속에서 또 자신이 어떤 역할을 하며 궁극적인 목적을 달성하는 데 기여할 수 있을지 생각하고, 선택하고, 실천할 수 있습니다.

아이들이 앞으로 살아갈 미래가 과거와 가장 다른 점은, 기술이 너무 빨리 변하고 우리 삶에 적용되는 방향을 쉽게 예측할 수 없다는 사실입니다. 예측 불가능한 미래, 한 치 앞도 보이지 않는 막막한 어둠 속에서 흔들리지 않고 설정한 방향으로 나아가기 위해서는 자신의 인생 목적으로 정한 곳에서 비춰오는 한 줄기 빛이 필요합니다. 이때 인생의 목적을 향해 나아가며 머무르는 다양한 직업의 과정이 바로 '진로'입니다.
앞으로 누군가가 꿈을 물어본다면 눈앞에 보이는 직업이 아니라 그 일을 하고 싶은 궁극적인 이유를 이야기해봅시다.

✎ 학습자가 아닌 참여자로 공부하는 법

다시 과거로 되돌아가봅시다. 잘 먹고 잘 살기 위해서 일을 해야 하는데, 당시에는 농사를 지어 생활했습니다. 논밭에 씨를 뿌리고 잡초를 뽑고 물과 영양분을 충분히 주어 많은 양의 곡식을 생산해야 잘 먹고 잘 살 수 있었습니다. 이렇게 곡식을 많이 생산하려면 농사를 짓는 방법을 배워야 했죠. 언제 씨를 뿌려야 할지, 어떤 풀이 잡초인지, 물은 어느 정도가 적당한지, 거름은 어떻게 만들어야 할지 일일이 경험해보며 알아가기는 너무 늦습니다. 이때는 어릴 때부터 부모님이 농사를 짓는 모습을 곁에서 지켜보며 익숙해지고, 그래도 부족하면 더 경험이 많은 동네 어른들에게 배울 수 있었습니다. 나중에 결혼해서 자식을 낳게 될 때 본인이 배웠던 과정 그대로 자식들에게 전해주면 먹고 사는 데 큰 어려움도 없었습니다.

시간이 흘러 어느 순간부터 잘 먹고 잘 살기 위해서는 도시로 나가 공장에서 일을 해야 했습니다. 부모님도 경험하지 못한 일을 어떻게든 배워야 먹고 살 수 있게 된 것이죠. 그런데 먼저 일을 배운 사람들은 자신의 자리를 빼앗길 수 있다는 불안감에 그 기술을 쉽게 가르쳐주지 않았습니다. 따라서 국가가 앞장서서 학교를 만들게 되었습니다. 공장에서 일하는 법을 알려주고 글과 셈법을 익히게끔 도와 일자리를 빨리 찾을 수 있도록 지원했습니다. 그래야 회사가 더 많은 물건을 만들 수 있고, 돈을 잘 버는 공장과 회사가 많아질수록 국가 또한 발전할 수 있었기 때문입니다.

문제는 학교에서 가르치는 내용이 늘 공장이나 회사에서 일하는 방식보다 뒤처진다는 점이었습니다. 공장이 항상 더 많은 물건을 더 짧은 시간에 만들기 위해 새로운 기술을 계속해서 개발하는 것이 이유였죠.

A라는 공장이 있습니다. 양털을 깎아 실을 만들고, 그 실로 옷을 만드는 공장입니다. 한 사람이 양털을 깎고 그 양털을 꼬아 실을 만든 다음, 뜨개질해서 옷 한 벌을 만듭니다. 이렇게 한 사람이 옷 한 벌을 만드는 데 하루의 시간이 소요됩니다. 다소 느리다는 생각이 듭니다. 그래서 A공장에서 일하던 어떤 지혜로운 사람이 B라는 옷 공장을 만들었습니다. B공장은 3명의 사람을 뽑아서 한 사람은 하루 종일 양털만 깎게 만들고 또 한 사람은 하루 종일 양털을 꼬아 실만 만들게 했습니다. 예상했다시피 마지막 한 사람은 하루 종일 뜨개질해서 옷만 만들었습니다. 그 결과 하루에 5벌의 옷을 만들게 되었습니다. A공장에서는 3명이 하루 종일 3벌을 만드는데, B공장은 5벌을 만들 수 있으므로 큰 이익입니다.

시간이 지나고 양털을 깎는 사람이 털을 더욱 수월하게 깎을 수 있는 새로운 가위를 개발했습니다. 마찬가지로 실을 만드는 사람은 양털을 더 편하게, 더 많이 꼬는 것이 가능한 방법을 개발했죠. 실로 옷을 만드는 사람은 뜨개질이 아니라 아예 실로 천을 만들어 꿰매는 방식으로 더 쉽고 빠르게 옷을 만들기 시작했습니다. 이제 B공장은 하루에 옷 10벌을 만들게 되었습니다. B공장은 남들이 모르는 새로운 방법을 계속해서 고민하고 개발하면서 더 앞서나갑니다.

B공장은 새로운 기술을 다른 공장에 쉽게 알려주지 않기 때문에 기술이 다른 데로 잘 퍼지지 않습니다. 그러다 B공장에서 일하던 사람들이 회사를 그만두고 C공장으로 옮기고, 또 D공장으로 옮기는 일이 생기면서 B공장의 새로운 기술이 다른 공장에도 적용되기 시작합니다. 이렇게 새로운 기술이 여러 공장에서 활용되기 시작할 때가 되어야 비로소 학교는 일반적인 방식으로 자리 잡은 그 기술을 학생들에게 가르치게 됩니다. 그래도 학생들은 큰 불만이 없습니다. 널리 쓰이는 기술을 배워야 일자리를 구하기

쉽기 때문이죠.

　기술이 발전하고 공장이 다양해지고 새로운 일자리가 많이 생겨나면서 학교에서 가르쳐야 할 내용도 많아졌습니다. 따라서 모두가 알아야 할 내용을 초등학교와 중학교에서 가르치고, 고등학교와 대학교에서는 개개인이 하고 싶은 일을 집중해서 배우는 방식으로 학교도 변화했습니다. 다양한 영역에서 새로운 기술이 개발되고 활용되지만, 학생들이 학교에서 배운 내용을 가지고 사회로 나아가는 데 큰 문제가 없었던 것이 지금까지 학교 교육의 모습이었습니다.

　그러나 현재 학교 모습이 앞으로도 유지될 것인가에 대해서는 이견이 많습니다. 스마트폰이 일상화되고 정보 통신 기술이 발전하면서, 시간과 장소에 구애되지 않고 인터넷과 컴퓨터를 사용할 수 있는 환경이 구축되었습니다. 빅데이터와 소프트웨어 기술의 발전으로 컴퓨터는 스스로 과거의 정보을 통해 미래를 예측할 수 있는 수준까지 발전했죠.

　또 과학 기술의 발전 덕분에 유전자 조작으로 생명체를 통제할 수 있고, 3D 프린터로 생체 조직을 만들어낼 수 있으며, 로봇을 통해 초정밀 작업부터 극한 환경을 극복하는 작업까지 가능한 시대가 도래했습니다. 기술의 발전 속도가 너무 빨라지고 있기 때문에 이제는 학교에서 배운 내용을 현장에서 활용하기 어려운 시대가 다가오고 있습니다. 현장에서 일하면서도 새로운 기술을 계속 배우고 익히지 않으면 도태될 가능성이 높은 시대가 시작되었습니다.

　앞으로 학교에서 가르치고 배워야 할 것은 지식이 아닙니다. 새로운 지식은 어딘가에서 계속 생산되고 쏟아져 나옵니다. 이제는 자기 자신에게 필요한 지식이 무엇이고, 어디에서 그 지식을 찾을 수 있으며, 습득한 지식을 활용할 수 있는 방법을 가르치고 배우는 곳으로 학교가 바뀌어야 합니다. 지금 우리나라 교육에도 이러한 변화가 시작되고 있습니다.

요즘은 선생님이 가르치는 지식을 학생들이 일방적으로 배우는 강의 중심 수업이 아니라, 학생 스스로 무엇을 배울지 선택하는 프로그램이 늘고 있습니다. 배운 내용을 직접 활용해보는 참여 중심 수업이 확대되고 있으며, 평가 방식도 중간고사나 기말고사와 같은 시험 형태가 아니라 주어진 과제를 해결하는 능력을 평가하는 수행 평가 비중이 커지는 것도 같은 이유 때문입니다.

학교의 변화에서 가장 중요한 점은 학생들이 무엇을 배우고 왜 배워야 하는지에 대한 질문에 스스로의 답을 갖고 있어야 한다는 것입니다. 배움의 목적과 목표가 있을 때 무엇을 배울지에 대한 선택이 가능하기 때문입니다. 결국 앞으로 학교 교육의 핵심은 학생들이 인생의 목적지를 정하고, 목적지를 향한 과정을 설계하고, 그 과정을 위해 자신에게 필요한 것이 무엇인지 파악하고, 필요한 것들을 선택해서 배움으로써 자신의 인생을 완성해나가도록 지원하는 것입니다.

이것이 바로 학교 교육에서 특히 '진로' 교육을 강조하는 이유입니다. 학교에서 지식을 배우는 일도 물론 중요하지만, 이제 학생들은 근본적으로 자신이 무엇을 위해 그 지식을 배워야 하는지 곰곰이 생각해보고 경험하는 기회로 학교 생활을 활용해야 합니다.

2. 너 자신을 알라

✏️ 꿈을 만드는 나 표현법

"오늘 뭐 먹을까?"

약속을 잡고 만난 친구나 지인들과 흔히 주고받는 질문입니다. 그렇지만 매번 무엇을 먹고 싶은지 명확하게 말하는 사람은 많지 않습니다.

"난 아무거나 괜찮아."

대부분은 자신이 먹고 싶은 것을 말하기보다 누군가가 메뉴를 결정하면 따라갈 준비만 하고 있습니다. 원하는 것을 말했다가 상대방이 진짜 원하는 것을 먹지 못하거나, 못 먹거나 먹기 싫은데 억지로 먹게 될까 봐 배려하는 차원에서 그런 경우도 물론 있습니다. 하지만 정말로 먹고 싶은 것이 떠오르지 않아 의견을 내지 못할 때도 많죠. 스스로 무엇을 먹고 싶은지 단순한 욕망도 감지하지 못하면서, '나는 무엇을 하며 살 것인가?'처럼 심오하고 중요한 욕망을 포착하기 쉬울 리가 없습니다.

　많은 어른들이 우리 아이는 꿈이 없다며 나무라는 투로 말하곤 하지만, 정작 그 어른에게 꿈이 무어냐고 물어보면 대답하지 못하는 경우가 대부분입니다. 30~40년 동안 살아오면서도 자신의 인생을 걸고 추구할 목적을 발견하지 못했는데, 이제 20살도 채 안 된 자녀들에게 인생의 꿈을 정하라고 강요하는 것은 지나친 억지입니다. 그보다는 아이들 스스로 무엇을 좋아하고 무엇을 하고 싶은지, 스스로를 관찰하고 표현하도록 연습하는 일이 더 중요합니다.

　빵을 먹을지 밥을 먹을지, 산이 좋은지 바다가 좋은지, 책이 좋은지 운동이 좋은지, 친구들과 함께 어울리고 싶은지 혼자 조용히 시간을 보내고 싶은지, 자녀가 자기 자신을 스스로 표현할 기회를 주고, 충분히 생각해서 대답할 수 있는 시간을 기다려야 합니다. 또한 아이들은 선택의 순간을 부담스러워하지 말고 본인의 생각을 표현하는 습관을 들여야 합니다.

　다른 사람과 의견이 다르더라도 서로 조율하면 되므로, 그 상황이 두려워 표현하기를 주저할 필요는 없습니다. 선택의 기회가 왔을 때 상대방이 무엇을 원하는지 살피기에 앞서, 자신은 무엇을 바라는지 마음속을 들여다봐야 합니다. 이렇게 작고 사소한 선택부터 스스로를 알아가는 연습을 하면 할수록 나중에 더 큰 선택의 기회가 왔을 때 후회 없이 올바른 결정을 내릴 수 있습니다.

　만약 여전히 선택이 어렵고 자신에게 맞는 것이 무엇인지 잘 모르겠다면, 다음에 소개할 몇 가지 질문에 속으로 답변해봅시다.

사람마다 편안하다고 느끼는 환경은 다릅니다. 어떤 사람은 다른 사람들과 함께 있을 때 편안함을 느끼고, 어떤 사람은 혼자 조용히 있을 때 편안함을 느낍니다. 또 어떤 사람은 자기 자신을 표현할 때 편안함을 느끼지만 다른 어떤 사람은 자신을 드러내기보다 전체의 의견을 따라갈 때 편안함을 느끼죠. 이렇듯 우리가 마주할 수 있는 다양한 상황 속에서 어떤 때에 스스로 편안함을 느끼는지 알고 있다면 선택의 상황에서 보다 좋은 결정을 할 수 있습니다. 특정 환경과 상황에 대해 각자의 느낌과 그에 반응하는 행동 양상은 사람마다 모두 다릅니다. 이것이 바로 '성격'입니다.

한편, 스스로 잘하는지 못하는지를 떠나 호기심이 생기고 관심이 끌리는 대상과 분야가 있습니다. 어떤 긍정적인 감정이 일어나는 대상을 만나게 되면 우리도 긍정의 에너지가 생기고 좀 더 다가가고 싶어집니다. 이렇게 어떤 대상에 관심과 호기심이 생기는 것을 '흥미'라고 합니다. 만약 본인에게 호기심이 생기게 하는 대상, 긍정적인 에너지가 생기게 하는 분야를 알고 있다면 마찬가지로 선택의 순간에 보다 인생에 도움이 되는 쪽을 고를 수 있습니다.

성격과 흥미를 파악하기 위해서 우리는 항상 감정 변화를 민감하게 관찰해야 합니다. 어떤 상황에서 자신의 기분이 좋고 즐거운지, 어떤 상황이 기분을 나쁘게 하는지 관찰하다 보면 공통점을 발견할 수 있습니다. 그런 특징들을 잘 정리하면 자기 자신을 정확히 이해하는 데 도움이 됩니다.

스스로 감정을 살피는 일이 쉽지 않다면 주변 사람들을 통해 확인해볼 수도 있습니다. 가족이나 가장 친한 친구와 함께 서로 언제 화내고 기분이 상하는지, 언제 즐거워하고 기뻐하는지 이야기를 주고받다 보면 자신도 모르던 모습을 발견할 수도 있습니다. 어쩌면 가족과 친구를 통해 전해 듣는 모습이 더 객관적인 자신의 모습일 수 있겠죠.

개인의 성격과 흥미는 검사를 통해서도 확인할 수 있습니다. 가장 대표적인 것으로 홀랜드 성격 이론이 반영된 다양한 검사들과 MBTI 검사가 있습니다. 이렇게 흥미와 성격을 확인하는 검사는 몇 가지 기준을 갖고 성격과 흥미를 분류하며, 분류된 유형별 공통된 특징과 개인에게 편안한 환경을 설명해줍니다. 학생들은 학교에서 정기적으로 진행하는 진로 검사를 통해 자신의 흥미나 성격 유형을 확인할 수 있고, 고용노동부가 주관하는 워크넷이나 교육부의 커리어넷 사이트에서 홀랜드 이론이 적용된 직업 흥미 검사를 무료로 해볼 수 있습니다.

✏️ 어떤 것을 잘한다는 기준

자기 이해의 두 번째 방법은 바로 자신이 잘하는 일을 확인하는 것입니다. 보통 나이가 어릴 때는 좋아하는 것을 잘하는 것이라고 착각하는 경우가 많습니다. 하지만 사실 좋아하는 일이라고 해서 모두 잘하지는 않습니다. 제 큰딸은 요리하는 것을 좋아합니다. 집에서 자주 요리를 하곤 하는데 솔직히 그렇게 맛있는 편은 아닙니다. 그래도 즐겁게 요리를 하고, 그 요리를 가족과 나눠 먹는 일도 즐깁니다. 이것은 취미로 하는 일이기 때문에 가능합니다.

만약 딸아이가 요리사를 직업으로 삼고자 한다면 저는 말리고 싶습니다. 왜냐하면 돈을 지불하고 요리를 사 먹는 사람들이 행복하지 않을 것 같기도 하고, 손님이 없으면 딸이 먹고사는 문제가 해결되지 않을 것 같기 때문이죠. 그래서 좋아하고 편안한 것뿐만 아니라 정말 잘하는 일이 무엇인지도 함께 살펴보는 것이 중요합니다.

스스로 무엇을 잘하는지 알아보려고 할 때 많은 사람들이 어려움을 겪게 됩니다. 얼마나 잘해야 잘한다고 판단할 수 있는지 그 기준을 모르기 때문인데요. 이때 자기 나름대로의 기준을 세워볼 필요가 있습니다.

먼저 자신이 가진 많은 능력 중에 상대적으로 잘하는 일이 무엇인지 생각해봅시다. 미술, 음악, 체육, 공부, 말하기, 글쓰기, 설득하기, 만들기 등 많은 활동 중에 비교적 무엇을 잘하는지 찾아보면 판단의 어려움을 덜 수 있습니다.

두 번째 기준은 첫 번째에서 찾은 능력을 또래 친구들과 비교해보는 것입니다. 자신이 운동을 잘한다면, 그중 가령 달리기를 잘한다면 또래 친구들과 비교해서 자신이 더 빠른지, 빠르다면 얼마나 더 빠른지 직접 확인하면 좋습니다. 만약 실력이 반에서 2등 정도의 수준이라면 마음의 결정이 필요합니다. 열심히 노력해서 1등이 될 것인지 아니면 현재 수준에 만족하고 취미로 달리기를 즐길 것인지 말이죠.

보다 객관적인 방법으로 잘하는 일을 찾고 싶다면 전문가의 도움을 받을 수도 있습니다. 자신을 직접 가르치는 해당 분야의 선생님과 대화하면서 소질이 있는지, 또래 친구들과 비교했을 때 실력이 어느 정도로 늘고 있는지 알아보는 것도 도움이 됩니다. 성격이나 흥미와 마찬가지로 검사를 통해서도 확인해볼 수 있습니다. CCI^{Career Competency Indicator}로 불리는 '청소년 진로 역량 검사'나 청소년 적성 검사, 직업 적성 검사 등을 통해 특정 분야에서 또래 수준과 비교할 때 자신의 재능이 어느 정도 수준인지 확인이 가능하며, 분야별로 자신의 능력 차이를 비교할 수도 있습니다.

그런데 자신이 잘하는 재능을 확인하고 선택에 활용할 때 꼭 알아두어야 할 것이 있습니다. 이것저것 따져서 진로 방향을 정한다고 해도 두려움은 항상 밀려옵니다. '과연 내가 달리기로 성공할 수 있을까?', '요리사로, 과학자로 성공할 수 있을까?'하는 걱정에서 시작된 것들이죠. 미래는 알 수 없기 때문에 이런 두려움은 누구나 똑같이 겪습니다.

스스로 70%의 노력밖에 하지 않더라도, 자신의 경쟁자가 30%의 노력만 하고 있다면 우리는 좀 더 쉽게 세상에서 실력을 인정받을 수 있습니다. 반대로 경쟁자가 90%의 노력을 한다면 우리가 좋은 평가를 받을 가능성이 낮아지죠. 결국 상대방의 노력을 원하는 대로 조절할 수 없다면, 우리가 할 수 있는 일은 스스로 방심하지 않고 더 열심히 노력하는 것밖에 없습니다.

기억합시다. 류현진 선수도 처음 야구를 시작할 때는 초보였습니다. 이후 성장과 성공은 노력의 크기에 따라 결정될 뿐입니다.

3. 세상의 흐름에 공부의 답이 있다

✏️ 나무가 아닌 숲의 방향으로

"아휴, 왜 이렇게 손님이 없지?"

제가 어릴 때부터 자주 가는 이발소 주인이 머리를 다듬으며 한숨을 쉽니다. 어렸을 때 제가 살던 집은 미용실 골목으로 불리는 곳에 있었습니다. 주변에 대학교가 많아서 그런지 길이가 300미터도 되지 않는 골목에 미용실만 20개 넘게 있었고, 그 사이사이 이발소도 두세 군데 정도 있었습니다. 저희 집 건물 1층에도 이발소가 있었기 때문에, 저는 지금까지도 그 이발소만 이용하고 있습니다.

고등학교를 졸업하고 대학교에 입학했을 당시 동기들과 이야기를 나누다가 남자 동기들도 대부분 미용실을 다닌다는 사실을 알게 되었습니다. 아직도 이발소를 다니는 놈이 있냐며 오히려 저를 시대에 뒤떨어진 놈으로 바라보는 눈치였죠. 이후 남성 전문 미용실도 생겼고, 지금 어린 학생들 중에는 이발소를 모르는 경우도 있습니다. 그래서인지 제가 살던 동네 미용실 골목에도 이제 나이 지긋한 어르신 손님이 많은 이발소 딱 한 군데밖에 남아 있지 않습니다.

세상은 어떤 방향성을 갖고 움직입니다. 기술이 발달하고 생활 모습이 바뀌면서, 사람들이 점점 더 많이 머무는 장소가 있고 반대로 발길이 끊기는 장소가 있습니다. 사람들이 더 많이 경험하려는 문화와 관심이 멀어지는 문화가 공존하고, 소비가 집중되고 저조되는 물건들이 있죠. 이렇게 사람들이 움직이는 방향성을 유심히 지켜보고 이해하면 진로나 직업을 결정할 때 큰 도움이 될 수 있습니다.

세상의 흐름을 이해하기 위해서는 먼저 사람을 이해하고 기술의 변화를 이해해야 합니다. 또 우리가 살아가는 모습 속에서 기술이 어떻게 활용되고, 새로운 기술에 대해 사람들이 어떻게 반응하는지도 파악하는 것이 중요합니다.

예를 들어 사람들은 편안함을 추구합니다. 가능한 한 몸을 최소로 움직이고 싶어 하죠. 그래서 기술은 사람들이 몸을 움직이지 않고 일할 수 있도록 발전합니다. 과거에는 텔레비전 채널을 바꾸고 싶으면 직접 텔레비전 앞으로 가서 본체에 달린 레버를 손으로 돌려야 했습니다. 그 귀찮음을 리모컨이 해결했습니다. 소파에 앉아서 리모컨으로 채널을 쉽게 바꾸게 되었죠. 그런데 이제는 리모컨을 찾아 누르는 일조차 귀찮아집니다. 따라서 음성 인식 기술을 통해 말로 채널을 바꾸는 시대가 되었고, 더 나아가 이제는 채널을 바꿀 필요도 없이 보고 싶은 프로그램을 몰아서 한 번에 볼 수도 있습니다. 그러나 텔레비전은 앞으로도 진화할 것입니다. 사람들의 불편함은 끝이 없기 때문이죠. 이런 불편들을 찾아 개선하려는 노력으로 세상은 바뀌어갑니다.

이것이 바로 세상을 이해하고 변화시키는 과정입니다. 세상을 제대로 이해하면 앞으로 어디로 움직일지 예측할 수 있고, 그 예측대로 변화하는 데 있어 스스로 어떻게 기여할 것인지 고민하다 보면 진로와 직업이 눈앞에 그려지게 됩니다.

많은 사람들이 이미 남녀 구분 없는 다양하고 개성 넘치는 스타일과 고객 맞춤형 서비스를 찾아 미용실로 이동하고 있습니다. 그런데도 예전 모습의 이발소를 차리는 것은 실패로 향하는 길입니다. 이발소를 하더라도 고객의 니즈를 해결할 수 있어야 성공 가능성이 높아지고, 이런 운영 방향에 대한 판단은 세상을 제대로 이해할 때 가능합니다.

아이들이 가진 것, 하고 싶은 것이 나무라면 이 세상을 움직이는 터전과 방향성은 숲입니다. 숲속 환경에 적합한 나무를 심어야 나무가 잘 자랄 수 있듯, 세상을 제대로 이해하고 있어야만 앞으로 아이들이 하고 싶은 일을 제대로 할 수 있습니다.

✎ 가장 쉬운 간접 경험법

앞서 말했듯 세상이 나아가는 방향을 알기 위해서는 먼저 세상을 살아가는 사람을 이해하고, 자연이 움직이는 원리를 이해해야 합니다. 그리고 사람을 이해하려면 '인문학'이 필요하고, 자연이 움직이는 원리를 이해하려면 '과학'이 필요하죠. 마지막으로 사람과 자연의 원리가 어우러져 살아갈 수 있도록 도와주는 다양한 연결고리, 즉 기술이 있어야 합니다.

이렇게 사람과 자연, 그리고 이 두 가지가 연결된 상태는 매우 다양하기 때문에 이 세상에는 엄청나게 많은 양의 지식이 존재합니다. 당연히 이 모든 지식을 직접 경험하고 이해하는 일은 불가능하기 때문에, 학생들은 직접 경험 전에 간접적으로 세상의 모습을 경험해볼 필요가 있습니다.

간접적으로 세상을 경험하는 가장 손쉽고 좋은 방법은 바로 영상 콘텐츠를 이용하는 것입니다. 문자과 숫자를 모르는 어린 아이들도 만화 영화에는 깊숙이 빠져듭니다. 눈으로 보고 귀로 듣는 것이 가장 원초적인 정보 습득 방법으로, 여기에 영상 콘텐츠가 아주 적합합니다.

드라마나 영화를 보면서 학생들은 직접 경험하지 못해본 문화와 사회를 간접적으로 경험할 수 있습니다. 드라마에 나오는 주인공의 직업을 보며 의사가 어떤 일을 하고 어떤 어려움을 겪는지 이해합니다. 법정 다툼을 주제로 한 영화를 보면서는 검사와 변호사, 판사의 역할을 이해할 수 있겠죠.

드라마나 영화와 같은 콘텐츠는 스토리가 있기 때문에 사람들의 흥미를 끌어들이는 힘이 있는 반면, 스토리의 재미를 위해 어떤 사실을 왜곡해서 표현하기도 합니다. 검사가 사회 정의를 위해 노력하는 영화도 있지만, 부패의 중심에 선 모습으로 그려지는 경우도 있죠. 따라서 스토리가 있는 영상 콘텐츠는 호기심을 유발하기에 유용하지만 객관적인 정보 전달의 용도로는 다소 부족합니다.

객관적인 정보 전달 용도에 부합하는 영상 콘텐츠는 다큐멘터리, 지식 해설 동영상, 전문가 강연 등이 있습니다. 스토리가 있는 영상을 보고 특정 분야에 호기심이 생겼다면, 그 분야와 관련된 다큐멘터리 등 다양한 정보 제공 영상들도 함께 찾아보면 좋습니다.

최근에는 정보 검색에도 새로운 트렌드가 나타나고 있습니다. 모르는 것을 접했을 때 텍스트로 검색했던 과거와 달리 요즘은 영상을 검색해보는 모습을 쉽게 확인할 수 있습니다. 세상을 보다 넓게 이해하기 위해 이런 영상을 적극적으로 활용해봅시다.

✏ 주체적인 생각을 키우는 독서법

영상으로 세상을 이해하는 일은 쉽고 재미있습니다. 하지만 문제가 있죠. 영상 콘텐츠는 시청자가 생각할 시간을 주지 않습니다. 그냥 영상이 흘러가는 대로 감각적으로 따라가며 고개를 끄덕일 뿐입니다. 그래서 세상을 이해하는 또 다른 방법으로 '읽기'가 필요합니다.

영상으로 만들어진 내용을 받아들이는 과정과 텍스트, 즉 글로 된 내용을 소화하는 과정은 질적으로 차이가 있습니다. 우리가 같은 내용을 영화로 볼 때와 소설로 읽을 때를 생각해보면 쉽게 이해할 수 있습니다. 대개 영화는 감독이 연출한 대로 내용을 따라가지만, 소설은 문장을 읽고 그 내용을 스스로 상상하며 파악합니다. 다시 말해 글을 읽을 때는 자기만의 방식으로 내용을 편집하고 연출하는 과정을 거친다는 의미입니다. 따라서 텍스트로 읽고 이해한 지식은 개인 고유의 해석이 더해진 지식입니다. 이런 영향으로 더 깊이 기억되고 내면화가 쉽게 이루어질 수 있습니다.

책을 읽는 습관을 들이지 못했거나 세상에 대한 경험이 많지 않다면, 다양한 분야의 쉬운 책부터 읽어보기를 권합니다. 만화책도 상관없습니다. 다만 그림만 보고 책장을 휙휙 넘기기보다는 그림 사이사이 쓰인 글을 모두 읽고 내용을 이해하려고 노력하는 일이 중요합니다. 쉬운 책부터 여러 종류의 내용을 접하다 보면 글이 술술 읽히는 분야가 있고, 아무리 노력해도 무슨 말인지 도통 이해되지 않는 분야도 있습니다. 해당 분야에 대해 얼마나 사전 지식이 있느냐의 차이일 수도 있고, 개인의 호기심 차이 때문일 수도 있겠죠. 어쨌든 잘 읽히고 재미있는 분야를 발견했다면 그 분야의 책을 좀 더 다양하게 집중적으로 읽어보면 좋습니다.

신문 읽기도 좋은 방법입니다. 책이 만들어지고 우리 손에 들어오는 데까지는 많은 시간이 필요하지만 세상은 실시간으로 움직이므로 놓치는 부분이 생길 수밖에 없습니다. 이런 세상의 움직임을 가장 빠르게 전하는 뉴스 내용을 담은 것이 바로 신문입니다. 신문을 읽다 보면 정치, 경제, 사회, 문화, 과학, 기술, 스포츠 등 다양한 영역이 어떻게 움직이고 있는지 금방 알 수 있습니다. 이렇듯 다양한 영역의 소식을 접하다 유독 관심이 생기고 오래 읽게 되는 분야나 사건을 마주합니다. 그리고 자연스레 더 많은 정보를 찾아보는 계기가 됩니다.

어떤 분야에 지식이 쌓이면 쌓일수록 더 알고 싶은 부분이 생깁니다. 이런 호기심을 바탕으로 계속 지식을 쌓아가다 보면 어느새 통찰력을 얻게 되고 진로와 연결될 가능성도 커집니다.

✏ 자유학기제로 직접 경험하기

"백문불여일견(百聞不如一見), 백견불여일각(百見不如一覺), 백각불여일행(百覺不如一行)이라."

백 번 듣는 것보다 한 번 보는 것이 낫고, 백 번 보는 것보다 한 번 깨우치는 것이 나으며, 백 번 깨우치는 것보다 한 번 행하는 것이 낫다는 뜻입니다. 아무리 영상을 보고 책을 읽어도 실제 경험한 것보다 더 좋을 수는 없습니다.

아름다운 사랑을 그린 영화와 책을 읽고 감동을 받았더라도, 직접 경험하는 것만큼 사랑에 대해 깊게 이해할 수는 없습니다. 무엇이든 관심과 호기심이 생긴다면 직접 경험해보는 것이 제일입니다. 기회가 있을 때 가능한 한 다양한 분야를 경험하면 진로를 결정하는 데에도 큰 도움이 됩니다.

하지만 학교와 학원을 다니며 성적에 대한 부담이 늘어나는 시기의 학생들이 실제로 관심 있는 분야를 직접 경험할 기회와 시간을 만드는 일은 쉽지 않습니다. 그래서 최근 학교에서는 학업의 부담을 줄이고 학생들 개개인이 관심 있는 분야를 직접 경험할 수 있는 기회를 만들어주기 위해 다양한 노력을 하고 있습니다. 그중 가장 대표적인 것이 바로 '자유학기제'입니다.

자유학기제는 중학교 한 학기 또는 두 학기 동안 시험을 보지 않고 학생들이 관심 있는 분야를 직접 경험할 수 있도록 다양한 프로그램을 준비하며, 학생이 선택한 프로그램을 자유롭게 참여하도록 설계된 교육 과정입니다. 시험에 대한 부담이 없기 때문에 학생들은 좀 더 마음 편히 프로그램에 참여할 수 있습니다. 또 자유학기제 기간 동안 학교 선생님들 역시 시험에 대한 부담이 없기 때문에, 학생들이 직접 발표하게 하거나 생활에 적용된 해당 과목의 실제 사례를 경험해볼 수 있도록 수업을 진행합니다.

고등학교에서도 학생별로 관심 있는 과목을 선택해서 들을 수 있도록 하거나, 동아리나 자율 활동을 통해 관심 분야를 경험하고 탐색할 수 있는 기회를 많이 제공하기 위해 노력하고 있습니다. 앞으로 2025년에는 고등학교에 '고교학점제'가 도입될 예정으로, 학생들이 자신의 진로 목표에 맞춰 수업을 결정하고 시간표를 자유롭게 구성하게 될 것으로 기대됩니다.

이처럼 각자의 관심 분야를 직접 경험할 수 있는 기회를 최대한 제공하는 방향으로 학교가 변화하고 있습니다. 따라서 학생들은 기회를 적극적으로 활용하여 자신에게 맞는 선택을 할 필요가 있습니다. 이를 위해서 스스로를 차분히 들여다보고 사전에 관심 분야를 몇 가지 정해놓는다면 이후 학교에서 제공하는 프로그램을 선택할 때 큰 도움을 받을 수 있을 것입니다.

4. 가치 있는 공부를 위한 진로 찾기

✏ 숲을 봤으면 이제 나무의 방향으로

"아들아, 이 이발소를 네게 물려주마!"

허름한 이발소 집 아들이라고 상상해봅시다. 비록 이발소는 망해가고 있지만, 평생을 열심히 노력한 덕분에 아버지는 이발소가 있는 건물의 주인이 되었습니다. 이발소 주변에는 대학들도 많고 지나다니는 사람도 많아서 건물 가격이 엄청나게 올랐습니다. 그런데 아버지가 나이가 들어 이발소를 운영할 힘이 없어지면서, 우리에게 제안을 하나 합니다. 아버지의 인생이 고스란히 담긴 이발소를 물려받아 운영하면 나중에 이 건물을 주겠지만, 만약 이발소를 물려받지 않으면 건물을 사회에 기부하겠다고 말이죠. 그래서 우리는 결심합니다. 이발소를 물려받아 제대로 성공해보기로요.

그럼 이제 무엇부터 해야 할까요? 이발소를 어떻게 하면 성공시킬 수 있을지 방법을 세워야 합니다. 제대로 된 방법을 만들기 위해서는 우리 이발소가 왜 이 지경이 되었는지 정확하게 분석하고 이해할 수 있어야 합니다. 왜 사람들이 이발소에 찾아오지 않는지, 그런데도 찾아오는 이유는 또 무엇인지, 다른 이발소가 아닌 우리 이발소를 굳이 찾는 이유와 주변 이발소나 미용실은 어떤 노력을 하고 있고 우리는 무엇을 더 배워야 할지 등 이발소와 관련된 다양한 정보를 정리해야 합니다.

꼭 이발소가 아니더라도 스스로 관심이 생긴 분야가 있다면, 갖가지 관점에서 정보를 모으고 꼼꼼하게 분석해봐야 합니다. 정보를 찾으면 찾을수록 궁금한 것들이 계속 생겨나기 마련입니다. 그런데 막상 정보를 찾고자 마음먹은 순간에는 어디에서부터 자료를 찾아야 할지 막막합니다. 이때 다음 몇 가지를 중심으로 시작해보는 것이 좋습니다.

첫 번째로 자신이 하고자 하는 일이 무엇을 하는 일인지 '본질'을 이해해야 합니다. 이발소라면 고객의 머리를 예쁘게 손질해서 고객이 만족하게끔 만드는 일이 본질입니다. 의료 행위의 본질은 환자의 신체적, 정신적 고통을 이해하고 그들을 그 고통에서 벗어날 수 있도록 돕는 것입니다. 또 선생님의 본질은 자신이 알고 있는 지식과 기술을 학생들에게 잘 가르치는 것이죠. 이렇게 일의 본질을 정확하게 이해하면 그 일을 더 잘하기 위해 어떤 노력을 기울여야 할지 파악하기 쉽습니다.

두 번째로 일의 과거와 현재와 미래를 이해해야 합니다. 과거에 그 일을 어떻게 해왔고, 현재는 어떻게 하고 있으며, 앞으로 어떻게 발전해갈지 정보를 모으는 것입니다. 과거 이발소는 남자들이 머리를 잘라야 할 때 당연하게 가던 곳이었습니다. 가능한 헤어스타일이 썩 다양하지 않았기 때문에 여자는 미용실로, 남자는 이발소로 가서 몇 가지 정해진 스타일 중 하나를 골라 머리를 다듬곤 했죠. 하지만 점점 사람들이 자신의 개성을 중요하게 생각하면서 헤어스타일이 다양해지고 남녀의 구분도 없게 되었습니다. 스타일에 관심이 많은 남성들도 미용실에 가기 시작하면서 이제는 남녀 구분 없이 대부분 미용실을 이용하고 있고, 이발소는 점점 없어지는 추세입니다.

한편, 미용실을 이용하던 남성들에게 또 다른 변화가 시작되고 있습니다. 개성 있는 스타일을 위해 수염을 기르는 사람들이 늘어나면서 수염에 대한 스타일까지 고려한 서비스를 요구하는 일이 증가하는 것이죠. 따라서 최근에는 남성을 전문으로, 이발소의 영국식 표현을 따른 '바버숍Barbershop'이 젊은 사람들이 많은 곳을 중심으로 생기고 있습니다. 이렇듯 어떤 분야의 과거와 현재, 그리고 앞으로 변화될 방향까지 이해한다면 아이들이 지향해야 할 곳을 찾기 쉽고, 일에 대한 확신도 가질 수 있을 것입니다.

세 번째로, 관심 분야로 뛰어들기 위해 어떤 역량을 쌓아야 할지 알아봐야 합니다. '역량'이란 쉽게 말하자면 어떤 일을 잘하기 위해 필요한 지식, 기술, 태도 등을 활용하는 능력으로 이해할 수 있습니다. 이발소를 예로 든다면, 사람의 머리카락에는 어떤 특성이 있고 어떻게 관리해야 건강한 머리카락을 유지할 수 있는지에 관한 지식이 필요합니다. 하지만 지식만 있다고 헤어스타일을 잘 만들고 잘 관리할 수 있는 것은 아닙니다. 실제로 머리카락을 자르고 모양을 만들고 건강한 상태를 유지할 수 있는 기술이 필요합니다. 이때 지식이 많고 기술이 좋아도, 거만한 태도와 불친절한 서비스로 고객의 마음을 상하게 하면 오랫동안 그 일을 할 수 없습니다. 결론적으로 어떤 분야에 관심이 생겼다면 그 분야에 필요한 지식은 무엇이고, 구체적으로 배우고 익혀야 할 기술은 어떤 것이 있으며, 그 일을 잘하기 위해 필요한 태도는 무엇인지까지 하나하나 잘 살피고 이해해야 합니다.

마지막으로 관심 분야에서 성공한 사람들의 경험을 살펴보면 좋습니다. 우리가 산을 오를 때 보통 등산로를 따라갑니다. 등산로는 정상까지 안전하게 오를 수 있도록 만들어놓은 길로, 우리보다 먼저 정상에 오른 수많은 사람들의 발자취이기도 합니다. 그 사람들의 발자취를 따르다 보면 어느새 금방 정상에 오를 수 있죠. 자신만의 길을 개척하겠다고 처음 산에 오르는 사람이 등산로가 아닌 곳으로 향하면 길을 잃고 헤맬 가능성이 높습니다. 그러므로 어느 분야든 정상을 오른 사람들의 발자취를 먼저 잘 살펴봐야 합니다. 성공한 사람들의 이야기를 접하면서 그들의 공통점을 발견할 수 있고, 그들이 걸어간 길을 따라 걷다 보면 우리도 그들만큼의 높이에 쉽게 다다를지도 모릅니다. 경험이 쌓이고 익숙해지면 그다음에는 어느 순간 진짜 자신만의 길을 만들어갈 수 있게 됩니다.

✏️ 무턱대고 덤비는 위험성

"아버지, 오늘부터 당장 시작하겠습니다!"

　　'무식하면 용감하다'는 말이 있습니다. 비슷한 속담으로 '하룻강아지 범 무서운 줄 모른다'도 있죠. '벼는 익을수록 고개를 숙인다'라고도 합니다. 무엇인가를 알고 익히다 보면, 세상에는 우리보다 더 많이 알고 더 잘하는 사람이 많다는 사실을 깨닫기 때문에 우리는 겸손해지고 더 배우기 위해 노력합니다. 막상 아무것도 모르는 사람은 이런 겸손한 사람들을 보고 무시하고 덤비기 일쑤지만, 그렇게 덤벼봐야 승부는 결정되어 있습니다. 겸손하게 배우고 묵묵하게 실력을 쌓은 사람이 무조건 이깁니다.

　　아버지의 재산에 눈이 멀어 아무것도 모르면서 이발소를 운영하겠다고 호기를 부려봐야 아버지는 그 말을 믿지 않습니다. 대신 이발소를 운영할 수 있도록 먼저 교육하고 잘 배우고 있는지 지켜보다, 잘할 수 있겠다는 믿음이 생길 때 이발소를 맡기게 됩니다. 이래야 현명한 아버지라고 할 수 있습니다.

아이들도 마찬가지입니다. 어떤 일을 하려고 마음을 먹었다고 해도 처음부터 잘할 수는 없습니다. 가장 기본적인 것부터 배우고 익혀야 합니다. 이발소를 직업 운영하기 위해서는 우선 헤어 디자인을 배워야 합니다. 대학 전공 홈페이지에서 교육 과정을 살펴보면 헤어 디자이너가 되기 위해 어떤 내용을 공부해야 하는지 세부적으로 알 수 있습니다. 헤어 디자인 전공에서는 헤어 커트와 스타일링, 모발 과학, 뷰티 트렌드 분석 및 개발, 뷰티 서비스와 마케팅, 창업 등 다양한 세부 지식과 기술을 가르치고 있습니다. 이렇게 어떤 것들을 배우는지 미리 확인한다면 배움의 마음가짐을 더욱 단단히 할 수 있고, 배움을 위한 준비도 잘 이루어질 수 있습니다.

필요한 것들을 전부 배웠다면 이제 실천 단계에 돌입합니다. 아무리 이론적으로 헤어 커트와 스타일링을 배웠다 하더라도, 실제 현장에서 빗과 가위로 머리카락을 자르고 여러 종류의 도구와 재료를 이용해서 원하는 헤어스타일을 만들 수 있어야 합니다.

배운 지식을 실제 현장에서 실습할 때 역시 선생님의 역할이 필요합니다. 먼저 시범을 보여주고, 우리가 잘하고 있는 것과 잘못하고 있는 것을 짚어주고, 마지막으로 잘못한 것을 어떻게 고쳐야 하는지 조언한다면 우리의 실력은 훨씬 좋아질 수 있습니다. 선생님의 지도하에 반복적으로 경험을 쌓다 보면 비로소 홀로 일할 수 있는 수준이 됩니다.

✏ 배움의 장소는 다양하다

"그렇다면 어디에서 배워야 할까요?"

어떤 일을 시작할 수 있도록 지식을 모아 가르치는 곳이 바로 학교입니다. 초등학교와 중학교에서는 모든 분야에서 활용될 수 있는 기초 지식과 기술, 인성 등을 가르칩니다. 그런 다음 고등학교에서 학생들이 원하는 분야에 따라 큰 덩어리로 나누어 학생들을 가르칩니다. 진로를 구체적으로 정하고 현장 기술을 일찍 배우고 싶은 학생들은 특성화고등학교로, 중학교 수준보다 좀 더 깊이 있고 널리 쓰이는 지식을 배우고 싶은 학생들은 일반 고등학교로 진학합니다. 물론 흔히 말하는 영재고, 과학고, 예술고, 체육고 등 특수 영역을 더 깊이 배우는 고등학교도 있습니다. 그리고 대학교에서는 분야를 더욱 세부적으로 나누어 해당 분야에 필요한 지식과 기술을 깊이 있게 가르칩니다. 가르치는 내용과 깊이에 따라 4년제도 있고 2년제 전문대도 있습니다.

국가가 운영하는 교육 기관이 학교라면 학원은 전문가가 운영하는 교육 기관입니다. 학교는 국가가 정한 조건과 방법에 맞춰 운영되는 반면, 학원은 학교보다 가르치는 방식이 다양하고 세부적이죠. 특정한 분야의 지식과 기술을 집중적으로 가르칩니다. 배우는 기간과 순서, 수준도 다양하기 때문에 배우는 사람이 선택해서 배울 수 있습니다.

다만 학교는 국가가 운영하는 기관이기 때문에 교육을 마치고 졸업하면 사람들이 그 사람의 지식과 능력 수준을 어느 정도 인정해줍니다. 하지만 학원은 커리큘럼을 전부 배웠다고 해서 인정해주는 것은 없습니다. 따라서 별도의 공식적인 시험이나 기술 평가를 통해 자격증을 취득해서 자신의 능력을 객관적으로 인정받는 것이 좋습니다. 물론 의사나 변호사처럼 자격증이 필수로 필요한 경우에는 학교를 졸업한 사람도 별도의 시험과 기술 평가를 받고 반드시 자격증을 따야 합니다.

아버지의 이발소를 물려받는 이야기로 다시 돌아가봅시다. 이발소에서 손님을 맞이하기 위해 어떤 곳에서 교육을 받는 것이 좋을지 살펴볼 필요가 있습니다. 헤어 디자인 시장을 폭넓게 이해하고 전반적인 지식과 기술을 차근차근 배워나가고 싶다면 4년제 대학이나 2년제 전문대학을 선택하는 것이 좋을 수 있습니다. 당연히 이들 대학에 진학하기 위해서는 사전 준비가 필요합니다. 자신의 수준과 일정에 맞는 곳 중 입학 가능한 학교가 어딘지 입시 전형을 살펴보고 결정하면 됩니다.

빠른 시간 안에 자격증을 취득한 뒤 현장에서 경험을 쌓고 싶다면 학원을 선택하는 것도 방법입니다. 대신 학원은 워낙 많이 있기 때문에 어떤 학원이 믿을 수 있는 학원인지 사전에 꼼꼼하게 확인할 필요가 있습니다. 실제 일하는 현장에서 인정하는 학원이 어디인지 알아보고, 그 학원을 다녀본 사람들이 교육 과정을 어떻게 평가하는지 살펴보면 도움이 됩니다.

일반적으로 진로의 방향을 정하게 되면 설렘 때문에 일을 서두르기도 하고, 먼저 그 길을 가고 있는 사람들을 보며 조급함을 느끼기도 합니다. 그래서 준비되지 않은 상태로 일을 시작해서 어려움을 겪거나 실패를 경험하는 사람이 많습니다. 어떤 한 분야에서 자신의 자리를 만들어가는 일은 마라톤과 같습니다. 급하게 생각하기보다는 차분히 지식과 기술을 배우고 경험을 쌓을 수 있는 구체적인 방법을 계획하고, 차근차근 실천하는 자세가 무엇보다 중요합니다.

5. 실천하지 않는 공부는 소용없다

✎ 내 인생은 아무도 책임져주지 않는다

보이지 않는 미래를 상상하는 일은 쉽게 느껴지지만 한편으로는 굉장히 어렵습니다. 이러면 어떨까, 저러면 어떨까, 다양한 모습을 단순히 떠올리기는 쉽죠. 깨끗하고 멋진 공간을 상상하고, 손님이 끊임없이 밀려들고, 스타일리시한 헤어 디자이너가 능숙하게 손님을 맞이하며, 말끔하고 멋진 옷차림으로 그 손님들을 응대하는 자신의 모습을 상상하는 일은 즐겁습니다. 성공적인 영업 덕분에 사랑하는 처자식과 넓은 집에서 만족스러운 식사를 하고 멋진 자동차를 몰며 여행을 다니는 모습은 생각만으로도 행복합니다.

하지만 '내가 그렇게 살 수 있을까?', '내가 잘할 수 있을까?'하는 생각을 함께하며 미래를 상상하기는 쉽지 않습니다. 헤어 디자이너 일을 잘할 수 있을지, 자신에게 헤어를 맡기는 손님이 있을지, 혹시라도 손님의 헤어스타일을 망치면 어떻게 할지, 직원들 월급은 줄 수 있을지, 결혼은 할 수 있을지 걱정과 불안이 끊이지 않죠. 그래서 선뜻 이것을 하겠다고 결심하지 못합니다.

반대로 어떤 사람은 하고 싶은 것이 너무 많아서 선택을 어려워하기도 합니다. 성공한 헤어 디자이너도 괜찮지만, 의사도 멋져 보이고 아이돌 가수도 좋을 것 같습니다. 부모님이 게임을 못하게 해서 그렇지, 마음먹고 제대로 하면 프로게이머로 성공할 수도 있을 것 같죠.

'짬뽕이냐 짜장면이냐'처럼 잘못 선택해도 다시 바꾸면 되는 간단한 경우라고 할지라도 하나를 선택하기 어렵습니다. 당연히 인생이 걸린 선택은 말해 무엇할까요. 누군가 이것이 정답이라고 알아서 결정해주면 참 좋을 것 같습니다. 그렇게 하면 선택하느라 고민하는 시간을 더 열심히 사는 데 쓸 수 있을 텐데 말이죠.

정말 그럴까요? 누군가 대신 선택해주길 바라는 것에는 스스로 선택에 책임지지 않겠다는 마음이 담겨 있습니다. 실패해도 내 책임이 아니므로 비난 받지 않을 수 있다는 생각에 마음이 편합니다. 이런 생각은 중요한 점을 잊고 있는 것이나 다름없습니다. 만약에 실패한다면 그것은 누구의 인생일까요? 바로 우리 자신의 인생입니다. 우리의 인생을 다른 사람이 선택해준 대로 살다 실패하더라도 정말 책임지지 않아도 되는 것일까요? 그렇다면 그 선택을 대신 해준 사람이 우리의 인생을 어떻게 책임질 수 있을까요? 결코 되돌릴 수 없는 우리의 소중한 시간과 에너지를 말이죠.

다시 한번 강조하지만, 선택은 언제나 어렵습니다. 하지만 어려워도 그 선택은 스스로가 해야 합니다. 그래야 단 한 번의 소중한 삶을 제대로 살 수 있습니다.

✎ 선택이 쉬워지는 구체적 상상법

선택을 잘하기 위해서는 상상을 잘해야 합니다. 상상력은 눈에 보이지 않는 것을 그릴 수 있는 능력입니다. 눈에 보이지 않는 것을 그리기 위해서는 일단 눈에 보이는 것부터 잘 관찰할 수 있어야 합니다. 눈에 보이는 것이 어떤 모습이고, 그 모습이 어떻게 변해가는지 잘 관찰하면 앞으로 나아갈 방향이 하나둘 그려지기 시작합니다. 뚜렷하지는 않더라도 흐릿하게나마 그려지는 몇 가지 방향 중 실제로 어디로 나아갈지 궁금해집니다. 이런 마음이 바로 호기심입니다.

호기심을 해소하기 위해 학생들은 조금 더 많은 사실들을 스스로 알아보게 됩니다. 자신보다 더 많이 알고 있는 사람에게 질문하고, 그들이 이야기한 다양한 내용을 직접 확인합니다. 이렇게 호기심이 생긴 분야를 직접 찾아보는 일을 연구 또는 탐구라고 말할 수 있습니다. 탐구를 하면서 이해할 수 있는 것이 많아지면 어느 순간 흐릿했던 방향이 조금 더 분명해지고 밝아집니다.

하지만 이렇게 분명하고 밝아진 것은 여전히 다른 사람들 눈에는 보이지 않죠. 아직은 다가오지 않은 미래이기 때문입니다. 다른 사람의 눈에는 보이지 않는 그 미래를 보다 구체적으로 상상하고 학생들 스스로 만들고 싶어질 때 비로소 위험을 감수한 선택이 가능해집니다.

영상이나 글과 같은 경험들로 세상을 넓게 보고, 더 알고 싶은 것을 찾아봅니다. 관심이 생긴 분야를 깊이 들여다보면 들여다볼수록 더 알고 싶다는 호기심이 싹틉니다. 호기심을 해소하기 위해 다양한 관점으로 연구하고 탐색하다 보면, 앞으로 그 분야가 나아갈 방향을 상상할 수 있는 통찰력이 생기며 선택이 수월해질 수 있습니다.

선택을 잘하는 사람은 보이지 않는 곳에서 선택을 위한 준비를 열심히 한 사람들입니다. 스스로 지금 당장 선택하기가 어렵다면 더 많이 보고 더 많이 읽어봅시다. 마음이 끌리고 더 알아보고 싶은 것이 생길 때까지 말이죠.

✏️ 도전은 상상을 현실로 만든다

앞선 내용들을 준비했다면 이제는 몸을 움직여 도전해야 합니다. 선택은 시작일 뿐 끝이 아닙니다. 상상한 것을 몸을 움직여 직접 만들어갈 때 꼭 명심해야 할 것이 있습니다. 바로 매일 조금씩 꾸준히 해야 한다는 것이죠. 수영을 배울 때도 하루에 10시간 연습하고 9일 동안 쉬는 것보다, 10일 동안 1시간씩 꾸준히 할 때 더 잘할 수 있습니다. 영단어도 마찬가지로 하루에 10시간 외우고 9일 동안 쉬는 것보다, 10일 동안 1시간씩 꾸준히 반복적으로 할 때 더 많은 양을 기억할 수 있습니다. 물론 10시간씩 10일 동안 꾸준히 하면 더할 나위 없겠죠. 하지만 그런 행동이 쉽지 않기 때문에, 같은 시간을 하루에 몰아서 하는 것보다 오랫동안 꾸준히 반복적으로 할 때 효과가 좋다는 사실부터 기억하고 따라야 합니다.

학생들이 공부할 때 일시적으로 많은 양의 지식을 머릿속에 넣으면 뇌에 과부하가 생깁니다. 뇌가 정보를 받아들일 때는 정리할 시간도 필요합니다. 하루에 많은 양을 공부하기보다 매일 반복적으로 나누어 할 때, 뇌는 그날 배운 것을 정리하고 다음 공부한 것을 받아들일 준비를 해놓게 됩니다. 다음날 공부할 때 전날 공부한 것을 한 번 복습한다면 에빙하우스가 강조한 반복 학습이 이루어져 기억이 더 오래가는 효과도 있습니다.

운동도 마찬가지입니다. 하루에 많은 운동을 하면 자칫 근육에 손상이 갈 수 있습니다. 근육이 회복할 시간을 주지 않기 때문이죠. 새로운 운동 기술을 익힐 때도 그 새로운 감각을 유지하는 것이 중요합니다. 하루동안 열심히 익힌 감각도 다음날 다시 반복하지 않으면 꾸준하게 유지되기 힘듭니다. 따라서 무리하지 않고 매일 반복적으로 훈련할 때, 감각도 오랫동안 유지할 수 있고 근육의 피로도 회복되어 좋은 컨디션을 낼 수 있습니다.

매일 꾸준히 하는 것의 또 다른 장점은 힘이 덜 든다는 사실입니다. 그래서 습관으로 만들기도 쉽죠. 아이들이 인생의 목적을 향한 가장 중요한 일을 하루 중 컨디션이 가장 좋은 시간에 꾸준히 반복적으로 하면 지치지 않고 오래 할 수 있습니다. 지나친 긴장과 불안으로 스스로를 혹사하고 힘들게 하면 쉽게 지칠 수 있고 오래가기도 어렵습니다.

특히 무엇인가를 새롭게 시작하는 초반일수록 의욕만 앞서 무리하기 쉽습니다. '무리'한다는 말 자체가 정상적이지 않다는 뜻입니다. 당연히 비정상적인 패턴으로 정상적인 생활을 하는 것은 불가능합니다. 정상적인 생활이 가능할 때 무엇이든 오래 할 수 있고, 오래 해야 습관이 되고, 습관이 되어야 비로소 목표에 다다를 수 있습니다.

✏️ 성공을 위한 핵심 키워드 2가지

미국의 발달 심리학자인 마르샤의 자아 정체성 이론이라는 것이 있습니다. '자아 정체성'이란 쉽게 말하자면 자신이 누구고, 무엇을 향해 어떻게 살아가는가에 대한 답을 스스로 갖고 있는지 묻는 것입니다. 자아 정체성이 높다는 것은 자신이 누구고 무엇을 향해 어떻게 살아야 할지 스스로 정한 상태를 말합니다. 반대로 자아 정체성이 낮으면 앞으로 살아갈 방향을 정하지 못한 상태입니다.

마르샤는 자아 정체성의 상태를 두 가지 기준으로 정리했습니다. 첫 번째 기준은 바로 '위기를 경험한 적 있는가?'입니다. 어딘가 불안하고 정해진 것 없이 안정되지 않은 혼란스러운 상황에서는 선택이 요구됩니다. 따라서 위기를 경험한 적 있는지 묻는 질문은 앞서 우리가 살펴본 '스스로 선택한 적 있는가?'로 바꾸어 해석할 수 있습니다.

두 번째 기준은 '무엇인가에 전념한 적 있는가?'입니다. 자신이 가진 귀한 시간과 에너지를 무엇인가를 위해 '투자'하고, '도전'해본 적 있는지에 대한 질문입니다. 앞서 우리가 살펴본 내용 중에는 행동과 실천의 의미와 맞닿아 있습니다.

마르샤의 정체성 유형

경험 유무	전념(도전)	
	있다	없다
위기(선택) 있다	정체감 성취	정체감 유예
위기(선택) 없다	정체감 유실	정체감 혼돈

마르샤는 스스로 선택하고 도전한 경험이 있다면 '정체감 성취'의 단계로 봅니다. 가장 이상적인 모습이죠. 반면 스스로 선택도 하지 못하고 아무것도 도전하지 않으면 정체감이 혼돈된 가장 안타까울 수 있는 상태입니다. 직접

선택했지만 아직 도전하지 않은 상태는 '정체감 유예', 스스로 선택하지 않았지만 누군가가 선택해준 것을 도전하고 있다면 '정체감 유실' 상태입니다.

그렇다면 궁금해집니다. 과연 '정체감 유예'와 '정체감 유실' 중 어떤 상태가 그나마 나은 상태일까요? 단어의 의미대로라면 유예는 잠시 미루어둔 상태, 유실은 잃어버린 상태입니다. 저에게 선택하라고 한다면 유예의 상태를 선택하겠습니다. 잠시 미루기만 한 상태라면 다시 마음을 다잡고 도전해서 정체감 성취의 단계로 나아갈 수 있습니다.

하지만 유실은 자기 자신 이외에 다른 사람의 선택에 따라 움직이는 상태입니다. 다른 사람의 선택이 다행히 자신에게 맞는 선택일 수도 있지만, 아이들이 원하는 것이 있는데도 표현하지 못하고 원치 않는 삶을 산다면 별로 바람직하지 않아 보입니다. 늦었다고 생각되더라도 잠시 멈추고, 스스로가 원하는 것을 선택해서 다시 자신의 삶에 투자하는 일이 자아 정체감을 성취하는 길입니다.

✎ 장인은 작은 우연도 필연으로 만든다

장원섭 연세대학교 교수가 쓴 『장인의 탄생』이라는 책이 있습니다. 장 교수는 장인을 '일을 통해 존재의 의의를 실현하는 사람'이라고 정의했습니다. 장인은 한 분야의 일에 몸담고 최고의 노력을 쏟아 전문성을 만들며, 끊임없이 새롭게 일을 창조하여 자기 자신의 존재를 확장해나가는 사람입니다. 그렇다면 장인은 어떻게 자신이 열정을 쏟을 일을 찾고, 그 속에서 전문성을 만들어냈을까요?

장원섭 교수는 이 질문을 해결하기 위해 변호사, IT 개발자, 한복·손뜨개·도자기 공예가, 자동차·보일러 기술자, 조각가·바이올리니스트·뮤지컬 배우까지 각 분야에서 성공한 다양한 사람들을 만나 그들의 성공 과정을 살펴봤습니다. 그들 모두 성공의 과정이 순탄하지는 않았습니다. 처음부터 제대로 준비해서 계획에 따라 정해진 길을 걸어온 것이 아니었죠. 누구는 길을 지나다 우연히 받은 뮤지컬 티켓 한 장이 계기가 되었고, 누구는 군대에 갔다가 운전병이 되면서 자동차를 접했습니다. 또 누구는 초등학교 동아리 활동에서 바이올린을 처음 알게 되었고, 누구는 아르바이트하러 갔다가 배운 컴퓨터가 인생을 바꿨습니다. 이렇게 한 분야를 이끄는 많은 장인들의 시작도 작은 우연이 계기가 되었습니다.

그들은 이 작은 우연을 결국 필연으로 만들었습니다. 누군가는 호기심에서, 누군가는 살기 위해 어쩔 수 없이 선택한 일은 처음에는 어둡고 보잘것없었습니다. 하지만 지독한 학습과 연습으로 그 일을 자신의 것으로 만들어나갔죠. 한 발자국 나아갈 때마다 위기가 앞을 가로막았지만 부단한 노력으로 위기를 극복했더니 어느새 한 발 앞서 있었고, 그런 일을 반복하면서 누구도 가보지 않은 길을 가게 되었습니다.

장인들은 일을 생계 수단이 아닌 목적 자체로 받아들이면서 그 본질과 참다움에 대해 끊임없이 고민합니다. 자신이 일하는 곳 맨 앞에 서서 눈에 보이지 않는 미래를 만들어가고 있는 것입니다.

우리 아이들도 모두 장인이 될 수 있습니다. 스스로 선택한 곳이 어디든 문제가 되지 않고, 노력으로 충분히 다다를 수 있습니다. 선택했다면 망설이지 맙시다. 가장 중요한 것은 실천입니다. "Just Do It!"

6. 모두가 원하는 인재 되기

✏️ **대학교, 꼭 가야 할까?**

"너 어쩌려고 유튜브만 하루 종일 보고 있니!"
"내가 알아서 한다니까! 공부가 인생의 전부는 아니잖아!"

공부하라는 부모님과 내버려두라는 자식들의 매일 반복되는 싸움입니다. 학교를 졸업하고, 직장을 구하고, 결혼 후 아이를 낳아 기르면서 부모님들은 이미 학교 밖 세상을 경험한 사람들입니다. 그래서 더더욱 부모의 입장에서는 자식들이 좀 더 수월하게 세상을 살기를 바라는 마음으로 이런저런 훈수를 두곤 합니다.

아이들도 부모님의 마음은 충분히 이해합니다. 좋은 고등학교에 다니고 좋은 대학교를 나와 남들이 부러워하는 직장을 구해서 자랑스러운 배우자와 마음에 드는 집에서 행복하게 살고 싶은 것은 아이들도 마찬가지입니다.

그런데 꼭 좋은 대학교를 나와야만 행복하게 살 수 있는지는 잘 모르겠습니다. 방송에 나오는 연예인이나 프로 게이머, 스포츠 스타들은 딱히 대학교를 나오지 않았어도 돈도 많이 벌고 행복하게 사는 것 같습니다. 공부가 전부는 아닐 수도 있다는 생각에, 공부하라는 말을 잔소리로 듣고 자꾸 마찰이 생깁니다.

틀린 말은 아닙니다. 자신이 좋아하고 잘하는 일을 찾아 실력을 쌓은 다음 인정받으면 될 일이지, 무조건 좋은 대학교를 나와야만 성공할 수 있는 것은 아닙니다. 다만 문제는 그렇게 좋아하고 잘하는 일을 스스로 찾았는지, 또 실력을 쌓기 위해 제대로 노력하고 있는지입니다. 자신의 인생을 위해 무엇인가에 열심히 집중하고, 집중하는 시간 사이사이에 긴장을 푸는 차원에서 여가 시간을 활용하는 것이라면 당연히 비난 받을 일이 아닙니다.

✎ 먹방을 보면서도 칭찬 받는 방법

'먹는 방송'의 줄임말로 한창 인기를 끌고 있는 먹방을 봐도 좋고, 게임을 하거나 헤어스타일을 가꾸는 것도 괜찮습니다. 예능 프로그램을 보고, 친구들과 춤 연습을 하고, 농구로 땀을 흠뻑 흘려도 좋죠. 이런 활동들이 아이들 스스로의 미래를 위한 준비와 관련된다면 당연히 집중해서 에너지를 투자해야 합니다.

하지만 혹시나 미래를 만들어가는 데 직접적인 관련이 없는 활동이라면 적당한 선을 지켜야 합니다. 적당한 선이란 자신의 인생을 망치지 않는 정도를 말하고, 그 선은 누구보다 본인이 제일 잘 알고 있을 것입니다. 예로, 먹방 유튜버가 꿈도 아니면서 내일이 시험인데 하루 대부분의 시간을 먹방 보는 데 쓰는 것은 인생을 낭비하는 일입니다.

반대로 만약 자신의 꿈이 먹방 유튜버라면 다양한 먹방을 살펴보는 것이 인생에 큰 도움이 될 수 있습니다. 어떻게 먹어야 더 맛있어 보이는지 분석하고, 어떤 음식에 도전해야 요즘 트렌드에 맞는지 확인할 수도 있죠. 먹방으로 성공한 유튜버가 모두 똑같은 방식으로 성공하지는 않았습니다. 어떤 유튜버는 먹는 양으로 승부하고, 어떤 유튜버는 성격으로, 또 어떤 유튜버는 기부를 하면서 자신만의 개성을 살린 영상을 찍습니다.

많은 영상을 보고 트렌드를 분석하며 스스로에게 맞는 영상을 찍어 계속 공유하는 활동을 지속하고 있다면 훌륭한 도전이라고 격려하고 싶습니다. 가족에게 일명 '먹방 인플루언서'가 되는 목표를 공유하고 지원을 받고 있다면 더없이 좋겠지만, 인정을 받지 못하더라도 자신만의 목표를 향해 연구하고 도전한다면 그 모습에 충분히 박수를 보낼 수 있습니다.

똑같은 먹방을 보면서도 왜 누구만 칭찬을 받고 누구는 칭찬받지 못하는 것일까요? 핵심은 바로 먹방을 자기 자신을 위한 성장의 도구로 활용하느냐, 아니면 콘텐츠를 단순하게 소비하고만 있느냐에 달려 있습니다.

칭찬받는 사람은 먹방을 본 이후를 생각합니다. 자신이 본 동영상을 참고해서 앞으로 더 나은 영상을 만드는 데 활용하기 위해 분석하고 개선하는 노력을 합니다. 반면 칭찬받지 못하는 사람은 먹방을 그냥 보는 것에 머뭅니다. 그다음이 없고 시간을 써버리는 것으로 그친다는 의미입니다. 그렇게 써버리는 시간이 많으면 많을수록 아이들은 성장하지 못하고 현재 수준에 멈춰 있게 됩니다. 성장하는 사람은 행복에 가까워지고, 성장하지 못하는 사람은 행복에서 멀어질 가능성이 큽니다.

✎ 더 잘 살기 위한 배움의 문, 대학교

먹방으로 성공하고 싶은 사람은 여러 가지 먹방 콘텐츠를 보면서 자신의 먹방을 생각합니다. 어떤 먹방 컨셉을 잡아야 할지, 자신이 어떤 캐릭터여야 사람들이 더 좋아할지, 먹방 편집 기술은 어떻게 변화하고 있는지, 좀더 쉽고 빠르게 먹방을 찍을 수 있는 방법은 없는지 등을 고민하죠.

이 모든 고민을 혼자 연구하고 개발하고 시도하는 것보다, 같은 고민을하고 있는 사람들과 함께 생각을 나눌 때 더 도움을 받을 수 있습니다. 때로는 이미 이런 고민을 해결한 사람들에게 그들의 지식과 기술을 배우는것이 지름길이 되기도 합니다.

이렇듯 같은 고민을 하는 사람들이 모여 훌륭한 선생님에게 배우고, 더잘할 수 있도록 연습하는 곳이 바로 대학교이자 전공입니다. 많은 사람들에게 잘 가르친다고 인정받는 대학교가 좋은 곳이고, 그래서 제대로 배우고 싶은 사람들이 서로 들어가려고 하다 보니 좋은 학교는 언제나 입시 경쟁이 치열합니다. 따라서 좋은 교육을 받기 위해서는 사전 노력이 필요합니다.

✎ 어떻게 하면 뽑히는 사람이 될까?

이번에는 대학교에서 학생을 어떻게 선발하는지 분석해봅시다. 영상 제작, 미용, 소프트웨어 개발, 의학 등 다양한 분야에 최고의 교육자들을 모아 대학교를 만들었습니다. 이제 학생들을 잘 가르치고 훈련시켜 일 잘하는 전문 인력으로 양성한 다음 사회로 내보내면 됩니다. 졸업생들이 사회에 나가 제대로 일하고 성공해야 학교도 좋은 평가를 받고 성장해서 사회에 더 큰 기여를 할 수 있습니다. 그렇다면 어떻게 해야 학생들이 사회에서 인정받을 수 있을까요?

첫 번째로 학교에서 잘 가르치고, 제대로 훈련시켜야 합니다. 경험이 많은 전문가를 교육자로 초빙하는 것뿐만 아니라, 교육 방식도 끊임없이 개선하고 발전시켜야 합니다. 그리고 새로운 기술과 방법을 연구해서 교육에 반영해야 합니다. 만약 그렇게 하지 못한다면, 빠른 속도로 새로운 기술을 받아들이고 활용하는 사회에 나가 학생들이 적응할 수 없습니다. 따라서 해당 분야의 지식과 기술을 앞서 이끌어야 하고, 잘 가르치기 위해 부단히 노력해야 합니다.

두 번째로 잘 배울 수 있는 학생을 제대로 선발해야 합니다. 똑같이 배워도 누구는 더 잘 익히고, 누구는 익히는 데 시간이 많이 걸립니다. 어떤 학생은 손재주가 좋아 결과물이 완벽한데, 어떤 학생은 알기는 많이 알아도 손재주가 없어 결과물이 엉망인 경우도 있습니다. 또 어떤 학생은 지식도 많고 손재주도 좋은데 성격이 안 좋은 경우가 있죠. 가르치는 사람을 무시하면서 같이 공부하는 학생들을 힘들게 하기도 합니다. 모두를 가르칠 수 있다면 전부 뽑아서 가르치면 되지만 현실적으로 그럴 수는 없습니다.

문제는 누구나 대학에 들어오면 열심히, 잘할 수 있다고 말한다는 점입니다. 따라서 말만으로는 믿기 쉽지 않고, 어떻게든 실력을 확인해서 선발해야 합니다. 명문 학교로 거듭나고 싶은 곳들은 좋은 학생을 뽑기 위한 다양한 방법을 개발합니다. 학생들이 대학 진학 혹은 어떤 교육 기관이든 가고자 한다면 이 내용을 주의 깊게 볼 필요가 있습니다.

좋은 학생을 뽑는 가장 대표적인 방법은 객관적인 점수, 즉 성적을 참고

하는 것입니다. 성적을 활용하는 일은 간단합니다. 성적을 이루는 수치들을 순서대로 줄 세워 나열하고, 그중 높은 수치 위주의 학생들을 우수하다고 판단하면 되기 때문입니다.

이런 식으로 활용하는 성적은 고등학교 성적과 새로운 시험의 성적, 두 종류로 구분할 수 있습니다. 고등학교 성적은 이미 고등학교 시절 선생님들이 가르친 내용을 제대로 이해하고 활용할 수 있는지 시험과 과제로 평가해서 점수를 매겨놓은 것입니다. 학생들이 배운 지식과 기술을 성실하게 학습하고 연습해서 자신의 것으로 만든 과정을 평가한 것이므로, 충분히 학생들의 학습 능력을 확인하는 데 도움이 됩니다.

하지만 고등학교마다 학교 수준과 평가 기준이 다르기 때문에 대학에서는 100% 고등학교 성적을 믿기 어려운 경향이 있습니다. 새로운 기준으로 학생을 평가해보고 싶은 마음이 들 수 있죠. 따라서 국가가 모든 대학교를 대신해서 준비하고 평가하는 시험, 즉 수능을 활용하기도 하고 논술처럼 대학교마다 별도로 시험을 준비하고 학생을 평가하는 경우도 있습니다.

좋은 학생을 뽑는 또 다른 방법은 성적뿐 아니라 학생에 관한 다양한 자료를 모두 반영해서 선발하는 것입니다. 성적은 학생들이 배울 수 있는 능력을 객관적으로 평가하는 데 도움이 되기는 하지만 학생의 인성이나 관심 분야에 대한 경험과 노력의 정도, 공부를 할 수 있는 환경 등을 파악할 수는 없습니다. 그래서 고등학교 선생님들이 학생에 대한 다양한 정보를 기록한 학교생활기록부(이하 '학생부') 내용을 모두 확인하고, 학생이 어떤 환경에서 어떤 생각으로 학교 생활을 했는지 직접 작성한 자기 소개서를 읽어봅니다. 때로는 직접 만나서 확인하는 방법인 면접을 통해 학생을 뽑기도 합니다. 확인해야 하는 자료가 많기 때문에 시간과 노력이 훨씬 많이 필요하지만, 그만큼 다양한 관점으로 학생을 이해하고 평가할 수 있어 우수한 인재를 선발하는 데 도움이 됩니다.

✏️ 어떤 평가에도 대응하는 능력

최근 기술과 사회의 모습이 빠르게 변하고 있기 때문에 우수한 학생을 선발하는 방법에도 많은 변화가 있습니다. 과거에는 모든 지식이 책에 담겨 전달되었으므로, 당시에는 그 책의 내용을 더 많이 기억하는 사람이 훌륭한 인재였습니다. 그러다 컴퓨터의 발달로 대량 지식이 반도체에 담기기 시작했고, 인터넷과 통신 기술이 발전하면서 대량의 정보가 빠르게 이동하게 되었습니다. 쉽게 말하자면 꼭 책을 뒤적이지 않아도 필요한 지식을 쉽고 빠르게 찾을 수 있는 시대가 되었다는 뜻입니다. 게다가 이제는 빅데이터와 인공지능 기술 덕분에 단순 반복적인 일뿐만 아니라 미래를 예측하는 일까지 컴퓨터와 로봇이 대신하는 시대로 변하고 있습니다.

지식을 더 많이 기억하는 사람이 필요했던 시대에는 시험도 암기 내용을 확인하는 방식이었습니다. 하지만 지금은 아무리 많은 지식을 암기할 수 있는 사람이라고 하더라도 노트북 한 대보다 더 많은 정보를 기억할 수는 없습니다. 또 새로운 지식이 계속해서 만들어지기 때문에 우리 머릿속 지식은 더 이상 쓸모없는 옛날 지식이 되어버리기도 합니다.

그래서 이제는 지식을 단순 암기하는 능력보다, 지식을 활용하는 능력이 더 중요해지고 있습니다. 최근 시험은 복잡한 내용을 제대로 이해하고 주어진 조건에서 단서를 찾아 문제를 해결하는 능력을 평가하는 시험으로 변하고 있습니다. 수능이나 대학의 논술 시험들이 이런 식으로 깊이 있게 생각하는 능력과 문제 해결 능력을 평가하는 방식들입니다. 앞으로는 수능도 객관식 문제를 줄이고 논술처럼 주관식 서술형 문제로 바뀌어야 한다는 주장이 계속되는 이유이기도 합니다.

한편에서는 지식을 활용한 문제 해결 과정을 평가하는 데 시험이 가장 적합한지 다시 생각해보기 시작하는 추세입니다. 학교에서는 중간고사나 기말고사 같은 시험을 줄이는 분위기가 만들어지고 있습니다. 대신 평소 수업 시간에 학생들이 해결할 문제를 제시하고, 팀을 이뤄 문제를 해결하도록 한 뒤 그 과정과 결과에 따라 성적을 평가합니다. 그리고 대학교에서는 학생부를 통해 당시 제시된 문제를 친구들과 협력해서 어떻게 해결했는지, 그 과정에서 어떤 역할로 기여했는지, 활동을 통해 무엇을 배웠고, 그다음에 어떤 활동으로 연결했는지 등 종합적으로 학생을 평가하고 있습니다.

결국 이런 모든 변화는 사회의 흐름을 평가에 반영한 결과입니다. 세상은 지금도 변하고 있습니다. 따라서 평가 방식도 계속 변화하겠죠. 학생들도 이 사실을 깨닫고 지금의 평가 기준에 너무 얽매이기보다는 어떤 평가에도 대응할 수 있도록 종합적인 능력을 키우기 위해 노력해야 합니다.

7. 고등학교를 찾는 사람들

✏️ 나에게 맞는 고등학교가 따로 있다

"특목고나 특성화고가 좋을까요? 일반고가 좋을까요?"

중학생들이 자주 하는 질문입니다. 어떤 고등학교로 진학하느냐에 따라 사회로 나아갈 준비 방법이 달라지기 때문에 고민이 될 수밖에 없습니다. 실제로 우리나라에는 생각보다 많은 종류의 고등학교가 있습니다. 미리 특징과 정보를 조사하고 각자에게 맞는 고등학교를 마음속에 정해놓으면 좋습니다.

먼저 영재학교(이하 '영재고')[14]를 살펴봅시다. 영재고는 말 그대로 영재들을 위한 고등학교입니다. '영재'는 재능이 뛰어난 사람을 뜻하며, 타고난 잠

---

14 한국과학영재학교, 서울과학고등학교, 경기과학고등학교, 광주과학고등학교, 대전과학고등학교, 대구과학고등학교, 세종과학예술영재학교, 인천과학예술영재학교 (2020년 6월 말 기준)

재력을 계발하기 위해 특별한 교육이 필요합니다. 이런 영재들을 대상으로 각자가 타고난 능력과 소질에 맞는 교육을 받을 수 있도록 영재 교육 기관을 국가가 운영하고 있습니다. 초등학생과 중학생을 대상으로 대학교나 시도 교육청에서 운영하는 '영재교육원'이 있고, 각 학교에서 운영하는 '영재학급'도 영재 교육 기관입니다. 이런 영재 교육 기관들 중 특히 고등학생을 주 대상으로 교육하는 기관을 '영재학교'라고 하는데, 편하게 '영재고'로 부르고 있습니다. 영재고는 무조건 중학교 3학년 학생만 진학할 수 있는 것은 아닙니다. 중학교 1학년이나 2학년도 응시할 수 있으며, 합격하게 되면 중학교를 조기 졸업하고 영재고에 입학할 수 있습니다.

다음으로 특수목적고등학교(이하 '특목고')가 있습니다. 특목고는 특수 분야의 전문적인 교육을 목적으로 하는 고등학교입니다. 과학 인재 양성을 위한 '과학고등학교', 외국어에 능숙한 인재 양성을 위한 '외국어고등학교', 국제 전문 인재 양성을 위한 '국제고등학교', 예술인 양성을 위한 '예술고등학교', 체육인 양성을 위한 '체육고등학교', 산업계의 수요에 직접 연계된 맞춤형 교육을 진행하는 '마이스터고등학교'가 특목고에 속합니다. 학교 설립 목적에 맞는 교육을 진행해야 하기 때문에 고급 물리학·심화 영어 독해·국제 정치·공연 실습·스포츠 개론과 같은 전문 교과 과목을 가르칩니다. 이 중 외국어고등학교와 국제고등학교는 고교 서열화 문제를 해소하고 일반고등학교(이하 '일반고')를 정상화하기 위한 목적으로 2025년부터 특목고에서 일반고로 전환될 예정이므로 주의해야 합니다.

졸업 직후 취업을 희망하는 학생들을 교육하는 특성화고등학교(이하 '특성화고')도 있습니다. 분야에 따라 만화·애니메이션·요리·영상 제작·관광·통역·인터넷·멀티미디어·디자인 등 다양하고, 관련 분야에 재능과 소질이 있는 학생들을 선발해서 교육합니다. 특성화고 역시 각 분야별로 전문 교과를 운영하고 있으며, 취업 후 바로 적용할 수 있도록 실습 중심의 교육이 이루어집니다.

자율형사립고등학교(이하 '자사고')는 각 학교의 건학 이념에 따라 학사 및 교육 과정 등을 자율적으로 운영하여, 보다 다양하고 특화된 교육을 진행하는 학교입니다. 일반고보다 교육 과정을 자유롭게 편성할 수 있기 때문에 소수 학생이 요청하는 과목의 수업을 진행하는 경우도 많아 학생들의 만족도가 높습니다. 자사고 중 10개 학교[15]는 전국 단위로 학생을 선발하고, 그 외 자사고는 지역 시도 단위로 학생을 모집합니다.

엄밀히 말하면 자사고는 특목고가 아닙니다. 다만 학생 선발 방법이 특목고와 유사하고, 대학교 진학 실적이 좋은 학교들이 다수 있어 특목고와 동일하게 언급되는 경우가 있습니다. 자사고 또한 외국어고등학교, 국제고등학교와 마찬가지로 2025년부터 일반고로 전환될 예정입니다.

일반고는 영재고·특목고·특성화고·자사고를 제외한 모든 고등학교를 말합니다. 또한 '공립'과 '사립'은 고등학교를 설립한 주체가 국가인지 개인인지에 따라 구분하는 용어입니다. 공립고등학교는 국가가 만들었으며, 선생님들이 정기적으로 학교를 옮겨 다니며 가르칩니다. 반면 사립고등학교는 개인이 국가의 허락을 받아 설립한 학교로, 선생님을 학교에서 선발하기 때문에 보통 오랫동안 같은 학교에서 근무하게 됩니다.

'중점학교'는 일반고지만 특정 분야에 관심이 있는 학생들을 모아 관련

---

15 하나고등학교, 용인한국외국어대학교부설고등학교, 북일고등학교, 상산고등학교, 김천고등학교, 포항제철고등학교, 광양제철고등학교, 인천하늘고등학교, 현대청운고등학교, 민족사관고등학교

교육을 강화한 학교입니다. 여기에는 과학·예술·체육중점학교가 있습니다. 한편 '자율형공립고등학교'는 일반공립고등학교지만, 자사고처럼 학교 교과 편성에 어느 정도 자율권을 가진 학교입니다.

일반고 중 전국 단위로 학생을 모집할 수 있는 '농어촌 자율학교'도 있습니다. 농어촌 지역 활성화를 위해 우수한 교육 환경을 만들고, 전국에서 지원한 학생들 중 뛰어난 학생을 선발합니다. 기숙사를 운영하고 교육 과정도 좋아 보통 진학 실적이 우수하기 때문에 학생과 학부모 모두에게 인기가 높습니다. 다만 농어촌 자율학교도 2025년부터 일반고로 전환된다고 합니다.

지금까지 여러 고등학교 유형을 알아봤습니다. 생각보다 다양한 종류의 학교들이 있죠? 아이들 각자에게 맞는 고등학교가 어떤 유형의 학교인지 미리 생각하고 목표를 세운다면, 초등학교와 중학교 생활을 더욱 알차게 보낼 수 있습니다.

✏️ 실습 : 영재고 합격 비법

영재고는 영재들을 위한 학교로, 편의를 위해 학년과 반 개념을 사용하긴 하지만 실상은 무(無)학년 졸업 학점제로 운영됩니다. 일반적인 개념으로의 1학년 때는 대부분 필수 과목을 배우고 고등학교 수준의 수업을 받지만, 2학년 때부터는 대학교처럼 자신이 원하는 과목을 선택해서 배우고 수업도 대학교 수준으로 이루어집니다. 마찬가지로 성적도 4.5점 만점의 평점으로 A+, A0와 같이 평가되죠. 학생부도 일반 학교와는 다릅니다. 글자 수 제한도 없고 연구와 논문 실적 기재도 가능하므로 연구 주제와 관련된 활동을 상세히 기록할 수 있습니다.

이렇듯 대학 수준의 수업을 따라가고 자신만의 연구를 진행할 수 있는 우수한 인재, 즉 영재를 발굴해야 하기 때문에 영재고의 선발 절차는 까다롭습니다. 보통 3단계로 진행되며 첫 번째 단계는 지원 서류 평가, 두 번째 단계는 영재성 지필 평가, 세 번째 단계는 영재 캠프를 통한 다면 평가로 이루어집니다. 통상 4월부터 영재고 입시가 시작되는데, 영재고 간 중복 지원도 가능합니다. 다만 2단계 영재성 지필 평가 날짜가 대부분 동일하기 때문에 1단계를 모두 통과했을 경우 2단계 평가에 참여할 학교의 우선순위를 정해놓는 것이 좋습니다.

① 1단계 : 지원 서류 평가

영재고에 지원할 때 공통으로 제출해야 하는 서류는 중학교의 학생부, 자기 소개서, 교사 추천서가 있으며 학교에 따라 추가 증빙 서류를 요구할 수도 있습니다. 자기 소개서의 질문 항목도 학교마다 차이가 있고, 교사 추천서 역시 원하는 내용이 다르기 때문에 꼼꼼하게 지원 학교의 요구 사항을 확인하는 것이 중요합니다. 주의할 점이 있다면 영재고는 수학·과학 영재를 선발해서 국가와 산업 발전에 기여할 인재를 교육하는 것을 목표로 합니다. 따라서 영재고를 졸업하고 의대에 진학하려는 학생보다, 순수 과학 또는 공학 계열 진학 희망자를 선발하고자 합니다. 자기 소개서를 작성할 때 필히 생각해야 할 부분입니다.

② 2단계 : 영재성 지필 평가

2단계 영재성 지필 평가는 수학과 과학의 객관식·서술형·논술형 문제를 통해 지원자의 영재성을 판별하는 과정입니다. 이 평가의 문제 형태는 학교마다 다르고 매년 새로운 유형의 문제를 만들고자 노력하기 때문에, 기출문제뿐만 아니라 새로운 유형에 도전해보는 의지가 중요합니다. 서술형 및 논술형 문제의 경우, 정답을 평가하기보다는 정답을 찾아가는 '과정'을 평가하려는 목적이 담겨 있습니다. 따라서 자신의 생각을 논리적으로 정확하게 쓰는 연습과 다양한 배경지식을 활용해서 문제에 접근해야 합니다.

③ 3단계 : 영재 캠프

3단계 영재 캠프는 1박 2일 또는 2박 3일 동안 학교에 머물면서 면접·토론·시험 등을 보는 과정으로 진행됩니다. 단체 줄넘기, 자격루 만들기, 수학연극 등 그룹 활동으로 창의적 문제 해결 능력 등을 점검하기도 하지만 팀원과 관계를 잘 유지하고 협력해서 목표를 달성하는 과정도 평가하기 때문에 인성 측면도 합격에 큰 영향을 미칩니다. 구술 면접과 토론도 진행되며 학교에 따라서는 지필 시험을 치르기도 하므로, 영재 캠프에서는 학생들의 종합적 능력을 다양한 방법으로 최종 검증하는 과정이라고 이해하면 됩니다.

✏️ 실습 : 전기고 합격 비법

영재고를 제외한 나머지 고등학교는 입시 일정에 따라 '전기고'와 '후기고'로 나눌 수 있습니다. 일반적으로 전기고는 영재고 입시가 마무리되는 8월부터 원서 접수가 이루어지고, 후기고 원서 접수는 전기고 입시가 마무리되는 11월 말부터 시작됩니다. 전기고는 1개 학교만 지원이 가능하며, 마이스터고만 불합격했을 때 특성화고에 지원할 수 있습니다. 특히 전기고 합격자는 후기고에 지원할 수 없으므로 지원할 때 신중히 결정해야 합니다. 전기고에는 과학고, 마이스터고, 특성화고, 예·체고가 있으며, 학교 유형마다 선발 방식이 다르기 때문에 주의해야 합니다.

과학고는 '자기 주도 학습 전형'으로 학생을 선발합니다. 이 전형은 2단계로 구성되며, 1단계에는 서류 평가와 출석 면담이 있고 2단계에는 소집 면접이 이루어집니다. 서류 평가는 학생이 제출한 학생부와 자기 소개서, 추천서를 근거로 학생을 평가합니다. 1단계 서류 평가 시 성적 평가도 이루어지는데, 과학고는 수학과 과학 과목 성적만 평가에 반영합니다. 서류 평가 중 추가 정보를 확인하고자 할 경우 과학고 요청에 따라 출석 면담을 진행하기도 합니다.

1단계 통과자는 2단계 소집 면접을 하게 됩니다. 제출 서류를 참고해서 확인하고 싶은 부분을 질문하고, 답변에 대한 추가 질문을 통해 학생의 창의성·인성·잠재력 등을 종합 평가합니다. 과학고는 국가와 인류 발전에 기여하는 창의적인 과학 인재 육성을 목표로 하기 때문에, 수학과 과학에 대해 깊이 있는 이해와 실력을 갖춘 학생을 선발합니다. 따라서 과학고에 진학하고 싶다면 수학과 과학 과목을 중심으로 지식을 쌓고, 궁금한 부분은 스스로 찾아 공부하면서 호기심을 해결하는 노력이 중요합니다.

마이스터고는 최고의 기술 중심 교육으로 예비 마이스터를 양성하는 학교입니다. 졸업 후 우수 기업 취업, 특기를 살린 군 복무, 직장 생활과 병행 가능한 대학 교육 기회를 제공하고 있습니다. 이런 이유로 교육부가 아닌 해양수산부, 국방부, 공기업 등의 후원과 지원을 받고 졸업 후에는 바로 산업 현장 취업을 목적으로 하는 학생을 선발합니다. 이때 수업료, 입학금, 학교 운영 지원비가 면제되고 기숙사 생활을 하는 경우가 대부분입니다.

마이스터고 원서 접수는 대략 10월 초쯤 시작하지만 학교마다 차이가 있습니다. 보통 일반 전형과 특별 전형으로 구분하는데요. 일반 전형은 지역 내 모집과 전국 단위 모집으로 나뉘며 중학교 교과 성적, 출결, 봉사 활동 등을 정량 평가하고 인적성 검사와 심층 면접 점수를 합산해서 학생을 선발합니다. 특별 전형은 해당 분야에 잠재력을 가진 학생이나 사회 통합을 목적으로 지원 자격을 갖춘 학생을 선발하는 전형으로 구분됩니다. 전망 좋은 다양한 분야[16]의 전문 기술 교육을 실시하기 때문에 취업이 어려운 시기를 감안한다면 마이스터고로의 진학은 진로 계발에 좋은 기회가 될 수 있습니다.

예술 및 체육고는 예술 실기 인재와 체육 인재 양성을 목적으로 세워진 특목고입니다. 예술고는 예술적 능력과 자질이 뛰어난 학생을 선발하며, 미술·무용·음악·연극 영화·문예 창작 등 분야별 세부 전공에 따라 모집합니다. 선발 기준은 내신 교과 성적, 출결 및 봉사 성적과 실기 고사 성적을 합산합니다.

체육고의 경우 체육 실력과 잠재력이 있는 학생을 선발하며, 모집 종목별로 지원 자격을 갖춘 학생들에 한해 지원할 수 있습니다. 내신 성적과 기초 체력, 입상 실적, 신체검사 및 면접 과정을 거치며 각 점수를 합산해서 합격자를 선발합니다. 예·체고의 경우 실기 능력과 입상 실적 등 해당 분야의 재능이 특히 중요하므로, 관심 있는 학생들은 미리부터 관련 종목에 대한 실기 능력을 갖추기 위해 노력할 필요가 있습니다.

특성화고는 졸업 후 취업을 희망하는 학생들을 교육하는 고등학교입니다. 마이스터고와 설립 목적이나 분야가 비슷하지만 그래도 차이점이 있습니다. 마이스터고는 교육 환경이 우수하고 학비가 면제되며 졸업 후 취업이 유리하기 때문에 경쟁이 치열한 반면, 특성화고는 마이스터고와 비교할 때 상대적으로 장점이 적어 전반적으로 경쟁이 치열하지 않습니다. 하지만 '디지털미디어고등학교', '선린인터넷고등학교', '서울여자상업고등학교' 등 실

---

16 기계, 뉴미디어콘텐츠, 모바일, 바이오 산업, 반도체 장비, 에너지, 자동차, 조선, 철강, 항공, 해양, 로봇, 친환경 농축산, 석유 화학, 말 산업, 소프트웨어, 식품 등 (출처 : 고입정보포털)

력 있는 특성화고의 경우 취업률이 높고 대학교도 특기자 전형이나 특성화고교 졸업자 전형 등을 통해 상위권 학교로 입학하는 학생들이 많아 경쟁률이 높습니다.

특성화고도 일반 전형과 특별 전형으로 구분할 수 있습니다. 일반 전형에서는 중학교 내신 성적을 정량적으로 평가하고, 학생부 평가와 소질 및 적성 검사, 면접 평가 등의 성적을 합산합니다. 특별 전형의 경우 각 분야에 특별한 재능을 갖고 있거나 학교에서 정한 기준을 충족한 학생을 대상으로 진행되며, 자기 소개서나 창업 계획서 등 추가 자료를 제출 받아 평가한 다음 학생들을 선발합니다. 학생 선발 분야에 따라 실기 고사를 보는 학교도 있습니다.

🖉 실습 : 후기고 합격 비법

후기고에는 외고, 국제고, 자사고, 농어촌 자율학교, 일반고가 포함되며 전기고의 합격 결과가 발표된 이후인 11월 말에 전형이 시작됩니다. 후기에 학생을 선발하는 학교 중 외고, 국제고, 자사고는 전기고로 학생을 선발하다가 지난 2019학년도 입시부터 후기고로 학생을 선발하고 있습니다. 외고, 국제고, 자사고를 지원한 학생 중 불합격한 학생은 지역 교육청에서 정한 기준에 따라 일반고로 배정됩니다. 2025년부터 외고, 국제고, 자사고, 농어촌 자율학교는 일반고로 전환될 계획이기 때문에 2025년 이후 고등학교에 진학하는 학생들이라면 후기고는 모두 일반고라고 생각하고 고입 준비를 하면 됩니다.

외고가 외국어에 능숙한 인재 양성을 목적으로 설립된 특목고라면, 국제고는 국제 전문 인재 양성을 목적으로 설립된 특목고입니다. 국제 전문 인력은 외국어에 능통해야 하고, 외국어를 잘하면 국제적인 일들이 가능하므로 두 학교를 비슷하게 생각할 수도 있습니다. 하지만 외고는 외국어에 특화되어 영어 이외에 프랑스어·독일어·중국어·일본어·스페인어·러시아어·베트남어·아랍어 등 다양한 언어 전공이 개설되어 있습니다. 반면, 국제고에서는 국제 정치·국제 경제·국제법·지역 이해·비교 문화·세계 문제·미래 사회·사회 과학 연구 등 국제 계열 전문 교과 수업을 집중적으로 받습니다. 따라서 외고나 국제고 진학을 생각하고 있는 학생이라면 자신의 목표에 맞는 학교가 정확히 외고인지 국제고인지 잘 판단해서 지원해야 합니다.

외고와 국제고는 둘 다 자기 주도 학습 전형을 통해 학생을 선발합니다. 1단계에서는 영어 교과 성적과 출결 점수로 면접 대상자를 선발하고, 2단계에서는 1단계 성적에 면접 점수를 합산해서 최종 합격자를 선발하는 식입니다. 외고와 국제고 모두 1단계에서 영어 교과 성적만을 반영하기 때문에 동점자가 많이 발생합니다. 이렇게 동점자가 발생했을 때는 3학년 2학기부터 2학년 1학기까지 국어와 사회 성적을 비교해서 1단계 합격자를 결정합니다. 따라서 외고나 국제고를 지원하는 학생은 영어 성적 외에도 국어와 사회 성적이 중요하다는 점을 꼭 기억해야 합니다. 2단계 면접에서는 자기소개서와 학생부를 중심으로 자기 주도 학습 영역과 인성 영역을 평가하므로, 외고와 국제고에서 우수하게 평가 받을 수 있는 활동을 스스로 계획하고 도전하는 노력이 필요합니다.

자사고는 세계화 시대에 발맞추어 창의적인 인재 육성을 목적으로, 학생과 학부모의 다양한 요구를 충족할 수 있는 개성 있는 교육 과정을 운영하기 때문에 좋은 입시 실적을 바탕으로 많은 관심을 받아왔습니다. 학생을 선발할 수 있는 지역 범위에 따라 전국 단위 자사고와 광역 단위 자사고로 구분하며, 통상적으로 전국 단위 자사고의 입시 실적이 더 좋은 편입니다.

상산고등학교와 민족사관고등학교는 학교 자체 방식에 따라 학생을 선발하지만, 그 외 자사고는 역시 자기 주도 학습 전형으로 학생을 선발하는 것이 원칙입니다. 서울 지역 자사고는 1단계에서 내신 성적에 관계없이 추첨으로 학생을 선발하고, 2단계 면접을 통해 최종 학생을 선발합니다. 이와 달리 서울 이외 지역 자사고는 1단계에서 내신 성적과 출결로 면접 대상 학생을 선발하고, 2단계 면접 점수와 1단계 점수를 합산해서 최종 합격자를 선발합니다. 내신 성적에 반영되는 과목과 학기 수는 학교마다 다르므로, 사전에 지원할 학교의 입시 요강을 꼼꼼하게 살펴보면 좋습니다.

일반고란 특정 분야가 아닌 다양한 분야에 걸쳐 일반적인 교육을 진행하는 고등학교입니다. 일반고 배정 방식은 지역에 따라 평준화 지역과 비평준화 지역으로 구분됩니다. 평준화 지역의 경우 대부분 '선 복수 지원 후 추첨 배정' 방식으로 학생을 배정합니다. 예를 들면 서울에서는 1단계로 서울 전체 고등학교 중 서로 다른 2개 학교를 지원하고, 2단계로 거주 지역 일반 학교 중 2개 학교를 선택 지원합니다. 1단계와 2단계 모두 전산 추첨 배정하고, 배정되지 않은 학생들은 교육감이 통학 편의, 학교별 배치 여건, 적정 학급 수 등을 고려해서 전산 추첨으로 배정합니다. 한편 비평준화 지역에서는 당해 고등학교에 지원한 학생을 대상으로 중학교 내신 성적으로 선발합니다.

평준화 지역의 일반고 중에서는 교육감이 배정하지 않고 학교장이 선발하는 학교도 일부 있으므로, 자세한 사항은 시도 교육청 고등학교 입학 전형 기본 계획과 학교 입시 전형을 통해 직접 확인해보는 것이 좋습니다.

마찬가지로 농어촌 자율학교 또한 일반고와 비교해서 교육 과정 운영이 자유롭기 때문에 학교별로 선발 방식이 다릅니다. 따라서 원하는 학교 홈페이지 등을 통해 입시 요강을 반드시 확인해야 합니다.

8. 대학교를 찾는 사람들

✎ 대학교에는 3년제도 있다

"선생님, 대학교에 3년제도 있어요?"

고등학교 3년을 아무 생각 없이 보내다 대학교 원서를 낼 때가 되어서야 비로소 자신이 어디에 지원할지 고민하는 학생들이 의외로 많습니다. 대학교 하면 SKY처럼 평소에 자주 들어본 데만 떠올리다 막상 자신의 성적으로 갈 수 있는 학교를 찾다 보면 아는 사람 한 명 없을 것 같은 낯선 도시의 학교를 발견하게 되는 경우가 있습니다. 집에서 나와 낯선 곳에서 홀로 생활하는 일에 부담을 느끼는 학생들은 조금이라도 통학 거리가 짧은 2년제 전문대학을 알아보기도 합니다. 그러다 2년제도 아니고 3년제 학교를 발견하고 혼란스러워하는 학생도 더러 있죠. 이 책을 읽고 있는 부모님은 이제부터라도 아이들이 미리미리 우리나라에 있는 다양한 대학교를 살펴볼 수 있도록 하는 것이 좋습니다.

우리가 일반적으로 알고 있는 4년제 대학은 종합대학입니다. 대학은 전공별로 학생을 선발해서 가르치는데요. 다양한 전공 중 국어국문학과, 영어영문학과, 중어중문학과처럼 공통점이 있는 학과들을 한 곳에 모아 '인문대학' 등으로 이름을 붙이는데, 이를 단과대학이라고 합니다. 경영대학, 사회대학, 인문대학, 자연과학대학, 공학대학, 의학대학 등 학교별로 다양한 단과대학이 있고, 3개 이상의 단과대학이 모인 학교를 종합대학이라고 합니다. 많은 학생들이 잘 아는 SKY부터 성균관대학교, 서강대학교, 한양대학교, 중앙대학교 등 대부분의 4년제 대학이 여기에 해당합니다.

4년제 대학 중에서 학교 설립 목적에 따라 산업 인력 양성을 위한 '산업대학'과 초등학교 교사 양성을 위한 '교육대학교'도 있습니다. 또 국가에서 별도의 법을 제정해서 대학교와 같은 학위를 인정하는 고등 교육 기관이 있는데, 가장 대표적인 곳이 '경찰대학'과 '사관학교'입니다. 특별법에 따라 설립된 학교는 다음 표와 같습니다.

특별법에 의해 설립된 대학교 목록

설립 근거	교육 기관
경찰대학 설치법	경찰대학
사관학교 설치법	육군·공군·해군사관학교
육군3사관학교 설치법	육군3사관학교
국군간호사관학교 설치법	국군간호사관학교
국방대학교 설치법	국방대학교
한국농수산대학 설치법	한국농수산대학
한국전통문화대학교 설치법	한국전통문화대학교
과학기술원법	광주과학기술원(GIST)
	대구경북과학기술원(DGIST)
	울산과학기술원(UNIST)
	한국과학기술원(KAIST)

한편 전문대학은 2~3년제 단기 과정을 진행하는 고등 교육 기관으로, 학문적 연구보다는 산업 현장에서 필요한 기술 교육을 중심으로 수업이 이루어집니다. 4년제 대학을 졸업하고 '학사' 학위를 받는다면, 2~3년제 전문대학을 졸업할 때는 '전문학사' 학위를 받습니다. 간호학과에 한해서 전문대학도 4년제로 개설이 가능한데, 4년제 교육 과정을 이수하면 학사 학위를 받게 됩니다.

2000년대부터는 2년제 대학의 학과에서도 전공 심화 과정을 개설할 수 있게 되었습니다. 전문대학 2년을 마치고 전공 심화 과정 2년을 추가로 이수하면 4년제 대학을 졸업한 것과 같이 학사 학위를 받을 수 있습니다. 이외에도 온라인이나 방송 등 원격 수업으로 학위를 취득할 수 있는 사이버 대학교도 있습니다.

🖊 대입 준비에도 선택과 집중이 필요하다

"내신, 수능, 논술, 학생부, 면접…… 이 모든 걸 다 준비해야 하나요?"

앞서 대학교들이 좋은 학생을 평가하는 방법에 대해 설명했습니다. 대학교는 기본적으로 공부하는 곳이므로 좋은 학생을 선발하기 위해 내신과 수능, 논술 등의 성적을 활용합니다. 그리고 새롭게 변화하는 세상에서 요구하는 다양한 능력까지 학생부와 면접 등을 통해 검증합니다.

물론 좋은 학교에 들어가기 위해 모든 시험에 잘 대비하고 학교 생활도 열심히 할 수 있다면 최고의 인재가 될 수 있겠죠. 하지만 완벽한 사람은 드물고, 대학교 입장에서도 이 모든 것을 전부 확인하기에는 시간과 돈도 부족합니다. 그래서 대학교마다 중요하게 생각하는 요소 위주로 몇 가지 선발 기준을 정해서 미리 공지합니다. 이런 선발 기준을 '입시 전형'이라고 하는데, 아이들 각자에게 적합한 입시 전형을 파악하고 그 전형에 맞는 준비를 한다면 좋은 결과를 얻기에 유리합니다. 대표적으로 '학생부 교과 전형', '학생부 종합 전형', '논술 위주 전형', '수능 위주 전형' 등이 활용되고 있습니다.

'학생부 교과 전형'에서는 내신 점수가 합격을 결정하는 핵심 요소입니다. 각 대학은 지원 학생들의 내신 점수를 계산하는 공식을 만들어 활용합니다. 일반고, 특목고, 자사고 등 다양한 학교를 졸업하고 모인 학생들은 배운 과목 구성이 모두 다르고, 각 전공별로 중요하게 생각하는 과목도 다를 수 있습니다. 예를 들어 외고를 졸업한 학생은 외국어 과목을 많이 배우고, 과학고 학생은 과학 과목을 많이 배웠을 것입니다. 영문학과에서는 수학보다 영어를 잘하는 학생을 선호하고, 반대로 수학교육학과는 영어보다 수학을 잘하는 학생을 더 좋아합니다.

따라서 대학교에서는 각자 다양한 고등학교를 졸업한 학생들에게 동일한 공식을 적용해서 줄을 세워 우수한 점수의 학생을 선발합니다. 같은 학교라도 전공에 따라 공식이 다른 경우도 있습니다.

한편 내신 점수는 우수한 학생을 평가하는 데 몇 가지 아쉬운 점이 있기 때문에 수능이나 면접 점수를 보조적으로 함께 활용해서 학생을 선발하는 경우도 많습니다.

'학생부 교과 전형'을 목표로 하는 학생이라면 당연히 내신 관리에 최선을 다해야 합니다. 내신 성적은 학교 수업을 진행하는 선생님이 평가합니다. 평가 방법은 크게 두 가지로, 하나는 중간고사나 기말고사와 같은 시험이고 나머지 하나는 수행 평가입니다. 내신 시험은 시험 범위가 정해져 있고 학생들을 가르치는 선생님이 직접 문제를 내는 것이 특징입니다. 다시 말해 수업에서 가르쳐주지 않은 내용은 시험 문제로 출제할 수 없고, 시험 범위 자체도 많지 않습니다.

내신 시험을 잘 보기 위해서는 수업에서 배운 내용을 잘 이해하고 꼼꼼하게 정리하는 것이 중요합니다. 평상시에 수업 내용을 잘 정리해놨다면 시험 준비도 수월합니다. 시험 기간이 다가올 때 시험 범위 내용을 중요한 것부터 자신만의 방식으로 요약 정리하고, 예상 문제를 풀면서 부족한 부분을 계속 보충하면 좋습니다.

수행 평가는 보통 선생님이 개인 또는 팀 과제를 준 뒤 해결하는 과정과 결과를 평가하게 됩니다. 수행 평가 과제를 줄 때는 평가 기준도 함께 공지하도록 되어 있습니다. 해당 수행 평가의 기준을 확인하고 기준에 맞도록 미리미리 준비해서 결과물을 만들어낸다면 좋은 결과를 얻을 수 있습니다. 최종적으로 제출하기 전에 준비한 내용에 부족함은 없는지 미리 선생님의 조언을 구하고, 보완해서 제출하는 것도 좋은 방법입니다.

'학생부 종합 전형'은 학생부, 자기 소개서 등의 서류 평가와 면접이 합격을 결정하는 핵심 요소입니다. '학생부 교과 전형'과의 가장 큰 차이는 내신을 보지만 특별히 공식에 대입해서 평가하지는 않는다는 점입니다. 성적이 우수한 학생들만 모여 있는 학교의 전교 20등과 공부를 열심히 하지 않는 학생들이 모여 있는 학교의 전교 10등을 단순하게 등수로 비교할 수는 없습니다. 오히려 전교 20등의 학업 능력이 더 우수할 수도 있기 때문이죠. 따라서 내신 점수는 숫자 자체를 보기보다는 학생을 이해하는 하나의 평가 요소로 활용하고 있습니다.

내신 점수와 더불어 학생부의 모든 내용을 꼼꼼하게 확인해서 종합적으로 우수하다고 판단되는 학생을 1차로 선발합니다. 이후 면접을 통해 직접 대면해서 학생을 평가하고 최종 합격자를 결정하죠. 학생들이 갖고 있는 다양한 모습을 종합적으로 확인하기 때문에 우수한 학생을 선발할 가능성은 높지만, 많은 시간과 비용이 들어간다는 어려움도 있습니다. 학교에 따라 면접을 보지 않는 경우도 있고, 수능 점수를 보조적으로 활용하는 경우도 있습니다.

'학생부 종합 전형'을 준비하는 학생들 중에는 내신 성적이 중요하지 않다고 생각해서 학생부에 기록되는 활동에만 많은 노력과 시간을 쏟는 일도 더러 있습니다. 잘못된 생각입니다. 학교는 공부하는 곳임을 잊어서는 안 됩니다. 학생부에 기재된 활동 내역들이 자신의 성적을 빛내주는 무기인 것은 맞지만, 활동 자체가 성적보다 중요하지는 않습니다.

그러므로 아이들은 내신 관리에 더 많은 시간을 투자해야 하고, 그 외 시간에 자신이 관심 있는 분야나 전공과 관련된 추가 활동을 하면 됩니다. 예를 들어 동아리 활동을 할 때 스스로 직접 확인해보고 싶은 주제를 정해서 실험이나 탐구 활동을 진행할 수 있습니다.

또 각 과목의 수행 평가를 할 때 해당 과목과 자신의 관심 분야를 연결해서 진행하는 것도 좋은 방법입니다. 만약 영어 지문을 읽고 관련 내용을 정리해서 발표하는 과제가 주어진다면, 자신의 관심 분야를 다룬 영어 기사를 찾아 읽고 해당 기사 내용을 추가로 조사해서 수업 시간에 발표할 수 있습니다. 그렇게 하면 영어 실력뿐 아니라 관심 분야의 지식도 함께 늘려나갈 수 있겠죠.

학교 행사나 봉사 활동을 할 때도 단순히 시간을 때우는 참여가 아니라, 행사를 발전시키고 문제를 개선하는 기회로 삼고 적극적으로 참여할 수 있습니다. 어떤 활동이든 의미를 담아보도록 노력하고 그 의미와 과정을 선생님과 충분히 공유한다면 좋은 학생부는 자연스럽게 만들어집니다.

'논술 위주 전형'은 말 그대로 논술 점수가 합격을 결정하는 핵심 요소입니다. 각 대학교에서 자체적으로 준비한 논술 시험으로 학생을 선발합니다. 문제는 고등학교마다 이런 논술 시험을 대비하는 과목이 공식적으로 없다는 점입니다. 따라서 학생들은 원하는 학교의 논술 시험을 잘 치르기 위해 스스로 준비하거나 사교육의 도움을 받아야 합니다. 이런 이유로 교육부는 대학교 논술 전형을 폐지하거나 축소하도록 권고하고 있죠. 하지만 논리적 사고력이나 분석 능력을 중요하게 생각하는 상위권 대학교들 중심으로 논술 전형은 계속 유지되고 있습니다. 학교에 따라 논술 점수 외에 내신 점수와 수능 점수를 보조적으로 반영하는 경우도 많습니다.

사실 학생들 대부분이 고등학교 1~2학년 때는 '논술 위주 전형'을 전혀 생각하지 않습니다. 그러다 3학년이 되었을 때 원하는 학교에 자신의 내신으로는 갈 수 없다고 판단하며 부랴부랴 논술을 준비하는 일이 상당히 많습니다. 하지만 논술 전형을 준비하는 경쟁 상대를 생각해보면, 이런 식의 준비로는 경쟁에서 앞서나가기 쉽지 않다는 것을 느낄 수 있습니다.

논술 전형은 특히 상위권 학교 진학을 희망하는 재수생이나, 우수한 학생들이 많아 내신 경쟁이 치열한 학교, 가령 특목고·자사고·비평준화 우수고 등에 다니는 학생들이 준비하는 경우가 많습니다. 따라서 논술 전형을 준비하는 다른 학생들과 비교할 때 뒤처지지 않도록 미리 관심 학교와 전공을 결정하고, 해당 학교의 논술 기출문제와 유형을 충분히 익혀 자신 있게 답안을 작성할 수 있도록 연습해야 합니다. 또, 논술 전형으로 학생을 선발하는 학교 대부분은 일정 수준 이상의 수능 점수를 요구하기 때문에 수능 준비에도 최선을 다해야 합니다. 실제로 매년 논술 전형에 지원하는 학생들의 절반 정도는 각 학교에서 요구하는 수능 점수를 충족하지 못해 탈락합니다.

'수능 위주 전형'은 말 그대로 수능 점수가 합격을 결정하는 핵심 요소입니다. 수능의 중요한 특징은 성적이 상대 평가라는 점입니다. 전국에서 수능을 본 전체 학생 중에 과목별 자신의 위치가 어디에 해당하는지 점수로 나타낸 성적표를 받게 되는데요. 좀 더 구체적으로 설명하자면 표준 점수와 백분위, 등급까지 3가지 점수로 과목별 성적이 나오고, 이 3가지 모두 통계적으로 전체 학생 중 각자의 위치가 어디인지 표시하는 점수입니다.

　'표준 점수'는 과목 평균 점수에서 자신의 점수가 얼마나 멀리 떨어져 있는지를 나타내고, '백분위'는 전체 학생 중 상위 몇 퍼센트에 속하는지를 나타내며, '등급'은 전체 학생을 성적에 따라 9개 그룹으로 구분해서 자신이 속한 그룹을 등급으로 표시합니다. 결국 수능 위주 전형은 전국 학생들과의 경쟁에서 갖게 되는 위치에 따라 합격이 결정되는 전형입니다. 전국 학생들을 상대해야 하는 만큼 많은 노력이 필요하죠. 학교에 따라 내신 점수, 출결 및 봉사 점수가 반영되기도 합니다.

　'수능 위주 전형'에서 가장 중요하게 준비해야 할 수능은 내신과 달리 시험 범위가 굉장히 넓습니다. 시험 출제자도 자신의 학교 선생님이 아니라 국가에서 지정한 해당 과목 전문가들이기 때문에 어떤 유형의 문제가 얼마만큼 출제될지 예측할 수 없습니다. 그래서 매년 너무 어려운 '불수능'이라고 비판 받거나 반대로 너무 쉬운 '물수능'이라는 평가를 받기도 합니다.

　자신이 수능을 치르는 그 해 불수능일지 물수능일지는 아무도 알 수 없기 때문에, 스스로 선택한 과목의 전 범위를 완벽하게 이해하고 기출문제뿐 아니라 변형된 문제에도 대응할 수 있도록 충분히 준비해야 합니다. 수능은 국어·영어·수학·탐구·한국사·제2외국어까지 6개 영역으로 문제가 출제됩니다. 영역별로 학생들이 자신 있는 세부 과목을 선택할 수도 있습니다. 쉬운 과목으로 쏠리는 경향이 나타날 것을 우려해서 대학교마다 전공

별로 반드시 선택해야만 지원 가능한 과목을 지정하기도 합니다. 따라서 자신이 희망하는 학교의 지정 과목이 있는지 확인하고 수능 준비를 해야 겠죠. 미리부터 시험 볼 과목을 정해놓는다면 귀한 시간을 집중해서 활용 할 수 있기 때문에 효과적입니다.

수시냐 정시냐 그것이 문제로다

"고3은 수시에 무조건 붙어야 한다는데 정말인가요?"

대학교에서는 1년에 두 번 입학생을 선발하는데, 9월에 선발하는 것을 수시라고 하고 12월 말 수능 성적표가 배포된 이후 학생을 선발하는 것을 정시라고 합니다. 학교들은 각각의 시기에 전공마다 어떤 전형으로 몇 명의 학생을 선발할지 결정해서 미리 발표합니다.

'수능 위주 전형'은 어쩔 수 없이 수능 성적표가 배포된 이후인 정시에 학생을 선발할 수밖에 없습니다. 그래서 통상적으로 수시에는 '학생부 종합 전형', '학생부 교과 전형', '논술 위주 전형'이 주를 이루고, 정시에는 '수능 위주 전형'이 대부분입니다. 물론 정시에서도 '학생부 종합 전형'이나 '학생부 교과 전형'으로 학생을 선발하는 학교도 있으므로 원하는 대학교에서 발표하는 내용을 매번 유심히 확인해야겠죠.

학생들은 2013학년도 입시부터 학교·전공·전형을 선택해서 총 6번 수시에 지원할 수 있고, 정시에는 3번 지원할 수 있습니다. 그런데 대학 입시는 현재 고3인 학생들과 과거 원하는 학교에 가지 못해 다시 도전하는 사람들까지 함께 경쟁합니다. 소위 재수생·삼수생·N수생으로 불리죠.

우리가 재수생이라고 가정해봅시다. 지난해 수시로 6번, 정시로 3번 모두 채워 원하는 학교에 도전했다가 모두 실패했습니다. 지금 다시 1년간 열심히 노력해서 도전하는 입장이죠. 문제는 다시 도전하는 1년 동안 아무리 열심히 노력해도 변하지 않는 것이 있다는 점입니다. 바로 내신 성적과 학생부입니다. 따라서 재수생들은 내신과 학생부를 많이 보는 '학생부 종합 및 교과 전형'보다는 '논술 위주 전형'과 '수능 위주 전형'에 집중하게 됩니다. 수능과 논술뿐 아니라 내신과 학생부까지 관리해야 하는 고3에 비해, 1년이라는 시간을 수능과 논술 시험에 집중하기 때문에 상대적으로 재수생들이 이 두 시험에서 유리할 수 있습니다. 한편 고3 학생들은 스스로 노력한 만큼 변화가 가능한 내신과 학생부를 적극적으로 활용하는 전형에 집중하는 것이 좋은 결과로 이어질 수 있겠습니다.

다만, 대학 입시는 그 학교가 요구하는 수준에 맞는 학생이 합격합니다. 오랫동안 공부한다고 해서 수준이 저절로 올라가는 것이 아니라 제대로 노력해야 하죠. 자신보다 내신 성적이 좋은 재수생이 목표 수준을 낮춰 '학생부 교과 전형'에 지원한다면 재수생이 합격할 가능성이 더 높아집니다. 한편, 매년 수능 만점자들을 보면 재수생 못지않게 고3 학생들도 많이 있습니다. 어떤 전형이 고3에게 유리하고, 어떤 전형이 재수생에게 유리하다는 확신은 없다는 뜻입니다. 결국 학생들은 지금 노력해서 변화를 만들 수 있는 요소가 무엇인지 살펴보고, 자신에게 유리한 전형을 결정한 후 주어진 시간을 소중히 사용하는 것이 바람직합니다.

이번 세 번째 장에서는 진로와 진학에 대해 이야기했습니다. 결국 핵심은 '내가 내 삶을 얼마나 잘 살아갈 것인가'에 대한 문제입니다. 그리고 인생을 잘 살기 위한 준비를 하는 때가 바로 학교를 다니는 시기인 셈이죠. 아직 학생일 때는 실패하더라도 다시 새로운 출발을 할 수 있는 기회가 있습니다. 초등학교 때 잘못해도 중학교에 올라가면 새로운 시작이 기다리고, 고등학교에 올라가면 또 새로운 도전을 할 수 있습니다. 엄밀히 말하면 대학교에서는 고등학교 생활 기록만 보고 학생을 선발하지, 중학교 때의 성적과 학교 생활이 활용되지는 않습니다.

하지만 학교 밖 사회는 다릅니다. 사회에 나가면 이제 실패에 대한 책임은 온전히 자신의 몫입니다. 그렇기 때문에 학생 시기를 잘 보내야 합니다. 실패를 보호해주고 다시 새롭게 시작할 수 있는 기회를 주는 좋은 순간을 의미 없이 낭비한다면 참으로 안타까운 일이 아닐 수 없습니다.

우리 아이들이 자기 자신을 이해하는 시간으로, 맞는 것을 찾아보는 시간으로, 인생의 목표를 정하고 세부 계획을 세우는 시간으로, 또 실패를 아파하지 않고 다시 일어서는 법을 연습하는 시간으로 지금의 소중한 순간들을 활용하기를 진심으로 바랍니다.

다양한 경험이
성장의 원천입니다

서울대학교 경제학부 2018학번 이유빈

저는 입시 경쟁이 치열한 중·고등학교 시절을 보내면서 대학 진학의 목표를 이루어야 한다는 강박으로 시험 성적 하나하나에 일희일비하곤 했습니다. 하지만 이제는 공부도 물론 필요하지만 교내·외에서 주관하는 활동에 적극 참여하고 하고 싶은 일에 도전하는 등 다양한 경험이 정말 중요하다는 사실을 압니다. 학창 시절의 경험은 단순히 입시용 스펙이 될 뿐만 아니라 삭막한 청소년기를 풍요롭게 하고 미래의 자양분도 되기 때문입니다.

저는 중학교 시절 외고 입시에서 떨어지고 이후 일반고에 진학했습니다. 중학교 생활을 돌아보면 공부만 열심히 하고 다른 것들은 별로 신경 쓰지 않았는데, 이 점이 외고 입시에서 좌절을 겪게 된 요인이라고 생각합니다.

특목고에 가려는 다른 친구들이 각종 대회에 나가고 동아리에 가입하고 봉사 활동을 하는 동안, 저는 아무것도 하지 않았습니다. 책을 좋아했지만 독후감은 귀찮았기 때문에 학생부 독서 활동 란에도 기록된 책이 몇 권밖에 없었죠. 서류상으로 남은 저의 학교 생활 기록은 성적표뿐이었습니다. 제가 아무리 우수한 학생이라고 주장한들 그 사실을 입증할 근거가 미약했습니다.

이런 깨달음을 얻고 고등학교에 진학한 뒤에는 다양한 활동에 임했습니다. 학교에서 주관하는 과학 탐구 대회, 음악 발표회, 영어 말하기 대회 등에 출전해서 입상했고, 교내 영자 신문 동아리에 가입했으며, 경제 시사 분야의 소규모 동아리를 직접 만들어 운영했습니다. 방과 후 활동으로는 사회 과학, 시사, 인문학 분야 프로그램을 수강했고 교내 독서 모임, 멘토링, 스타트업 특강 등에도 참여했습니다.

이렇게 학교에서 제공하는 기회를 적극 활용하고, 부족한 부분이 있다면 뜻이 맞는 친구들끼리 모임을 결성해서 활동하는 동안 보람 있는 시간을 보낼 수 있었습니다.

물론 방향성 없이 마구잡이로 활동하라는 뜻은 아닙니다. 여러 가지를 하다 보면 자신이 더 관심 있거나 적성에 맞는 분야를 찾을 수 있고, 해당 분야를 심화해나가면 진로에 대한 의문을 해소할 수 있고, 입시나 자기 계발 측면에서도 효율적일 것입니다. 꼭 학구적인 분야가 아니더라도 괜찮습니다. 이런 경험들은 학생부 내용을 채우는 데 그치지 않고, 앞으로도 대학이나 직장에서 자기 소개서를 쓸 때나 자신을 어필해야 할 상황에서 활용할 수 있고 설득력을 높이는 데도 도움이 됩니다.

한 가지 예를 들어볼까요? 영어 말하기 대회에 참가하기 전 고1 때 저는 소극적이고 발표에 자신이 없는 성격이었지만, 최우수상을 받고 나서 자신감을 얻고 이후 발표할 때 잘 떨지 않게 되었습니다. 대학교에 입학한 뒤에도 조별 과제 발표나 기타 동아리 공연에서 긴장하지 않을 수 있었죠.

이렇게 우리가 하는 모든 경험들은 스펙 쌓기를 넘어서 앞으로 살아가는 데 큰 변화의 원천이 될 수 있습니다.

10대는 무한한 가능성이 열려 있는 나이입니다. 그 시기를 지나온 선배로서, 지금 불안하더라도 너무 걱정하지 말라고 이야기하고 싶습니다. 스스로의 한계를 정하지 말고 적극적으로 도전하면서 청소년기를 찬란하게 만들어나가기를 바랍니다.

4부

성공한 사람들의
자기 관리법

김대열

1. 성공한 사람들의 공통 마인드

🖉 백만장자의 마인드

이번 마지막 장에서는 실제 성공한 사람들의 이야기를 다뤄봅시다. 성공한 사람들에게는 어떤 공통점이 있을까요? 미국 조지아대학교의 토머스 스탠리 박사는 오랫동안 '성공'에 대해 연구한 전문가입니다. 토머스 박사는 2000년에 세상에서 성공한 사람들에게 남들과 다른 특별한 무엇인가가 있는지 알아보기 위해 미국에서 성공해서 엄청난 부를 얻게 된 백만장자들의 특징을 연구했습니다.

부자가 되고 싶은 것은 모두의 바람입니다. 성공한 사람들에게는 어떤 공통점이 있었을까요? 부모에게 물려받은 재산이 많았을까요? 투자 정보가 많은 것일까요, 아니면 운이 지나치게 좋은 것일까요? 토머스 박사가 쓴 『백만장자 마인드』라는 책에 그가 연구한 부로 성공한 사람들의 특징이 소개되어 있습니다. 백만장자의 성공 비결을 우선순위에 따라 열거했는데, 그중 상위 10위까지의 내용이 흥미롭습니다.

1. 모든 사람에게 정직하다.

1. 자기 관리가 철저하다.

3. 사람들과 잘 어울린다.

4. 내·외조를 잘해주는 배우자가 있다.

5. 다른 사람보다 더 열심히 일한다.

6. 자신의 일과 직업을 사랑한다.

7. 통솔력이 강하다.

8. 남보다 더 뛰어나고자 하는 마음과 성격이 강하다.

9. 조직력이 있다.

10. 자기의 아이디어나 상품을 팔 수 있는 능력이 있다.

출처 : 토머스 J. 스탠리 저, 장석훈 역, 『백만장자 마인드』, 북하우스, 2007

세계적인 부자들이라고 하면 특별한 성공 비법이 있을 것 같지만, 조사된 내용을 보면 비결이랄 것이 상당히 평범하다는 사실을 알 수 있습니다. 여기에서 주목해볼 만한 점은 공동 1위가 '정직'과 '자기 관리'라는 것입니다.

다시 말해, 성공한 사람들에게 나타나는 첫 번째 공통된 특징은 정직입니다. 사전적 의미로는 '마음에 거짓이나 꾸밈없이 바르고 곧음'이라는 뜻입니다. 영어로는 'Honesty'죠. 이 단어를 보면 학교 영어 수업 때 공부했던 속담이 떠오르곤 합니다.

"Honesty is the best policy."

정직이 최상의 방책이라는 뜻입니다. 우리는 뉴스에서 유명한 정치인, 경제인, 연예인 등 저명인사가 정직하지 못한 일로 오랫동안 쌓아 올린 부와 명성을 한순간에 잃는 상황을 자주 봅니다. 어려운 상황을 잠시 피하기 위해 시작한 사소한 거짓이 또 다른 거짓으로 이어지고 나중에는 수습 불가능한 상황에까지 다다르는 것입니다. 결국 가족과 타인, 나아가 세상에 대해 정직한 마음과 태도를 가져야 성공을 이루고 유지할 수 있습니다.

성공한 사람들에게 나타나는 두 번째 공통점은 바로 자기 관리입니다. 그렇다면 자기 관리는 성공한 사업가들에게만 필요할까요? 『하버드 스타일』이라는 책을 쓴 강인선 조선일보 에디터는 서울대학교 외교학과와 동 대학원을 졸업하고 하버드 케네디스쿨에서 공부했습니다. 치열했던 유학 시절 자신이 경험하고 새롭게 알게 된 세계 명문 하버드대학교 학생들의 생존 비법을 책에서 소개했는데요. 바로 자기 관리가 누구보다 학생들에게 필요하다고 말했습니다.

> "하버드 학생들에게는 무엇인가가 있었다. 하루에 12~13시간을 한결같은 집중력으로 공부하고, 똑같은 일을 해도 남보다 멋지게 해내는 습관이 몸에 배어 있었다."
>
> "하버드가 제공하는 최고의 교육은 머리로 하는 공부가 아니라 자신을 매섭게 단련할 수 있는 기회다. 단순히 똑똑한 것만 가지고는 안 된다. 강인하고 끈질긴 기질, 여러 가지 일을 동시에 잘 해낼 수 있는 자기 관리 능력, 치열하게 경쟁하면서도 남을 배려할 줄 아는 여유까지도 갖춰야 한다."
>
> 출처 : 강인선, 「하버드 스타일」, 웅진지식하우스, 2007

학생 시절을 지내면서 반드시 배워야 하는 것은 자기 관리입니다. 좋은 성적과 성공적인 입시 결과도 물론 학생이 이뤄야 할 중요한 부분이지만, 그 과정에서 자기 관리 방법을 잘 연습하고 자신만의 가치관을 정립해야 더 큰 미래의 성공을 향해 나아갈 수 있습니다.

✏️ 가치를 높이는 자기 관리법

그렇다면 자기 관리란 도대체 어떤 것일까요? 자기 관리를 뜻하는 영어 표현인 'Self-Management'에서 'Management'는 관리 외에도 경영이라는 의미로 사용되기도 합니다. 이때 경영의 사전적 의미는 '무엇을 관리하고 운영하는 것'이므로 결국 자기 관리는 자신을 관리하고 운영하는 일이라고 할 수 있겠죠.

다양한 학자들이 정리한 경영의 개념을 살펴보면, 과학적 관리법으로 미국 경영학의 기초를 설립한 테일러[Taylor]는 시간과 동작 연구를 통해 '측정'을 강조했습니다. 미국 자동차 회사 '포드'의 창설자인 헨리 포드[Henry Ford]는 경영을 봉사 활동으로 여기며 '가치'를 제시했고, 프랑스 광업 회사의 사장으로 현장과 이론 전문가였던 페이욜[Fayol]은 다양한 기업 활동 과정으로 '계획'과 '관리'를 주장했습니다. 이렇듯 다양한 경영 개념을 자기 관리에 적용해서 다음과 같이 정리할 수 있습니다.

"자기 관리란 가장 중요하게 생각하는 자신의 가치를 이룰 분명한 개인 목표를 정하고, 이를 달성하기 위해 계획하는 것이다. 또한 이를 꾸준히 측정하고 개선해서 궁극적으로 자신의 가치를 실현하는 것이다."

"피터스 박사님! 가장 성공적인 경영 사례는 무엇인가요?"

현대 경영의 창시자로 불리는 경영의 대가로 피터 드러커Peter Drucker와 톰 피터스Tom Peters, 두 명을 꼽는 데는 큰 이견이 없을 것입니다. 특히 톰 피터스의 저서 『초우량 기업의 조건』은 20세기 3대 경영서 중 하나로 선정되어 지금도 큰 인기를 끌고 있죠.

어느 날 한 기자가 톰 피터스에게 물었습니다. "오랫동안 박사님이 경험한 현장에서 가장 성공적이었던 경영 사례가 무엇인가요?" 주위 사람들은 세계적인 경영 컨설턴트가 어떤 대답을 할지 궁금해하며 주목했습니다. 수많은 글로벌 대기업 중 톰 피터스의 선택을 받는 기업이 과연 어디일지 모두의 관심을 끌기 충분했기 때문이죠.

"샌프란시스코 리츠칼튼 호텔의 아주엘라 여사입니다."

특별한 대답을 기다리던 모두의 예상과 달리 톰 피터스는 미국 샌프란시스코에 있는 리츠칼튼 호텔에서 일하는 평범한 청소부, 아주엘라 여사를 가장 성공적인 경영 사례로 꼽았습니다.

그 이유에 대해 세계적인 경영의 대가는 이렇게 설명했습니다. 아주엘라 여사는 호텔에서 청소라는 단순한 업무만 열심히 한 것이 아니었습니다. 리츠칼튼 호텔은 프랜차이즈인데다 이 호텔이 위치한 샌프란시스코는 비즈니스 업무가 많아 정기적으로 방문하는 손님들이 상대적으로 많았습니다. 이에 아주엘라 여사는 단골 투숙객의 객실 사용 습관을 자세히 관찰해서 꾸준히 기록했고, 이 기록을 바탕으로 고객들에게 차별화된 맞춤 서비스를 제공했습니다. 그녀의 이러한 노력은 새로운 업무 시스템이 되었고 이후에 모든 호텔의 청소 업무에 활용되었으며, 그녀가 임원으로 승진해서 사원을 교육할 수 있는 소중한 기회가 되었습니다.

우리나라의 모든 직업은 한국표준직업분류^{KSCO} 기준에 따라 나뉩니다. 특히 일이라는 뜻의 '직무'를 직능 수준^{Skill Level} 에 따라 분류합니다. 직능 수준은 쉽게 말해 어떤 일을 하는 데 필요한 수행 능력의 높고 낮은 정도입니다. 어떤 일은 높은 수준의 능력이 필요하고, 어떤 일은 낮은 수준의 능력으로도 수행 가능하죠. 직능 수준은 다음과 같이 크게 4가지입니다.

한국표준직업분류(KSCO) 직능 수준	
1수준	일반적으로 단순하고 반복적이며, 때로는 육체적인 힘을 필요한 과업을 수행한다.
2수준	일반적으로 완벽하게 읽고 쓸 수 있는 능력과 정확한 계산 능력, 그리고 상당한 정보의 의사소통 능력을 필요로 한다.
3수준	복잡한 과업과 실제적인 업무를 수행할 정도의 전문적인 지식을 보유하고, 수리 계산이나 의사소통 능력이 상당히 높아야 한다.
4수준	매우 높은 수준의 이해력과 창의력 및 의사소통 능력이 필요하다.

우리가 알고 있는 모든 직업은 이와 같이 직능 수준이 정해집니다. 관리자나 전문가의 업무는 3~4수준의 능력이 필요한 반면 사무, 서비스, 판매 등의 일은 2수준 정도면 가능합니다. 단순 노무는 1수준에 속합니다.

아주엘라 여사의 이야기를 직능 수준과 연계해서 생각해볼까요? 청소 업무는 단순 노무이기 때문에 1수준의 능력만 있으면 충분히 할 수 있는 일입니다. 하지만 아주엘라 여사는 청소 업무를 단순 노무로 여기지 않았죠. 자신의 경험을 바탕으로 일을 하면서 발생하는 여러 상황을 이해했고, 더 잘하기 위해 지식화했으며 높은 창의력 또한 발휘했습니다. 한 마디로 3~4 수준에서 자신의 업무를 수행한 아주엘라 여사의 이야기야말로 대표적인 자기 경영의 사례인 것입니다.

앞서 언급한 대로 자기 경영이 곧 자기 관리입니다. 이것이 반드시 경영에만 해당하는 내용은 아니죠. 공부하는 학생들 또한 하나의 학습을 1차원적으로 끝내지 않고 지식 발전의 계기로 삼을 때 자기 관리가 시작됩니다.

자기 관리는 우리의 삶과 다양한 영역에서 필요하고 또 활용되고 있습니다. '관리'란 넓게 보면 기업은 물론 가정과 학교뿐만 아니라 친목 모임과 같은 인간관계에서도 필요하기 때문입니다. 모든 모임과 조직은 공식적이든 비공식적이든 나름대로의 목표가 있고, 체계적으로 활동이 이루어질 때 그 목표를 수월하게 달성할 수 있습니다.

조직을 운영하고 회사를 관리하는 경영자가 있듯이, 스스로 삶의 주인이 되어 목표를 달성하기 위해 자기 자신에게 영향을 주고 관리하는 자세는 급변하는 현대 사회를 살아가는 동시에 예상이 불가능한 미래를 준비하는 데 반드시 필요합니다.

우리나라의 저명한 변화경영사상가였던 고(故) 구본형 씨는 많은 저서로 독자들에게 큰 영향력을 끼쳤습니다. 그중 『그대, 스스로를 고용하라』에서는 불확실한 미래에서 자기 고용, 자기 관리의 삶이 얼마나 중요한지 강조하고 있습니다.

"미래의 부를 자기 것으로 만드는 자기 혁명을 완성하라. 그 출발점은 마음속에 자리 잡은 피고용자로서의 직장인이라는 인식을 파괴하는 데 있다. 실업의 불안에서 벗어나는 길은 '고용당한다'는 개념을 죽임으로써 스스로를 고용하는 방법밖에 없다."

출처 : 구본형, 『그대, 스스로를 고용하라』, 김영사, 2005

미래는 예측하기 어렵고, 예측한다고 해도 그에 따라 적응하기는 더욱 어렵습니다. 앞으로 미래를 준비하면서 스스로의 열정을 발견하고 불태우는 자기 관리의 삶을 찾는 것이 학생들에게 가장 시급한 일일 것입니다.

2. 내 삶의 유일한 주인공

✏️ 세상을 주도하는 다양한 리더십

"어떻게 하면 유능한 리더가 될 수 있을까?"

오랫동안 전 세계 모든 영역에서 리더에 대해 항상 높은 관심을 가져왔습니다. 세종 대왕과 같은 훌륭한 리더는 세상을 더 좋게 만들고 많은 혜택을 선사하지만, 히틀러처럼 세상에 이루 말할 수 없을 정도의 해악을 끼치는 리더도 있기 때문입니다. 이렇듯 리더에 대한 관심과 영향력 때문에 중세 유럽의 정치가인 마키아벨리의 저서 『군주론』처럼 리더에 대한 연구는 역사와 전통이 오래되었습니다.

리더가 보이는 여러 가지 행동과 특징 중 특별한 능력을 '리더십Leadership' 이라고 부릅니다. 리더십의 사전적 정의는 '조직의 목표나 내부 구조의 유지를 위해 구성원이 자발적으로 집단 활동에 참여해서 이를 달성하도록 유도하는 능력'으로, 누구나 어느 정도는 이해하고 공감합니다. 하지만 리더십의 특별한 특징에 대한 의견은 매우 다양합니다. 오랫동안 많은 학자들이 리더십의 특징을 연구했는데, 지금까지 나온 리더십 이론을 크게 살펴보면 다음과 같습니다.

리더십 이론들

1. 리더는 다른 사람들과 구별되는 특성을 가진다. (특성 이론)

2. 리더는 특별한 역량을 가진다. (역량 이론)

3. 효과적인 리더는 비효과적인 리더와 다른 행동을 한다. (행동 이론)

4. 리더십은 상황에 따라 다르게 나타난다. (상황 이론)

5. 리더의 역할은 부하가 목표에 이르도록 가르치고 따라가며 코칭하는 것이다. (경로-목표 이론)

6. 리더와 부하의 상호 작용이 중요하다. (리더-멤버 교환 이론)

7. 훌륭한 리더는 하인처럼 봉사하고 섬긴다. (봉사적 리더십)

8. 리더는 부하가 추종하고 모방할 수 있도록 유능하고 성공적인 사람이다. (카리스마적 리더십)

9. 리더는 부하들의 존경과 신뢰를 받으며 부하에게 동기를 부여한다. (변혁적 리더십)

10. 리더는 도덕적으로 투명하며 부하의 필요와 가치에 민감하다. (진성 리더십)

11. 리더는 새로운 상황에 변화하고 적응하도록 도움을 준다. (적응적 리더십)

리더십에 대한 연구가 지금도 계속 진행되는 이유는 세상의 빠른 변화로 이전에 정리된 리더십이 도전받기 때문입니다. 다시 말하면, 어떠한 상황이나 환경에 완벽하게 적용될 수 있는 유일한 리더십 유형은 없다는 뜻이기도 합니다. 결국 가장 효과적인 리더십은 처한 상황에 따라 달라지면서 결정된다고 보는 것이 정확합니다.

회사를 경영하거나 조직을 운영한다면 리더십은 필수입니다. 열정적으로 일하던 사람들도 시간이 지나면 지치고 힘든 것은 똑같기 때문에 동기 부여가 지속적으로 필요합니다. 또한, 외부 환경은 우리가 예상하는 것보다 더 크고 빠르게 변화하기 때문에 생존을 위해 적절히 대응할 수 있는 조직이 있어야 합니다. 개인이 생각하는 목표와 조직의 목표가 다를 수도 있기 때문에 가능한 한 많은 부분이 일치할 수 있도록 조율하는 리더가 필요합니다.

그렇다면 리더십을 이해하기 위해 가장 먼저 파악해야 할 것은 무엇일까요? 리더십을 연구한 많은 전문가들의 의견을 참고하면 답을 찾는 데 좋은 지침이 될 것입니다.

> "리더십은 구성원들이 특정 목표를 지향하게 하고 그 목표 달성을 위해 실제로 행동하도록 영향력을 행사하는 것이다." _스톡딜, 리더십 연구가
>
> "리더십은 구성원이 기꺼이 집단 목표를 달성하게 영향을 미치는 활동이다." _테리, 경영 컨설턴트
>
> "리더십이란 사람들을 하나의 공통된 목표에 규합시키는 능력과 의지 그리고 신뢰감을 심어주는 성품이다." _버나드 몽고메리, 제2차 세계대전 영국 총사령관

전문가들이 리더십을 설명할 때 공통적으로 언급하는 단어는 바로 '목표 달성'입니다. 정리하자면, 회사와 조직의 목표를 정하고 이를 달성하기

위해 구성원들에게 동기를 부여하고 격려하고 변화시키는 모든 것이 리더십의 핵심이라고 할 수 있습니다.

✎ 학생들을 위한 셀프 리더십

아직 조직에서 활동하거나 자신의 직업에서 경력 활동을 하지 않는 학생들에게는 리더십이 어떤 의미일까요? 리더십은 기업을 경영하거나 단체를 운영하는 사람들에게만 필요한 것일까요?

어쩌면 리더십은 개인에게 더욱 필요합니다. 리더십에는 봉사적 리더십, 변혁적 리더십, 적응적 리더십과 같이 수식하는 단어를 결합하곤 하는데요. 리더십이 적용되는 영역과 양상이 매우 다양하다는 의미입니다.

'Self', 즉 자기 자신이라는 영역에 리더십을 적용하는 것을 셀프 리더십Self-Leadership이라고 할 수 있습니다. CEO가 회사를 관리하듯이 본인 스스로를 관리하는 리더가 되는 것입니다. 개인은 조직이 아니기 때문에 자기 자신이 리더가 되는 리더십은 무엇보다 중요합니다.

사실 셀프 리더십은 새로운 개념이 아닙니다. 이미 1986년 미국의 경영학자 맨즈Manz가 스스로 리더가 되어 자기 자신을 이끌어가는 리더십을 설명하면서 제안한 바 있습니다.

셀프 리더십을 좀 더 깊이 이해하기 위해서는 먼저 XY이론을 살펴볼 필요가 있습니다. XY이론은 맥그리거라는 학자가 제시한 것으로, 사람을 X형 인간과 Y형 인간으로 나누어 설명합니다. X형 인간은 성악설과 같이 사람이 원래 일을 싫어하고 책임지기를 회피하며 꿈이 없기 때문에 시키는 일만 하려고 한다는 것입니다. 이와 반대로 Y형 인간은 성선설과 같이 사람이 주어진 목표를 달성하기 위해 스스로를 통제하고 관리하며 일에서 성취감을 얻는다고 합니다. 셀프 리더십은 이 두 가지 이론 중 X이론이 아닌 Y이론을 전제로 발전했습니다.

또한 셀프 리더십을 본래 기본적인 리더십의 정의와 함께 생각해보면 그 뜻이 더욱 분명해집니다. 리더십은 공동의 목표를 달성하기 위해 한 개인이 집단의 구성원에게 영향을 미치는 과정입니다. 그렇다면 셀프 리더십은 자신의 목표를 달성하기 위해 스스로에게 영향을 미치는 것으로 생각할 수 있습니다. 결국 셀프 리더십은 자기 자신이 삶의 리더가 되어 목표를 설정하고, 설정한 목표를 달성하기 위해 스스로에게 적절한 영향을 미치는 가장 근본적이고 중요한 자기 관리 방법인 것입니다.

그렇다면 셀프 리더십은 단순히 자기 관리 방법이나 하나의 요소일 뿐일까요? 셀프 리더십의 중요성과 필요성에 대해 더 생각해볼 것은 없는지, 세계적인 컨설턴트이자 동기 부여 전문가인 켄 블랜차드의 저서 『춤추는 고래의 실천』에서 답을 찾아보겠습니다.

> "자기 성찰을 통해 올바른 삶을 살게 되면, 리더는 다른 사람들과 신뢰 관계를 쌓을 수 있다. 어떤 조직이든 신뢰가 없으면 그 기능을 효율적으로 수행할 수 없다. 함께 일하기 위해서는 신뢰가 필요하다. 그런데 여기서 리더십 발전의 첫 번째 단계인 자신에 대한 리더십을 개발하지 않는다면 신뢰를 통해 성과를 내거나 유지하는 일이 절대 불가능하다. 사람들은 자기 중심적인 리더를 따르지 않기 때문이다."
>
> 출처 : 켄 블랜차드 외 2인 저, 조천제 외 1인 역, 『춤추는 고래의 실천』, 청림출판, 2009

켄 블랜차드는 리더십을 개발하기 이전에 자신에 대한 리더십, 즉 셀프 리더십이 필요하다고 주장합니다. 자신에 대한 신뢰, 자신감이 부족하다면 다른 사람들의 신뢰를 얻기도 힘들기 때문입니다.

✎ 셀프 리더십과 자기 관리의 관계

셀프 리더십은 자기 관리의 방법이기도 하지만 엄밀히 말하면 자기 관리 자체를 포함하는, 보다 큰 상위의 개념입니다. 자기 관리가 자신이 해야 하는 행동에 집중한 것이라면, 셀프 리더십은 그러한 행동을 하게 된 이유에 초점을 맞춥니다. 한 학생이 열심히 공부하게 된 것을 자기 관리의 행동으로 본다면 셀프 리더십은 공부를 하고 싶은 이유라고 표현할 수 있습니다.

셀프 리더십이 행동의 이유를 찾는 일이라고 한다면, 이것은 주어진 기준을 충족시키는 것 이상으로 더 높은 수준의 기준을 설정한 것입니다. 이때 더 높은 수준의 기준을 우리는 '목표'라고 하고, 목표를 달성하기 위한 모든 행동을 셀프 리더십이라고 정의하는 것과 같은 맥락입니다.

셀프 리더십을 포함한 리더십이 더 높은 수준의 기준, 즉 목표에 관심이 많기 때문에 리더십을 말할 때 함께 다루는 것이 동기 부여 이론들입니다. 동기 부여란 자발적으로 일하고 싶은 의욕을 갖도록 행동의 방향과 정도에 영향을 주어 목표를 달성하게 하는 과정입니다. 동기 부여 이론도 리더십 이론처럼 다양하지만 유명한 것들을 요약해서 소개하면 다음과 같습니다.

매슬로우의 욕구 5단계 이론 : 동기의 원천을 5단계(생리적 욕구·안전 욕구·소속 욕구·존경 욕구·자아실현 욕구)로 나누어 설명하고, 하위 욕구가 충족되면 점차 상위 욕구에 대한 관심이 높아진다.

허츠버그의 2요인 이론 : 동기를 부여하기 위해서는 불만족을 예방하는 '위생 요인'과 동기를 유발하는 '동기 유발 요인'이 있다. 월급이나 근로 조건 등은 위생 요인, 성취감이나 성장 열정 등은 동기 유발 요인이다.

알더퍼의 ERG 이론 : 인간의 욕구를 존재 욕구, 관계 욕구, 성장 욕구로 구분한다. 사람·성격·문화에 따라 3가지 욕구의 상태적 크기가 서로 다르다.

과정 이론 : 동기 부여를 행동과 보상이 어떻게 연결될 것인가의 가정으로 본 '기대 이론'과 보상이 공정하게 이루어진 것을 기준으로 본 '공정성 이론'으로 설명한다.

강화 이론 : 결과에 의한 자극으로 보상이 있는 결과가 있으면 그러한 행동을 반복적으로 할 동기 부여가 발생한다.

다양한 동기 부여 이론을 통해 그 요인이 내부에서 발생하는지 외부에서 발생하는지에 따라 자기 관리와 셀프 리더십으로 구분됩니다. 우선 자기 관리는 일보다 일을 달성한 이후에 받게 되는 보상에 더욱 동기가 부여되는 반면, 셀프 리더십은 일에 대한 보상과 함께 일 자체를 수행하는 과정에서 생기는 내부적 보상까지 포함합니다.

학습을 예로 들어, 학습의 결과인 좋은 성적으로 동기 부여가 된다면 그것은 자기 관리가 잘 이루어진 것입니다. 하지만 좋은 성적뿐만 아니라 그 과정에서 느껴지는 보람, 성취감 등 내재적 동기 부여 때문에 학습이 이루어진다면 셀프 리더십이 작동된 것으로 볼 수 있죠. 따라서 일을 하면서 느끼는 자기 유능감이나 자기 효능감, 목표 의식 등이 셀프 리더십의 가장 큰 관심사입니다. 정리하자면, 자기 삶의 리더십을 발현하는 요소는 외부적 보상도 필요하지만 자신의 안에서 나오는 내면적 동기 부여가 더욱 중요하다는 말입니다.

✎ 셀프 리더십이 필요한 4가지 영역

그렇다면 셀프 리더십이 작동되는 자기 관리 영역에는 어떤 것들이 있을까요? 일반적인 리더십이 발휘되는 기업 환경을 참고하면 그 영역은 크게 4가지로 구분됩니다. 경영은 규모나 영역에 상관없이 생산 및 판매 관리, 인사 관리, 재무 및 회계 관리, 마케팅 관리 등으로 구분됩니다. 셀프 리더십의 관점으로 보면 목표 관리, 시간 관리, 지식 관리, 경력 관리의 4가지로 나눠볼 수 있습니다.

첫째로 '목표 관리'는 장기·중기·단기 목표 설정을 통해 현재 자신의 모습과 미래의 모습이 어떻게 연결되는지 확인하는 과정입니다. 미래의 꿈을 설정하고 그 꿈을 이룰 수 있도록 현재의 자신을 관리합니다.

다음으로 '시간 관리'는 자신에게 주어진 무형의 자원인 시간을 적절히 분배하고 활용하는 것입니다. 시간을 관리하는 가장 기본적인 방법은 시간의 측정, 즉 기록입니다. 기록·관리·개선이 선순환된다면 시간을 관리하는 능력이 향상될 수 있습니다.

세 번째로 '지식 관리'는 현장과 삶에서 적용 가능한 실용적인 지식을 습득하고 관리하는 것입니다. 지식이 관리되기 위해서는 필요한 지식을 적절히 탐색하고 효과적으로 분류하며 자신의 기준에 따라 잘 정리되어야 할 필요가 있습니다.

마지막으로 '경력 관리'는 성공적인 커리어를 위해 일과 학습적인 부분은 물론, 모든 개인의 영역에서 성장과 변화에 노력을 지속하는 것입니다. 또한 자신의 능력과 부족한 부분을 보완하고 지속적으로 성장하는 것은 미래를 위한 경력 관리를 위해 반드시 관리되어야 할 부분입니다.

영역과 상관없이 지속적인 자기 관리는 매우 중요합니다. 이러한 이유로 세계적인 경영자인 피터 드러커 교수는 다음과 같은 명언을 남겼습니다.

"측정하지 않으면 관리할 수 없고, 관리할 수 없으면 개선할 수 없다."

자신의 삶에서 셀프 리더십이 필요한 영역을 분명히 하는 것은 더 나은 미래를 설계하고 이루기 위한 관리의 첫 단추입니다. 우리는 모두 오늘보다 더 나은 내일을 기대합니다. 그러기 위해서는 삶을 자기 주도적으로 활용하는 셀프 리더십을 이해하고 훈련해서 현재를 관리하는 일이 전부라고 해도 과언이 아닙니다.

3. 공부 목표에 도달하는 한 걸음

목표 없이 열심히 살아가는 사람들

등산가들이 가장 무서워하는 등산 용어 중에 독일어로 '링반데룽^{Ring Wanderung}'이라는 말이 있습니다. 야간이나 악천후 때문에 등산가가 목적지 방향을 잃어버린 상황을 뜻합니다. 자신은 산을 곧바로 오르고 있다고 생각하지만, 방향 감각을 잃은 등산가가 실제로는 원을 그리며 같은 곳을 빙빙 돌고 있는 현상이죠. '환상방황(環狀彷徨)'이라고도 하는 이런 현상은 험준한 산악 지형보다는 오히려 기복이 심하지 않은 넓게 펼쳐진 지역이나 낯선 지역, 야간 등반 중에 자주 일어납니다. 만약 링반데룽이 발생한다면 즉시 산행을 멈추고 방향과 위치를 확인한 후에 휴식을 취하고 조난을 대비해야 합니다.

실제로 십수 년 전에 59세의 베테랑 등반가가 알프스를 등반하던 중 폭설로 길을 잃었습니다. 다행히 13일 만에 극적으로 구조되었는데, 그 사람은 매일 12시간씩 꾸준히 걸었는데도 길을 찾지 못했다고 합니다. 나중에 알고 보니 그는 길을 잃은 중심에서 불과 반경 6km 안에서 빙빙 돌았을 뿐입니다.

만약 길을 잃었다면 계속하여 나아가기보다는 그 자리에 멈추는 것이 낫습니다. 그런 다음 밤의 별자리를 보거나 나침반을 사용해서 한쪽 방향을 정하고 그쪽으로만 간다면 오래지 않아 방황을 멈출 수 있습니다. 하지만 방향을 정하지 않고 계속 나아가기만 한다면 링반데룽과 같은 방황은 계속될 가능성이 높습니다.

링반데룽의 이야기는 목표를 정하는 일이 얼마나 중요한지 알게 합니다. 반대로 목표 없이 그저 열심히 나아가거나 무엇인가를 하는 것은 어쩌면 정말 위험한 일일 수도 있다는 점을 깨달을 수 있습니다. 이렇듯 자기 자신을 관리하는 데 있어서도 가장 우선적으로 해야 하는 것이 목표를 설정하는 일입니다.

✏️ 똑똑한 아이는 목표의 계층성을 안다

목표를 설정하고 관리하는 일이 중요하다면 이제는 어디서부터 시작하고 어떤 것을 먼저 생각해야 할지 알아야 합니다. 이 질문에 대한 답을 내기 위해서는 우선 목표 자체에 대한 이해와 정리가 필요합니다.

우선 목표를 설정하고 관리하는 것 이상으로 설정한 목표가 얼마나 크고 가치 있는지를 고민해야 합니다. 목표에도 계층이 있습니다. 목표의 상위 개념은 '목적'으로, 삶과 인생의 목적이자 사명Mission 또는 꿈Vision 으로 표현되기도 합니다. 목표는 설정 기간에 따라 장기 목표, 중기 목표, 단기 목표로 정리할 수 있는데요. 가장 설정 기간이 짧은 단기 목표를 달성하기 위해 하루하루의 실천 방안을 짜는 것이 바로 '계획'입니다.

목표의 계층

목적 : 나는 훌륭한 외과 의사가 되어 많은 사람이 건강하고 행복한 삶을 살도록 돕겠다.

장기 목표 : A대학병원 흉부외과 의사

중기 목표 : B대학교 의예과 입학

단기 목표 : 기말고사 1등급

계획 : 수학 문제집 n쪽 학습

목표의 계층성을 알고, 큰 것부터 일상에서 이루어야 할 작은 계획까지 적절하게 관리하면 올바른 자기 관리가 가능합니다. 꿈과 목표를 설정하면 자기 삶의 목적을 달성하는 데 큰 도움이 되지만 한편으로는 생사의 갈림 길에서 중요한 역할을 하기도 합니다. 탐험 역사 초기 남극을 탐험한 두 탐험가의 이야기는 이러한 목표 설정의 중요성을 다시금 일깨워줍니다.

같은 상황의 다른 목표들

두 명의 탐험가가 있었습니다. 그중 한 사람은 로버트 팰컨 스콧으로 1911년 12월 남극 대륙에 도착했습니다. 스콧의 탐험대는 9개월 동안 연락이 두절되었는데, 79일간 햇빛을 볼 수 없는 남극의 밤과 영하 40도의 혹한, 식량도 도움도 기대할 수 없는 지옥 같은 나날을 겪었습니다. 결국 1년 뒤인 1912년 11월에 눈 속에 파묻힌 스콧의 시신과 일기장이 발견되었습니다.

"우리는 신사처럼 죽을 것이며…(중략)…안타깝지만 더 이상 쓸 수가 없을 것 같다. 모든 꿈이 사라졌다."

스콧 탐험대의 다른 대원들 7명도 모두 사망한 채로 발견되었습니다.

또 다른 탐험가는 어니스트 섀클턴입니다. 1916년 8월 섀클턴과 27명의 대원은 스콧과 비슷하게 조난당했지만, 절망과의 악수를 거부하고 꿈을 향해 손을 뻗었습니다. 내일 구조선이 도착하는 꿈, 대원 모두가 살 수 있는 꿈, 가족과 난로 앞에 모여 앉아 있는 꿈을 말이죠. 그 결과 조난당한 지 1년 7개월 만에 모두 무사 귀환할 수 있었습니다.

> "나와 대원들은 남극 얼음 속에서 2년이나 갇혀 있었지만, 우리는 단 한 번도 꿈을 버린 적 없었다."
>
> – 섀클턴의 구조 후 인터뷰에서 –

두 탐험가 스콧과 섀클턴은 공통점이 많습니다. 남극을 탐험하다 조난당했으며 탐험대의 생사를 결정짓는 리더이기도 했죠. 중요한 차이점은, 한 명은 조난 후 돌아오지 못했지만 다른 한 명은 살아 돌아왔다는 사실입니다. 이때 중요한 생과 사를 가른 차이가 바로 꿈과 목표의 설정 여부입니다. 목표의 위력이 어느 정도인지 확인할 수 있는 이야기입니다.

그렇다면 설정한 목표를 효과적으로 관리하는 방법은 무엇이 있을까요? 저명한 합리주의 철학자인 데카르트는 저서 『방법서설』에서 다음의 방법을 소개하고 있습니다.

첫째, 검토해야 할 것에 어려움이 있다면 가능한 한 가장 작게 나누어야 합니다. 둘째, 생각하기 쉬운 대상에서 시작한 다음 점점 어려운 것으로 이끌어 나가야 합니다. 셋째, 생각한 것에 대해 언제, 어디서나 확인과 검사를 해야 합니다.

이러한 데카르트의 방법은 심리 치료 전문가인 파머의 SMART 목표 설정 방법으로 발전했고, 지금도 여전히 효과적인 방식으로 널리 사용되고 있습니다.

SMART 원칙과 예시

Specific. 목표는 구체적이어야 한다. 예를 들면 매일 15분씩 조깅을 한다.

Measurable. 목표는 측정 가능해야 한다. 예를 들면 200페이지의 독서를 한다.

Achievable. 목표는 달성 가능해야 한다. 예를 들면 한 달에 1kg의 몸무게를 감량한다.

Result-Oriented. 목표는 결과 중심적이어야 한다. 예를 들면 1학기 학점으로 A를 받는다.

Time Bounded. 목표는 시한 설정이 되어야 한다. 예를 들면 3년 안에 세계 일주를 한다.

✏️ 학습의 성취도는 지속성에서 결정된다

성공적인 목표 달성을 위해 더 고려해야 할 것은 무엇일까요? 바로 목표의 장기성과 열정입니다. 목표의 장기성은 목표 달성의 격차를 만들어냅니다. 저널리스트이자 뉴욕타임즈의 유명 작가인 대니얼 코일은 천재성에 대해 오랫동안 연구했습니다. 특히 러시아의 허름한 테니스 코트에서 샤라포바와 같은 세계적인 선수가 나오고, 브라질 축구 선수들은 후보들까지 천재적인 것을 보고 원인이 무엇인지 알고자 했죠. 그의 호기심에 대한 연구 결과는 『탤런트 코드』라는 책을 통해 전세계에 소개되었습니다. 책의 내용 중 아이들의 학습 성취도와 관련해서 장기 목표의 중요성을 이야기한 부분이 있는데요. 1997년 게리 맥퍼슨 박사는 똑같은 악기 레슨을 진행하는데도 배우는 아이들의 레슨 속도가 저마다 다르다는 사실을 깨닫고 연구를 시작했다고 합니다.

그 원인의 변수 후보로는 지능 지수, 청각적 감수성, 수학적 능력, 리듬감, 감각 운동 기능, 소득 수준 등을 가정했지만 모두 레슨 수준 차이의 원인은 아니었습니다. 흥미롭게도 수준의 차이는 본인이 선택한 악기를 얼마나 오래 배울 것 같은지에 대한 학생들의 대답이었습니다. 즉, 자신이 정한 장기적 목표가 악기 연주 향상 속도를 빠르게 하는 데 중요한 원인이 된다는 사실을 밝힌 셈입니다.

정리하자면, 자신이 꿈꾸는 이상적인 목표와 비전이 지속적인 발전을 이루는 방향으로 설정해서 에너지를 공급하는 데 중요하게 작용합니다. 장기적인 목표 설정과 기대에 따른 지속성이 목표 달성을 위한 에너지의 근원이 되는 것이죠.

목표에 대한 열정 자체가 목표를 달성하는 원동력이 되기도 합니다. 안락한 삶을 과감히 버리고 걸어서 세계 일주를 하며 인도적 지원가로 많은 사람들에게 희망을 준 한비야 씨는 자신의 책에서 목표에 대한 열정을 소개합니다.

> '정말 힘들어 죽겠군. 무쇠로 만든 사람도 녹고 말겠다.' 이렇게 입이 '댓 발'이나 나와 죽겠다고 아우성치면 내 안의 내가 곧바로 튀어나와 이렇게 묻는다. '누가 시켰어? 그렇게 힘들면 그만두면 되잖아.' '아니, 누가 그만두겠대? 말이 그렇다는 거지.' '그럼 왜 계속하고 싶은 건데?' 답은 아주 간단하다. 이 일이 내 가슴을 뛰게 하기 때문이다. 내 피를 끓게 하기 때문이다. 몸은 고생하지만 하고 싶던 일을 하고 있는 지금이 훨씬 행복하다. 오늘도 나에게 묻고 또 묻는다. 무엇이 나를 움직이는가? 가벼운 바람에도 성난 불꽃처럼 타오르는 내 열정의 정체는 무엇인가? 소진하고 소진했을지라도 마지막 남은 에너지를 기꺼이 쏟고 싶은 그 일은 무엇인가?
>
> 출처 : 한비야, 『지도 밖으로 행군하라』, 푸른숲, 2005

이처럼 자신의 가슴을 뛰게 하는 목표가 있을 때 열정이 나옵니다. 또한 그 열정은 목표를 달성하는 데 방해가 되는 요소를 이겨내는 힘이 되기도 합니다. 그렇다면 앞으로 목표를 설정하고 지속적으로 관리할 때 스스로에게 열정과 관련된 질문을 던지고 답을 해보는 것이 어떨까요?

"20년 뒤에도 나를 행복하게 만드는, 생각만 해도 가슴 뛰는 목표가 있다면 무엇인가?"

"나는 아시아 최초로 미국 나스닥에 상장해서 시가 총액 1위를 달성할 거야."

"10년 뒤 내가 이루고 싶은 중간 목표가 있다면 어떤 것일까?"

"나는 사물 인터넷과 관련된 기업을 창업해서, 창업하는 첫해에 흑자 이익을 낼 거야."

"내 꿈을 이루기 위해 나에게 꼭 필요한 것은 무엇인가?"

"나는 우선 컴퓨터 공학 박사 학위가 필요해. 공부하면서 빅데이터를 활용하는데, 교수님과 같은 핵심 인력들과 두터운 인맥을 쌓을 거야."

4. 공부의 가치를 결정짓는 시간 관리법

✏️ 매일 102,816원이 입금되는 인생 통장

1초를 돈으로 환산한다면 얼마일까요? 우리는 흔히 시간이 돈이라는 말을 듣곤 합니다. 그만큼 시간의 소중함을 강조하는데, 그렇다면 정말 시간의 가치를 돈의 가치로 환산해봅시다.

시간의 금전적 가치를 알아보는 가장 간단한 방법은 자신의 1년 수입을 1년의 시간으로 나누는 것입니다. 이 방식에 따라 세계적인 부자 빌 게이츠의 1초는 약 20~25만 원의 가치를 가집니다. 만약 빌 게이츠가 길을 걷다 우연히 땅에 떨어진 만 원짜리 지폐를 발견하고 이것을 줍는 데 몇 초를 사용한다면, 오히려 그에게는 손해일 수도 있다는 뜻입니다.

물론 빌 게이츠나 되는 유명인의 시간적 가치가 높다는 것은 모두가 예측 가능한 일입니다. 그렇다면 대부분의 사람들이 바라는 억대 연봉자의 시간적 가치는 어느 정도일까요? 1억 원을 1년의 전체 단위 시간인 31,536,000초로 나누면 약 3.17원이 됩니다.

이번에는 학생들처럼 아직 경제 활동을 하지 않는 사람들이 가지는 1초의 가치를 계산해볼까요? 각 나라의 국민총생산^{GNP}을 단위 시간으로 나누면 됩니다. 국민총생산은 한 국가의 국민이 일정 기간 생산한 모든 재화와 서비스를 합한 금액을 뜻합니다. 즉, 국민이 새롭게 생산한 가치의 총합계인 것이죠.

2019년 우리나라 1인당 국민총생산은 전 세계 29위 수준인 31,940달러입니다. 1달러 환율이 1,180원이라고 했을 때 우리나라 돈으로 계산하면 3,760만 원 정도가 됩니다. 이 값을 다시 1년 단위 시간으로 나누면 약 1.19원이 나옵니다. 우리나라 모든 국민의 1초를 경제적 가치로 바꾸면 1.19원이 되는 셈입니다.

하루 24시간은 86,400초입니다. 1초의 가치를 앞에서 계산한 것과 같이 1.19원이라고 가정하면 하루의 가치는 약 102,816원입니다. 즉, 매일 아침 우리에게는 새로운 102,000원 정도가 자동적으로 입금된다는 뜻입니다.

이 돈은 하루가 지나면 잔액으로 남지 않습니다. 그날 모두 쓰지 못했다고 해도 어쩔 수 없죠. 모아둘 수도 없고 미리 당겨서 사용할 수도 없습니다. 그런데도 우리는 돈은 소중히 여기지만 시간은 그렇게 생각하지 않습니다. 하루를, 한 시간을 어떻게 쓰느냐에 따라 얼마를 벌고 버릴 수 있는데도 말입니다. 시간의 가치를 돈의 기준으로 어느 정도 파악했다면 이제 소중하고 가치 있게 다룰 줄 알아야 합니다.

✎ 시간의 자원적 특성 5가지

시간도 하나의 자원이지만 다른 자원과 구별되는 시간만의 독특한 특성이 있습니다. 시간을 낭비하지 않고 잘 활용하기 위해 이러한 시간의 특성을 적절히 고려해야 하는데요. 시간만이 가진 특성은 무엇일까요?

우선 시간은 유한합니다. 시간의 양이 한정되어 있다는 의미입니다. 하루는 24시간이고 이 시간들을 잘 사용하든 하지 못하든 한 번 지나가면 다시 돌이킬 수 없습니다. 사람마다 정해진 수명의 길이는 각자 다르긴 하지만 어쨌든 사람마다 주어지는 시간은 하루의 기준으로 봤을 때 정해져 있습니다.

또, 시간은 대체 불가능하기 때문에 다른 자원과 바꿀 수 없습니다. 우리나라처럼 석유가 나오지 않는 나라는 다른 곳에서 돈을 주고 석유를 구입합니다. 필요하지만 가지지 못한 자원은 다른 자원으로 대체해서 구할 수 있지만, 시간은 그렇게 하지 못합니다. 아무리 많은 돈을 준다고 해도 말이죠.

세 번째 특성은 시간이 공평하다는 것입니다. 어린아이나 어르신이나, 대통령이나 노숙자나, 선한 사람이나 악한 사람이나, 하루 24시간은 동일하게 주어집니다. 미국의 저술가 잭슨 브라운 주니어는 이런 말을 남겼습니다.

"시간이 충분하지 않다고 말하지 말라. 당신에게는 헬렌 켈러, 파스퇴르, 미켈란젤로, 테레사 수녀, 레오나르도 다빈치, 토머스 제퍼슨, 알버트 아인슈타인에게 주어졌던 시간과 똑같은 시간이 주어졌다."

네 번째로 시간은 유연합니다. 유연하다는 말을 다르게 표현하면 융통성이 있다는 뜻입니다. 시간은 고정되어 있고 불변할 것 같지만 상황과 조건에 따라 다르게 선택할 수 있습니다. 또한 자신의 능력과 상태에 따라 그 질이 달라지기도 합니다. 그날그날의 스케줄에 충실한 것도 시간 관리에서 중요하지만, 시간은 일의 중요도와 필요에 따라 언제든 정해진 시간을 일에 맞추어 압축적으로 쓰거나, 다른 시간을 활용하여 여유를 확보할 수도 있습니다.

마지막으로 시간은 탄력적입니다. 경제학에서 탄력성이라는 단어는 수요의 탄력성, 공급의 탄력성 등과 같이 자주 사용되는 개념입니다. 탄력성이란 두 가지 변수의 상대적 변화 정도를 의미하며, 탄력성이 크다는 말은 한 변수의 변화가 다른 변수의 변화에 크게 영향을 미친다는 것입니다. 시간의 작은 변화가 다른 것에 큰 변화를 줄 때, 우리는 '시간이 탄력적이다'라고 할 수 있습니다. 농구 경기의 버저 비터처럼 찰나의 시간을 잘 활용한 골 하나가 경기의 결과를 바꾸어놓는 것과 같습니다.

✏️ 피카소가 계산한 시간의 가치

어느 날 아름다운 여인이 프랑스 파리의 한 카페에 앉아 있는 파블로 피카소에게 다가왔습니다. 한가롭게 여유를 즐기고 있는 피카소에게 잠시 짬을 내어 자신을 그려달라고 부탁하기 위해서였죠. 물론 세계적인 화가의 습작에 적절한 대가를 치르겠다는 말도 같이 전했습니다.

요청을 흔쾌히 승낙한 피카소는 여인의 모습을 단 몇 분 만에 스케치했습니다. 그런 다음 그가 요구한 금액은 50만 프랑, 우리나라 돈으로 환산하면 8천만 원이나 되는 거금이었습니다. 놀란 여인이 항의하며 물었습니다.

"아니, 선생님이 저를 그린 시간은 불과 몇 분밖에 걸리지 않았잖아요?"

그러자 피카소가 대답했습니다.

"천만에요, 나는 당신을 그리는 데 40년이나 걸렸습니다."

피카소가 한 말의 의미는 무엇일까요? 그림을 의뢰한 여인은 몇 분의 물리적인 시간만을 생각했겠지만, 피카소는 오늘날의 세계적인 화가로 성장하기 위해 각고의 노력을 한 40년의 긴 시간을 계산한 것입니다.

피카소는 입체파를 대표하는 천재 화가라는 칭송과 함께 20세기 예술 전반에 혁명을 일으켰다는 극찬을 받고 있습니다. 하지만 그런 명예로운 평가와 대비되는 고난의 삶을 살았죠. 폭넓은 예술 활동을 하기 위해 프랑스 파리의 몽마르트로 갔지만 빈민굴에서 생활할 정도로 매우 궁핍한 삶을 살아야 했습니다. 하지만 어려움과 고난의 시간으로 피카소의 감성과 창의성이 극대화되었고 마침내 하나의 거장을 탄생시킨 원인이 되었습니다.

피카소가 남긴 말처럼 사람들에게 주어진 물리적 시간과 환경은 바꿀 수 없지만, 이를 통해 어떤 사람은 세계적인 거장으로 성장하기도 합니다.

> "라파엘처럼 그리기 위해 4년이 걸렸지만, 어린아이처럼 그리기 위해서는 평생을 바쳤다."_파블로 피카소

현대 경영학의 창시자로 평가 받는 미국의 경영학자 피터 드러커는 경제적 자원을 잘 활용하고 관리하면 인간 생활의 향상과 사회 발전이 가능하다고 주장했습니다. 피터 드러커의 유명한 저서 중 하나인 『성과를 향한 도전』에서는 다른 많은 자원보다 시간 관리의 중요성에 큰 비중을 할애하고 있습니다.

> "성과를 올리는 사람은 일에서 출발하지 않는다. 시간에서 출발한다. 계획에서 출발하지도 않는다. 시간이 얼마나 걸리는지 명확히 파악하는 것에서 출발한다."
>
> 출처 : 피터 F. 드러커, 『성과를 향한 도전』, 간디서원, 2010

우리는 목표한 것을 이루기 위해 우선 주변에 어떤 자원이 있는지부터 생각합니다. 하지만 무엇보다 시간이라는 자원을 먼저 고려해야 합니다. 많은 학생들도 목표를 달성하고자 열심히 계획을 세우지만, 더 중요한 것은 그 성과에 다다르기 위해 필요한 시간의 양입니다.

✏️ 카이로스 시간 관리법

그리스 신화에는 크로노스와 카이로스라는 신이 등장합니다. 크로노스는 시간의 신이고, 카이로스는 기회의 신인데요. 주목할 점은 '카이로스'라는 단어가 그리스어에서 '때', 즉 시간의 의미로도 사용된다는 것입니다.

하지만 두 단어는 다르게 사용됩니다. 보통 '크로노스'는 연속적이고 순환적인 시간의 의미로 사용되는 반면, '카이로스'는 순간이나 주관적인 시간의 의미로 사용되죠. 쉽게 말하자면 '크로노스'는 1시, 2시, 3시… 10월, 11월, 12월과 같이 시간과 계절의 자연스러운 흐름을 의미하고 '카이로스'는 어느 특정한 시기, 기회나 위기를 뜻합니다. 즉, 오늘을 어제의 연속으로 여기지 않고 특별한 의미나 우선순위를 부여한 시간이라고 생각합니다.

앞에서 소개한 피카소의 이야기에서 그림을 의뢰한 여인은 '몇 분'이라는 단순 시간인 크로노스의 관점에서 이야기했습니다. 그러나 피카소는 40년간 찢어낸 화폭의 종이와 무게, 힘겨운 창작 시간의 무게를 전부 포함한 카이로스의 관점에서 이야기했습니다.

우리에게는 1년 365일, 하루 24시간이라는 단순 시간으로의 크로노스 시간이 주어집니다. 누군가는 이 시간들을 크로노스 시간으로 머물게 하지만, 또 다른 어떤 사람들은 이 시간들을 의미 있는 시간인 카이로스로 바꾸기 위해 부단히 노력합니다.

그렇다면 어떻게 크로노스의 시간을 카이로스의 시간으로 바꿀 수 있을까요? 다양한 시간 관리 방법이 있겠지만 크게 2가지를 소개하겠습니다. 하나는 '시간 관리 프로세스'를 적용하는 것이고 다른 하나는 '우선순위 매트릭스' 방법입니다.

피터 드러커는 시간이 관리의 대상이라고 말합니다. 시간을 관리하기 위해서는 우선 측정을 해야 하며, 측정한 뒤 관리해야 개선이 가능합니다. 즉, 시간 관리 프로세스는 '측정→관리→개선→측정→관리→개선…'의 순환 구조를 가집니다. 프로세스는 3단계의 과정을 통해 구체화하고 적용할 수 있습니다.

우선 1단계는 시간을 '기록'하는 일입니다. 이 일은 자신이 사용하는 시간의 현재 상황을 확인하기 위한 것입니다. 정해진 장소에서 어떤 사람을 만나기로 했다고 가정해봅시다. 만약 약속 장소를 찾기 어려워 길을 헤맨다면 가장 먼저 자신의 현재 위치를 파악해야 합니다. 그래야 현재 위치를 기준으로 길을 다시 탐색할 수 있겠죠. 학생들이 많이 쓰는 학습 플래너나 스마트폰 관리 앱을 이용해서 시간을 기록하는 일도 시간의 현황을 알고 나아갈 방향을 확인하는 일입니다.

2단계는 시간을 '관리'하는 것으로, 시간을 통제하고 지휘하고 감독하는 일입니다. 이 단계에서는 시간과 관련된 다양한 일들에 대해 기준을 정합니다. 중요한 일에 시간을 먼저 사용하거나, 사소한 일은 주말에 몰아서 처리하는 것처럼 말이죠. 이렇듯 시간에 우선순위를 적용해서 더 중요한 일과 덜 중요한 일에 알맞게 시간을 배분하는 것이 시간 관리의 핵심입니다.

마지막 3단계에서는 시간을 '통합'합니다. 시간을 기록하고 관리하면 자기 자신에게 시간 활용의 주도권이 주어집니다. 이때 자투리 시간을 하나의 큰 묶음으로 모으는 일이 가능합니다. 통합의 힘은 일상생활에서 쉽게 접할 수 있습니다. 피곤한 사람에게는 여러 번의 쪽잠보다 긴 시간의 낮잠이 깊은 수면에 더 큰 도움이 됩니다. 학생들의 경우에는 수업 사이사이 쉬는 시간보다, 점심 때 빠른 식사를 마친 후 얻는 여유 시간에 더 많은 일을 할 수 있게 됩니다. 통합은 경영 이론에서 경험 곡선 효과로도 설명됩니다. 경험 곡선 효과란 자원이 통합될수록 더 적은 자원으로도 더 많이 생산할 수 있다는 것을 설명하는데요. 이처럼 시간을 통합하면 더 나아가 시간 관리의 선순환을 더욱 활성화할 수 있습니다.

시간 관리 프로세스가 적절히 유지되려면 일의 우선순위 매트릭스를 함께 이해하고 활용해야 합니다. 미국의 34대 대통령 아이젠하워는 시간 관리의 대가로 알려져 있습니다. 그는 시간을 관리하기 위해 일의 영역을 중요한 정도와 긴급한 정도에 따라 4가지 매트릭스로 나누어 접근하기를 제시했습니다.

아이들이 시간을 사용하는 일들을 우선순위 매트릭스 기준으로 점검할 때, 가장 먼저 해야 할 일은 무엇일까요? 바로 중요하지만 긴급하지 않은 2영역에 해당하는 것들입니다. 자신의 시간을 2영역의 일에 우선 배정하고 미리 하게 되면, 급한 일이 줄면서 1영역에 해당하는 일들까지 줄게 됩니다.

예를 들어 시험 전날의 공부는 1영역이지만 미리 공부하는 것은 2영역이기 때문에 2영역의 일을 수행함으로써 1영역의 일이 줄어드는 것입니다. 마찬가지로 중요하지만 긴급하지는 않은 운동도 평상시에 소홀히 하면 감기 몸살 등의 질병처럼 긴급하게 처리해야 할 예상치 못한 일들이 발생할 수 있습니다.

2영역에 해당하는 일의 중요성에 대해 영국의 유명한 소설가 아놀드 버넷은 이런 말을 남겼습니다.

"시간을 잘 관리하는 사람은 절대로 서두르지 않는다. 그 사람은 절대로 늦는 일이 없다. 그리고 예상치 못한 상황에서도 소매를 걷어붙이고 다른 사람을 도울 여유가 있다."

그렇다면 3~4영역의 일은 어떻게 처리해야 할까요? 우선 3영역의 일은 다른 사람이나 과정을 활용해서 위임해야 합니다. 스팸 전화와 같이 중요하지도 않고 처리할 필요도 없는 일은 스마트폰의 스팸 차단 앱과 같은 시스템에 위임할 수 있습니다. 또한 4영역의 일은 시간을 좀먹는 부분이기 때문에 가능한 한 없애는 편이 좋습니다.

관리하지 않은 시간은 어디로 갈까요? 한홍 목사는 리더의 시간 관리 지침서인 『시간의 마스터』에서 우리의 시간을 빼앗아가는 4가지를 소개합니다.

> **관리하지 않은 시간은 어디로 흐르나**
>
> 첫째, 나의 약점이 시간의 흐름을 차지한다. 내가 못하는 일은 마치 거머리처럼 나의 시간을 흡수해버린다.
>
> 둘째, 내 주위에 있는 공격적이고 주도적인 사람들이 나의 시간을 장악한다.
>
> 셋째, 급한 일을 대처하는 데에만 시간을 쓴다.
>
> 넷째, 사람들이 칭찬하는 일들을 하는 데 시간을 흘려버린다. 이것이 바로 수많은 리더들을 파멸시킨 포퓰리즘의 유혹인 것이다.
>
> 출처 : 한홍, 『시간의 마스터』, 비전과리더십, 2005

말콤 글래드웰이 자신의 저서 『아웃라이어』에서 소개한 '1만 시간의 법칙'은 대중에게 널리 알려져 있습니다. 어떤 분야의 전문가가 되기 위해서는 최소한 1만 시간 정도의 훈련이 필요하다는 개념으로, 시간 활용의 소중함을 일깨워주는 이론입니다.

이제 학생들은 각자의 시간을 적절히 관리하고 효과적으로 활용하며,

시간에 대한 리더십을 가져야 합니다. 어릴 때부터 이런 과정이 반복되어 중학교, 고등학교를 지나 대학교를 졸업한다면, 이후 사회로 나가 자신의 영역에서 효율적으로 성과를 내기 위한 1만 시간이 충족된다면 그 누구나 세계적인 전문가가 될 수 있습니다.

5. 미래의 길을 다지기 위한 공부

✏️ 매 순간의 선택이 진로를 만든다

"당신이 나아갈 다음 단계는 무엇인가?"

미국 최고의 직업 탐색 컨설턴트이자 커리어 카운슬러인 리처드 볼스 박사의 『파라슈트』는 세계에서 가장 많이 알려진 취업 전문 안내서라고 할 수 있습니다. 이 책의 첫 부분에는 흥미로운 그림이 나옵니다. 길 찾기 퍼즐처럼 그려진 이 그림은 '당신이 나아갈 다음 단계'라는 문을 지나 여러 갈림길을 만나며 선택해서 나아가는 형식입니다. 이것은 경력을 쌓는 일이 매 순간 선택해야 하는 것처럼 어렵다는 사실을 표현했습니다.

경력은 어떤 분야에서 겪어온 일과 쌓은 경험을 뜻합니다. 경제 활동을 하는 과정에서 얻게 되는 직업이나 직장 생활을 말하기도 하죠. 미래를 준비하는 학생들은 아직 직업 경력이 없기 때문에 경력을 준비하는 일을 진로 과정에 포함하기도 합니다. 학생들 대부분이 대학교에 진학하는 우리나라의 현실을 반영해서, 경력이라는 말보다 '진로 진학'이라는 용어를 더 많이 사용합니다.

'진로(進路)'의 한자어 풀이는 나아가는 길을 의미합니다. 길은 시간의 흐름에 따라 이미 걸어온 길, 앞으로 걸어갈 길, 지금 서 있는 길로 나누어 볼 수도 있는데요. 한 마디로 경력 관리는 사람이 일평생 경험해야 할 과거, 현재, 미래를 아우르는 매우 중요한 부분인 셈입니다. 특히 관리하고 준비해야 하는 경력은 미래의 영역으로, 아직 경험해보지 않았기 때문에 기대도 되지만 한편으로는 걱정이 되기도 합니다.

✎ 새로운 물결 위의 진로

경력을 관리해야 할 미래 사회는 어떻게 바뀔까요? 미래학자 제임스 캔턴은 "2025년 무렵의 직업 가운데 70%는 아직 나타나지 않았다"고 주장합니다. 또 다른 미래학자 토머스 프레이는 "2030년 20억 개의 일자리가 사라질 것이다"라고 주장하죠. 2025년부터 2030년까지 무수히 많은 직업이 사라지고, 또 생겨난다는 것입니다. 대부분의 학생들이 대학교에서 경력을 준비하거나 미리부터 계획하고 있을 시기인 2025년 전후에는 4차 산업혁명이 활발하게 이루어지고, 미래 사회의 기술 발전이 더 많은 환경 변화로 이어진다는 예측이 쏟아지고 있습니다.

2016년 6월 타계한 세계적인 미래학자 앨빈 토플러는 『제3의 물결』, 『미래 충격』 등의 저서에서 다양한 미래 변화를 예측했습니다. 그중 『부의 미래』에서는 부의 물결을 3가지로 정리했는데요. 제1물결은 키우는growing 것,

제2물결은 만드는making 것이 중요한 부분입니다. 하지만 제3의 물결은 서비스하는serving 것, 생각하는thinking 것, 아는knowing 것, 경험하는experiencing 것이 중요하다고 설명합니다.

미래의 부는 농업과 공업의 영역을 지나 지식 산업으로 나아갑니다. 아울러 미래의 부는 시간, 공간, 지식이라는 다양한 영역에서 융합되어 만들어집니다. 탈시간, 탈공간, 지식 기반의 새로운 미래 물결이 오는 셈입니다. 이것이 부의 제4물결, 4차 산업혁명과 함께 직업 세계의 다양한 변화를 가져올 것으로 예측한 것입니다.

미래 사회 직업 세계의 변화에 대한 비슷한 생각이 『4차 산업혁명 시대 전문직의 미래』라는 책에서도 소개됩니다. 이 책의 저자들은 의사, 변호사, 회계사, 경영 컨설턴트, 기자, 교육자 등 현재 유망한 전문가 직업조차 4차 산업혁명의 변화와 도전에 안전하지 않다고 전망합니다.

✎ 진로를 확장하는 4단계

그렇다면 급변하는 미래 상황을 대비해서 학생들이 진로를 제대로 관리할 수 있는 방법은 무엇일까요? 학생들 개인의 진로를 의미 있게 관리하고 유지하며 발전하기 위한 절차를 4단계 정도로 나눌 수 있습니다.

> 1. 자기 분석 : 나의 흥미·적성 찾기, 자기 이해, 직업 선택의 가치
> 기준 분석, SWOT 분석

2. 목표 설정 : 목표 커리어 설정 및 계획, 목표 액션 플랜,
커리어 마스터 플랜 수립

3. 기업 분석 : 나와 맞는 기업 및 직업 탐색, 기업 분석
리스트, 기업 정보 분석

4. 취업 전략 : 취업 성공 전략, 경력 전략, 서류 전략, 면접 전략 준비

진로를 위해 먼저 해야 할 1단계는 자기 분석입니다. 자신이 무엇을 잘하고 좋아하는지 발견하고, 꿈과 비전을 포함해서 자신이 중요하게 여기는 가치를 확인하는 단계입니다. 자기 분석은 단순히 진로와 추후 경력을 관리하는 것 이상으로 학생들의 인생을 성공으로 이끌어주는 중요한 요인이 될 수 있습니다. 효과적이고 간단한 자기 분석 방법으로 진단 검사 활용하기, 자신의 과거 돌아보기, 주변 사람들과 대화하기 등이 있습니다.

자기 분석은 학교나 워크넷 같은 공공 서비스에서 제공하는 직업 선호도 검사, 직업 가치관 검사, 창업 적성 검사, 진로 준비도 검사 등을 활용하는 것도 좋습니다. 또한 가족, 친구, 멘토와 대화를 나누거나 독서, 인터넷, 관련 영상과 같이 간접적인 정보를 활용한다면 학생 자신을 더 깊이 들여다보는 데 도움이 됩니다. 나아가 자신의 경력을 개발하기 위한 강점, 약점, 위기, 기회를 고려한 SWOT 분석도 사용할 수 있는데요. 원래 SWOT 분석은 기업에서 전략을 수립할 때 많이 활용되지만, 개인의 자기 이해에도 좋은 틀이 될 수 있습니다.

다음으로 진로를 위한 2단계는 목표 설정입니다. 인생에 대한 큰 목표를 세우고 단기, 중기, 장기 계획으로 세분화합니다. 목표를 가지고 있는 사람

은 사회에서 필요로 하는 인재일 뿐만 아니라 개인의 인생에서도 큰 차이를 만듭니다. 중장기적 목표를 자신 있게 설명할 수 있다면 목표 설정이 잘 되었다고 평가할 수 있습니다. 효과적으로 목표를 설정하기 위해서는 장기 목표와 단기 계획을 구분해서 연결하거나 단계별 목표 설정하기, 또 매일 지속적으로 피드백하는 일이 도움 됩니다.

목표는 큰 것부터 작은 것까지 위계를 가집니다. 이것을 하이어라키 Hierarchy라고 하는데, 목표에서는 미션·비전·목표·전략이 바로 그 계층입니다.

목표 하이어라키와 예시

미션(Mission) : 나는 아름다운 옷으로 세상에 기여하겠다.

비전(Vision) : 세계적인 패션 회사 CEO가 되겠다.

목표(Goal) : 국내 매출 1위 패션 회사를 설립하겠다.

전략(Strategy) : 20대, 30대, 40대, 50대에 각각 해야 할 일을 정하겠다.

목표를 설정한 다음 3단계로는 기업을 분석해야 합니다. 학생들이 미래 취업을 전제로 진로를 설정하고 발전할 때 자신이 원하는 기업을 선정하고 기업의 가치, 비전, 사업 영역, 직무에 대해 조사합니다. 기업 분석이 먼 미래의 일처럼 느껴질 수도 있지만 미리부터 일에 대한 구체적인 생각을 하고 있으면 세상에서 그 직무가 어떻게 굴러가고 있는지 지켜보고 시야를 확장할 수 있습니다. 자신의 역량과 적성이 기업이 필요로 하는 인재상과 일치하는지 확인하는 일은 매우 중요합니다. 언론과 인터넷 정보 수집, 주변 사람들을 통한 정보 수집, 현장 방문 등을 통해 효과적인 기업 분석을 할 수 있습니다.

각 기업의 정보를 얻을 수 있는 곳도 다양합니다. 단순하게 해당 기업의 홈페이지를 들어가볼 수도 있고, 취업 정보 제공 사이트, 관련 잡지 및 책자, 관련 기업에서 일하는 선배나 지인도 중요한 정보원입니다. 그 밖에 대한상공회의소, 금융감독원 전자공시시스템, 중소기업현황정보시스템, 팍스넷 등 관련 부처의 자료를 찾아볼 수도 있습니다.

마지막으로는 구체적인 취업 전략을 준비합니다. 자기 분석, 목표 설정, 기업 분석을 토대로 취업하고자 하는 대상 기업에 대해 가장 효과적인 전략을 세우는 것입니다. 자신의 꿈과 비전, 기업과 관련된 경험들을 잘 표현하고 열정적으로 준비해서 자신이 기업에 필요한 특별한 인재임을 드러내야 합니다. 현명한 취업 전략을 위해서는 자신의 강점과 기업의 필요를 연결하고, 기업과 관련된 자신의 경험을 정리해서 차별화된 이력서와 자기 소개서를 준비하는 일이 무엇보다 중요합니다.

✎ 스펙을 이기는 스토리

취업을 준비하는 일이 점점 더 어려워지고 있어 많은 10대 학생들이 미래를 걱정합니다. 그 이유는 무엇일까요? 기업이 고용하고자 하는 노동의 양, 쉽게 말해서 뽑고자 하는 사람의 양을 '노동 수요'라고 합니다. 반대로 노동자가 일하면서 제공하고자 하는 노동의 양, 즉 일하고자 하는 사람의 양을 '노동 공급'이라고 하죠. '노동 시장'은 '노동 수요'와 '노동 공급'이 만나 형성됩니다.

현재는 '노동 공급'보다 '노동 수요'가 많은 상태로, 직장 수보다 일하려는 사람이 더 많기 때문에 그 차이만큼 일하지 못하는 '실업'이라는 현상이 발생하고 있습니다. 실업 현상도 다양하며, 크게 마찰적 실업, 구조적 실업, 경기적 실업으로 나누어 설명할 수 있습니다.

> **실업의 3종류**
>
> **마찰적 실업** : 직업을 찾거나 바꾸는 과정에서 일시적으로 발생하는 실업
>
> **구조적 실업** : 새로운 산업의 등장과 경제 구조가 바뀌면서 새로운 산업이 요구하는 기술이 부족해서 발생하는 실업
>
> **경기적 실업** : 불경기에 발생하며, 시장이 위축되어 기업이 노동 수요를 줄이면서 발생하는 실업

3가지 종류의 실업은 각각 다른 원인을 가지므로 사회에 미치는 영향과 해결 방법도 모두 다릅니다. 마찰적 실업은 구직 과정에서의 정보 격차로 발생하기 때문에 정보를 제공해서 상대적으로 쉽게 해결할 수 있습니다. 하지만 산업 구조의 변화로 발생하는 구조적 실업과 불경기가 계속되면서 생기는 경기적 실업은 다양한 요소를 고려해야 하기 때문에 해결이 쉽지 않죠.

그 종류가 무엇이든 실업은 개인 수입을 줄여 생계를 위협하기 때문에 반드시 해결되어야 합니다. 특히 2020년 초부터 새롭게 출현한 코로나19 같은 위기는 경기를 위축시킵니다. 앞으로 4차 산업혁명과 같은 산업의 급격한 변화는 구조적 실업이 발생할 확률을 더욱 높이고 있습니다. 기존 산업 구조에서 꼭 필요했던 노동 인력이 변화하는 미래 산업에서는 더 이상 필요가 없게 될 수 있는 것입니다.

더 이상 학력, 학점, 토익 점수 등 직장을 구하기 위해 반드시 필요했던

스펙으로는 새로운 시대에 대응하기에는 역부족입니다. 이러한 상황이 잘 반영되듯 우리나라의 취업 시장도 다음과 같이 변하고 있습니다.

출산율이 둔화되고 노동력의 고령화 추세가 나타나고 있다.

중·장년층 및 청년층 노동력이 감소하고 있으며 노령층 및 여성의 경제 활동 참가율이 증가하고 있다.

서비스 산업을 중심으로 고숙련 사무직 노동자가 늘어나고, 여성의 비중이 증가하고 있다.

정규 노동자의 고용 비용 증가와 해고의 어려움으로 기업은 비정규직을 선호하는 추세다.

신세대를 중심으로 과거와 달리 비정규직 고용 형태, 자유 직업으로의 프리랜서를 선호하는 의식이 늘어나고 있다.

출처 : 한국노동연구원, 노동력 고령화와 임금체계 혁신, 2011

이러한 시대 변화에 발맞추기 위해서는 기존의 스펙 중심 관리는 경쟁력이 떨어집니다. 앞으로는 자신만의 특별한 스토리 개발과 창조가 빛을 발할 것입니다.

스펙보다 스토리의 중요성을 강조하고 실천한 사람 중에 김정태 씨가 있습니다. 그는 유엔UN 산하 기구 거버넌스센터에서 홍보팀장을 역임했으며, 반기문 전 유엔 사무총장 방한팀의 언론 담당관으로도 활동했습니다. 그는 자신의 저서『스토리가 스펙을 이긴다』에서 이렇게 말했습니다.

"치열한 사회에서 살아남기 위해 강조하는 스펙은 비단 대학생이나 취업 준비생들만의 전유물은 아니다. 이 사회에서 살아가는 누구에게나 스펙이라는 꼬리표가 따라다니게 되어 있고, 마치 항공물을 부치는 것처럼 그 스펙에 따라 목적지가 자동으로 결정된다고 믿는다. 그렇다. 어느 정도는 사실이다. 스펙은 결국 자신을 상품으로 간주해 화물칸으로 옮길 것이기 때문이다. 하지만 스토리는 자신을 상품이 아닌, 살아 있는 작품으로 만들어 비행기 객실로 인도한다."

출처 : 김정태, 『스토리가 스펙을 이긴다』, 갤리온, 2010

새로운 미래 사회는 남들보다 앞선 'Number One'보다 남들과 다른 'Only One'을 바랍니다. 학생들도 최선을 다해 노력하면 우수한 성적과 좋은 대학교 입학이라는 결과를 얻을 수 있습니다. 하지만 '변하지 않는 것은 모든 것은 변한다는 명제뿐'이라는 진리 앞에, 무엇보다도 자신만의 스토리를 찾아야 합니다.

6. 숨겨진 역량 찾기

일 잘하는 사람들

다음 중 누가 가장 일을 잘하는 것일까요?

사례① A씨는 명문대를 졸업했다. 일반 사원 시절 주어진 일을 누구의 도움도 없이 혼자서 뚝딱 해냈을 정도로 매우 똑똑하다. 그러나 A씨가 진급한 이후에는 문제가 자주 발생했다. 무엇보다 후배 사원을 잘 관리하지 못했고, 회사가 원하는 목표를 잘 달성하지 못하는 어려움에 처해 있다.

사례② 입사한 후로 B씨는 매우 평범한 직원이었다. 특별하게 잘하거나 잘못하는 일도 없이 자신의 자리를 묵묵히 지켰다. 그런데 B씨가 진급한 뒤로는 상황이 바뀌었다. 무엇보다 상사, 후배 직원들과 원만한 인간관계를 유지한다. 후배가 성장하는 데 많은 자문과 조언을 주어 주위에서 평이 좋고, 협업을 수월하게 해서 자신의 목표 달성도 잘하고 있다.

사례③ C씨는 회사에 중요한 직책을 맡고 있는 임원이다. 임원이 되기까지 성실하고 책임감 있게 일을 잘해왔다. 하지만 C씨가 임원이 된 이후 조직 관리에 어려움을 겪었다. 또한, 성과가 지속적으로 저조해서 최근 회사로부터 명예퇴직을 요구받고 있다.

사례에서 소개된 3명 가운데 가장 일을 잘하는 사람은 누구일까요?

A씨는 우수한 업무 능력과 기획력을 가지고 있습니다. 타인의 도움 없이 목표를 달성하는 것처럼 추진력과 실행력이 장점인 셈입니다. 하지만 승진 이후 장점은 더 이상 빛을 발하지 못하고, 도리어 협업과 의사소통의 부족함이 드러나고 있습니다.

B씨의 가장 큰 장점은 좋은 인간관계를 유지하는 능력입니다. 평사원 시절에는 장점이 잘 드러나지 않았지만 승진 이후 이러한 장점이 조직에 대한 높은 충성도와 후배 양성에서 부각되기 시작했습니다. 덕분에 B씨는 조직의 멘토가 되었고 성과를 달성하게 하는 협업의 근원이 되기도 했습니다.

C씨는 성실과 책임감이라는 장점 덕분에 오랫동안 가진 경험이 임원이 되는 데 중요한 역할을 했습니다. 하지만 이 장점은 더 이상 전략적 사고, 혁신 능력과 같이 임원으로서 필요한 능력과는 거리가 먼 것이 되어버렸습니다.

앞의 3명 모두 나름대로의 장점을 가지고 있고, 그 장점들이 각자의 목표를 달성하고 업무를 수행하는 데 좋은 영향을 끼치기도 했습니다. 하지만 상황이 바뀌면서 좋은 결과의 원인이 되기도, 나쁜 결과의 원인이 되기도 합니다.

그렇다면 일을 잘한다는 것은 과연 어떤 의미일까요? 우선 상황과 위치가 다르면 필요한 역량도 다릅니다. 따라서 각기 다른 상황에 맞춰 적절한 역량을 발휘해야 일을 잘한다고 이야기할 수 있겠습니다.

일을 영어로 표현하면 보통 'work'를 떠올리지만 기업이나 직업에서 이루어지는 일은 '직무'라고 하며 영어로는 'job'으로 표현합니다. 직무란 과업과 작업의 종류와 수준이 비슷한 업무들을 모아놓은 것입니다. 한 마디로 '일을 잘한다'의 정확한 의미는 맡은 자신의 직무를 잘 수행하는 것입니다.

✎ 능력을 넘어 역량을 높이는 방법

미래를 준비하며 학교를 다니고 있는 학생들에게 직무, 채용 등은 아직 낯선 말입니다. 하지만 지금의 준비가 미래에 필요한 자신의 능력을 향상하는 과정이기 때문에 앞으로 목표로 해야 할 능력이 무엇인지 생각해보는 일은 필요합니다.

학생들이 자신의 학업을 잘 수행하는 데 필요한 능력을 '학습 능력'이라고 하는 것처럼 기업에서 직장인들이 자신의 일을 잘 수행하는 것을 '직무 능력', 줄여서 직능이라고 합니다.

'능력'과 비슷한 단어 중에 '역량'이 있지만 잘 구분해서 이해해야 합니다. 능력은 영어로 'Ability'인데, 단순히 할 수 있다는 것을 의미합니다. 한편 역량은 영어로 'Competency'이며, 단순히 할 수 있다는 것을 넘어 '잘'할 수 있다는 것을 의미합니다.

예를 들어 어떤 사람이 운전면허증을 가지고 있다는 것은 그 사람이 운전을 할 수 있다는 뜻입니다. 하지만 카레이서는 단순히 운전을 할 수 있는 것을 넘어 경기에서 이길 수 있을 정도로 능숙하게 운전을 잘한다고 이해할 수 있습니다. 운전면허가 '능력'이라면, 카레이싱 운전은 '역량'인 셈이죠.

✎ 우리가 아는 역량은 빙산의 일각이다

역량에는 밖으로 표현되는 것도 있지만 그렇지 않은 것도 있습니다. 역량에 대해 연구한 전문학자 스펜서는 이러한 역량의 특징을 설명하기 위해 '역량 빙산 모델'을 제시했습니다.

극지방의 얼음으로 바다에 떠 있는 빙산을 살펴보면 일부가 수면 위로 보입니다. 역량에도 이와 같이 외부로 표현되어 측정과 관찰이 용이한 것들이 있죠. 대표적으로 지식, 행동, 경험, 기술 등을 말합니다.

한편 상대적으로 빙산의 아랫부분처럼 수면 아래 있지만, 보이는 것보다 훨씬 더 크고 더 많은 부분을 차지하는 역량들도 있습니다. 이들은 관찰이 어렵지만 성과에서 많은 차이점을 만들어내는 부분들로 적성, 인성, 가치관, 도덕성 등을 꼽을 수 있습니다.

과거에는 많은 사람들이 표현되는 역량들에 더 큰 관심을 보이곤 했습니다. 적절한 평가와 보상을 위해서는 눈에 보이는 역량이 객관적인 기준으로 삼기 쉬웠기 때문입니다. 하지만 시대가 변하고 새로운 양상의 성과가 요구되는 지금, 숨겨진 역량에 대한 중요성이 점차 강조되고 있습니다.

이러한 숨겨진 역량을 찾기 위한 노력은 우수한 인재를 신입생으로 선발하기 위한 대학 입시에도 반영되었습니다. 최근 학교들의 주요 선발 전형으로 여겨지는 '학생부 종합 전형'이 바로 그 예입니다. 학생부 종합 전형은 교과 성적과 같이 측정과 관찰이 가능한 역량 지표도 선발에 활용하지만 전공 적합성·발전 가능성·인성처럼 관찰은 어렵지만 중요한 역량 요소들도 종합적으로 검토합니다. 이들은 특정한 상황이나 과업에서 기대 수준을 넘는 탁월한 성과를 나타내는 원인이 될 수 있습니다.

그렇다면 역량은 어떻게 구분할 수 있을까요? 역량 구분은 각 영역에서 필요한 역량을 구체적으로 이해하기 위해 반드시 고려해야 합니다. 역량을 구분하기 위해 학자들과 평가 기관이 제시하는 기준은 각각 다양합니다.

대학 입시의 학생부 종합 전형에서는 역량을 학업·전공 적합성·발전 가능성·인성까지 4개 영역으로 구분합니다. 역량 전문가 미라블은 역량을 지식·기술·인지 능력·심리 특성의 4가지로 설명합니다. 또한 우리나라의 산업 현장에서 직무를 수행하기 위해 요구되는 역량은 국가가 체계화한 '국가직무능력표준[NCS]'이라고 하며, 직업 기초 능력과 직능별 세부 능력으로 역량을 구분합니다. 이때 직업 기초 능력은 의사소통 능력·수리 능력·문제 해결 능력·자기 개발 능력·기술 능력·직업 윤리 등 10개 영역으로 구분하고 있습니다.

이렇듯 역량 구분 방법은 다양하지만 역량 향상을 위해서는 간단하게 추릴 필요가 있습니다. 역량을 가장 기본적으로 정리한다면 다음과 같이 3개 영역으로 나눌 수 있습니다.

① 인지 역량 : 사고하는 능력. 문제를 해결하기 위해 전체적인 시각을 가지고 접근하며 통합적인 사고력을 통해 상황을 이해하고 종합한다.

② 실행 역량 : 행동하는 능력. 생각을 실천으로 옮기는 행동 능력이자 목표를 달성하기 위해 가장 필요한 자원을 수집하고 계획하며 지속적으로 추진한다.

③ 관계 역량 : 공감하는 능력. 타인과 함께하는 모임과 협업에 대해 이해하고 공감하는 능력을 가지는 것을 의미한다. 여러 사람의 입장을 이해하고 갈등을 해결하며 교류하는 것으로 나타난다.

핵심 역량 훈련법

전 세계적으로 인재를 찾기 위한 노력이 계속되고 있습니다. 조직의 수많은 인원보다 스티브 잡스, 빌 게이츠와 같은 인재 1명이 세상에 기여하는 바가 더 크기 때문입니다. 중국의 최대 기업 중 하나인 텐센트는 디지털 경제와 산업 IT 인재 발굴을 위해 역대 최대 규모인 5천 명을 채용할 계획이라고 합니다. 인재의 중요성을 깨닫고 미리 선점하기 위해 막대한 투자를 하는 것이죠.

그렇다면 인재는 과연 어떤 사람들일까요? 인재에 대한 정의도 매우 다양합니다. 한 마디로 설명하자면 역량의 수준이 남들보다 뛰어난 사람이라고 할 수 있습니다. 하지만 모든 역량을 가지고 있는 인재는 현실적으로 불가능합니다. 애플의 신화를 만든 스티브 잡스의 별명이 '오만한 천재'인 것처럼 말입니다.

따라서 학생들은 자신의 미래를 위해 핵심 역량을 이해해야 합니다. 광범위하고 포괄적인 역량을 상황에 따라 적재적소에 활용하도록 세분화하고 구체화해서 표현한 것이 바로 핵심 역량입니다.

인지 역량, 실행 역량, 관계 역량까지 3개 영역의 기본 역량은 각각 4개의 핵심 역량을 가지고 있습니다. 다시 말해 기본 역량을 상황과 위치에 따라 세분화하면 총 12개의 핵심 역량을 도출할 수 있습니다.

먼저 사고하는 능력인 '인지 역량'에는 진로 통찰력·전략적 사고·자기 확신·의사 결정이라는 4개의 핵심 역량이 있습니다.

① 진로 통찰력 : 자신의 미래 희망 진로의 특징과 속성을 이해하는 능력. 사회 변화와 트렌드를 찾아 새로운 진로 기회를 포착하며, 자신이 성장할 수 있는 핵심 요소를 찾는 것을 말한다.

② 전략적 사고 : 자신의 장기적인 비전과 목표를 수립하며 외부 요인에 대한 개인의 영향력을 파악하는 능력. 목표 달성을 위해 필요한 핵심 요인과 장애 요인을 효과적으로 분석하고 우선순위를 명확히 제시한다.

③ 자기 확신 : 내·외적 환경 조건이 불확실한 상황에서 자신의 생각과 결정에 대한 확신을 갖는 능력. 타인에게 표현하고 설득하며, 달성 가능성이 적거나 힘들더라도 자신의 능력과 신념을 믿으며 준비하고 도전하는 것을 말한다.

④ 의사 결정 : 합리적이고 적절한 판단력과 책임감을 갖고 올바른 결정을 하는 능력. 정보와 자료가 부족하거나 불확실한 상황에도 주저하지 않고 의사 결정을 내리는 것을 말한다.

두 번째로 행동하는 역량인 '실행 역량'에는 성과 지향·리더십·변화 주도·동료 성장의 4가지 핵심 역량이 있습니다.

① 성과 지향 : 일을 하면서 어떠한 어려움과 난관이 있더라도 주어진 목표를 반드시 달성하려는 강한 의지와 도전 정신. 한계를 극복하고 더 높은 성과를 달성하기 위해 끊임없이 지속적으로 노력하는 능력이다.

② 리더십 : 각자의 역할을 정확히 인식시켜 조직이 한 방향으로 움직일 수 있도록 이끄는 능력. 함께하는 구성원들과 비전, 나아갈 방향을 명확히 공유한다.

③ 변화 주도 : 개인의 내·외부 환경 변화에 맞춰, 변화가 필요한 상황에서 기존의 프로세스와 관행 등을 기대하는 방향에 맞도록 빠르고 유연하게 전환하고 실행한다.

④ 동료 성장 : 동료와 함께 성장하는 것에 관심을 가지며 시간과 노력을 투자하고, 다양한 방법으로 동료와 함께 성장 발전하도록 도와주려는 의지가 크다.

마지막으로 공감하는 역량인 '관계 역량'에는 자기 관리·대인 이해·관계 구축·의사소통이라는 4가지 핵심 역량이 있습니다.

① 자기 관리 : 자신의 특성과 감정 상태를 정확하게 인식하고, 심리적인 압박 상황에도 정서적 균형감을 잃지 않고 안정적이고 긍정적인 마인드를 유지하고 행동한다.

② 대인 이해 : 겉으로 나타나지 않는 성향이나 특징을 정확하게 파악해서 상대방의 입장에 공감하는 능력. 상대방의 생각, 감정, 의도를 정확히 이해한다.

③ 관계 구축 : 현재와 미래에 있어 자신에게 도움이 될 수 있는 사람들을 파악해서 친분 관계를 형성하고 유지하려고 노력한다. 우호적인 관계

를 형성해서 상호 신뢰할 만한 관계를 구축하고 활용한다.

④ 의사소통 : 상대방에게 전달하고자 하는 정보와 메시지를 정확하고 효과적인 방법으로 표현하는 능력. 상대방이 주장하는 의견의 핵심 내용뿐 아니라 감정과 의도를 정확하게 이해한다.

다양한 핵심 역량은 타고나기보다는 훈련하고 연습하면서 새로이 개발되기도, 더 강화되기도 합니다. 미래 사회의 특징 중 하나가 불확실성이라고 하는데요. 현재 장점인 자신의 역량이 앞으로의 변화 이후에는 더 이상 역량이 아닐 수도 있습니다. 따라서 새로운 미래에 필요한 역량을 지속적으로 탐색하고 자신의 강점을 살릴 수 있는 역량을 잘 관리해야 합니다. 무엇보다 새로운 역량을 꾸준히 개발하려는 관점을 갖는 태도가 미래 인재가 가져야 할 필수 요소입니다.

진로의 선택 폭이 넓고 가능성 또한 큰 학생 입장에서, 어떤 역량이 구체적으로 필요할지 금방 알기란 쉽지 않습니다. 그렇기 때문에 학생 시절에는 다양한 경험을 많이 해보고 상황에 맞는 역량이 무엇인지 생각해보는 것이 가장 중요합니다. 이러한 경험과 훈련이 반복된다면 앞으로 모든 아이들은 역량을 준비하는 역량, 다시 말해 모든 역량을 관리하는 메타 역량이 높아질 수 있을 것으로 기대합니다.

일단 움직여야
꿈을 이룰 수 있습니다

고려대학교 일어일문학과 2016학번 신동운

저는 고등학교를 졸업하고 대학생이 된 지 벌써 5년이 다 되어갑니다. 중·고등학생 시절에도 진로에 대한 고민을 많이 했지만 대학생이 된 후로도 무엇을 하면 좋을지에 대한 생각을 계속해서 이어가고 있습니다. 고등학교 때는 앞으로 몇 년 뒤에 제가 어떤 일을 하고 있을지 무척 궁금했습니다. 사실 당시에는 만화가가 되고 싶었지만, 불안한 마음에 공부를 더 열심히 했습니다. 그러면서도 미래에 언젠가는 만화가가 되어 있지 않을까 상상하곤 했죠.

열심히 공부해서 대학교에 들어오고 나니 새로운 공부가 기다리고 있었고, 저는 습관처럼 하고 싶은 일보다 해야 하는 일에 먼저 손을 뻗었습니다. 그렇게 몇 년 전부터는 만화 자체에 대한 흥미와 관심이 끊어졌습니다. 당연히 만화가가 되는 일은 일어나지 않았습니다.

하지만 이런 현실이 우울하지만은 않습니다. 왜냐하면 최근 저에게 새로운 목표가 생겼기 때문입니다. 프랑스의 철학과 문학의 매력에 빠지면서, 프랑스어를 공부하기 시작했습니다. 그동안 프랑스인 친구도 사귀고 프랑스어 자격증도 땄습니다. 앞으로는 프랑스로 교환 학생을 다녀올 계획이고요. 조금씩 목표를 이루어가는 하루하루가 무척 뿌듯합니다.

고등학교 시절보다 지금의 제가 그나마 나은 점이 있다면, 하고 싶었던 일을 정말로 해보고 있다는 점입니다. 만화가가 되고 싶었을 때, 만화가가 되려면 많이 그리고 실력을 길러야 했지만 저는 그렇지 않았습니다. 만화가가 되면 돈을 얼마나 벌 수 있고 어떤 삶을 살아갈지 알아보지도 않았죠. 공부가 인생에 더 도움이 되리라는 생각을 위안으로 삼았습니다. 이런저런 고민에 시달리느라 불안하기는 했지만 막상 만화가의 꿈을 이루기 위해 한 것은 하나도 없었습니다.

　　프랑스어에 관심이 생기고 나서는 바로 인터넷 강의를 구매해서 공부하기 시작했습니다. 전공도 아닌 프랑스어를 공부해서 무엇을 할 수 있겠냐는 고민을 하기보다는, 그냥 좋아하는 일을 열심히 해보기로 마음먹었습니다. 그랬더니 프랑스어 실력만큼은 쑥쑥 늘었습니다. 무엇보다도 하루하루를 불안해하지 않고 뿌듯함을 느끼면서 보낼 수 있다는 사실이 행복했습니다.

　　많은 10대 여러분도 진로를 고민하고 계시죠? 앞으로 더 행복한 삶을 살고 싶다면 더 좋은 진로를 고민하고 문을 두드리며 알아보라고 조언하고 싶습니다. 실제로 아무것도 하고 있지 않을 때, 미래에 대한 고민은 고통이 될 뿐이라는 말을 전하고 싶네요. 중·고등학생이라면 목표를 시도해보면서 바꿀 시간은 아직 충분하답니다. 물론 공부도 해야 하지만, 중요한 것은 누군가가 시키는 대로가 아니라 스스로 앞날을 설계하는 일이죠. 용기를 내서 여러 가지에 도전하고, 마침내 목표가 생기면 달성하기 위한 과정과 결과까지 헤아려보며 한 발짝씩 꿈에 가까워지기를 바랍니다.

에필로그 :
앞으로 살아갈 미래의 공부법

부족한 삶을 살아왔지만 저의 다섯 번째 책이 세상에 나오게 되었습니다. 아버지가 물려주신 건강한 신체와 어머니가 물려주신 따뜻한 마음으로, 세상의 모든 아이들이 자신의 꿈을 이룰 수 있도록 안내하는 또 하나의 책을 완성할 수 있었습니다.

저에게 이런 멋진 능력을 주신, 멀리 하늘나라에 계신 아버지께 깊은 마음을 담아 감사를 드립니다. 사랑한다는 말을 못했던 날들이 지금에 와서야 후회가 됩니다. 그 마음은 어머니께 열 배로 갚겠습니다. 세상에서 가장 아름다운 어머니께 사랑하는 마음을 담아 이 책을 바칩니다. 두 분 덕분에 세상이 좀 더 나아질 수 있도록 힘을 보태는 작은 역할을 할 수 있었습니다. 감사합니다.

하나뿐인 동생 성애에게도 함께 세상을 바꿀 수 있는 멋진 사람이 되자고 말하고 싶습니다. 오빠가 든든하게 앞서갈 테니, 놓칠 수 있는 많은 부분을 동생이 도와주면 좋겠습니다.

이 책을 쓰는 동안 저의 일을 떠맡아주신 박서예 부대표님, 부대표님의 능력이 또 저를 빛나게 해주셨습니다. 진심으로 감사하고, 우리 함께 에이블로 지구를 정복해보아요!

　다른 에이블 가족 여러분들께도 감사합니다. 더 좋은 프로그램으로 보답하겠습니다. 늘 힘이 되어주시는 박인오 소장님, 로드맵 이영택 대표님, 학관노 이영인 대표님, 자유자재교육 박중희 대표님, 천재교육 김성규 부장님, 혜윰수학 이기홍 원장님, 자유로운소프트 홍진희 대표님, 심오현 이사님, FGS 맴버 이정민 대표님, 정성권 세무사님, 홍재기 대표님, 송명민 대표님, 박종욱 대표님, 그리고 사랑하는 친구 동완, 범호, 성진, 성호, 승환, 석근… 모두 고맙고 감사합니다. 가까운 시일 안에 인사드리겠습니다.

　마지막으로, 『완벽한 혼공법』을 선택해주시고 여기까지 읽어주신 독자 여러분께 감사합니다. 이 책이 당신의 자녀 또는 제자들에게 작은 희망이 되기를 바랍니다.

김성태

공부가 지식을 기억하는 활동에 그친다면, 무거운 책 보따리를 머리에 이고 있는 것과 다를 바 없습니다. 공부를 열심히 해서 멋진 삶을 살고 싶다는 기대가 현실이 되기 위해서는, 공부가 지력을 키우고 아이들 자신의 상상력을 키우는 토대가 될 수 있도록 해야 합니다. 즉, 지식이 지성을 통해 지혜로 성장하고, 기존의 벽(한계)을 허무는 창조의 문이 될 수 있도록 공부해야 한다는 뜻입니다.

아이들은 여전히 '이건 이래서 안 되고 저건 저래서 안 된다'며 핑계를 대고 싶은 부분이 있을 수도 있습니다. 하지만 이 책을 읽고 공부 마음을 조금씩 바로잡는다면 '이건 이래서 되고 저건 저래서 된다'는 방향으로 새롭게 바라보고 도전하게 됩니다.

"You'll end up going where you want to be."

아이들 스스로 미래의 모습을 구체적으로 상상하고 당당하게 나아갈 때, 인생은 자신이 원하는 방향으로 가게 될 것입니다. 이 책의 도움을 받아 아이들이 공부를 통해 세상에 없었던 고유한 '나'의 의미와 쓰임새를 만들고, 새로운 영토의 주인이 되어 원하는 삶을 살게 되면 좋겠습니다.

박명희

공부의 목적은 무엇일까요? 단기적으로 본다면 우수한 성적과 명문 대학 졸업장을 말할 수 있습니다. 인생의 관점에서 본다면 행복한 삶을 살아가기 위한 것이라고 할 수 있겠죠. 그렇다면 '행복'은 또 무엇일까요? 다양한 정의 중에 '내가 원하는 것을 얻을 때 받는 긍정적 느낌'으로 설명하고자 합니다.

우리는 배고플 때 맛있는 음식을 먹으면 행복하고, 원하는 만큼 재산을 모으면 행복합니다. 다른 사람에게 인정받을 때 행복하고, 사랑하는 사람과 함께할 때 행복합니다. 즉, 행복의 본질은 우리가 진정 원하는 어떤 것을 나 자신의 것으로 만드는 일입니다. 아이들도 좋은 성적과 명문 대학의 졸업장을 얻으면 행복하지만, 이때 아이들이 행복을 느끼는 근본적인 이유는 지식을 자신의 것으로 만들었다는 '성취감', 부모에게 받은 '인정', 더 간절히 원하는 것에 도전할 수 있는 '자격'을 얻었기 때문일 수도 있습니다.

스스로 원하는 것이 무엇인지 알지 못하면 진정한 행복을 느낄수 없습니다. 인생에서 가장 큰 행복은 스스로 삶에서 가장 중요하게 생각하는 목적을 이루었을 때 느낄 수 있습니다. 만약 우리 아이들이 살아가는 데 있어 궁극적인 목적이 없다면, 아주 낮은 수준의 행복만을 쫓다 끝나게 됩니다.

삶의 목적을 명확하고 구체적으로 세우면 목적에 맞는 배움을 언제 어디서든 찾아갈 수 있습니다. 그리고 이 목적은 아이들 스스로 찾을 때 진정한 행복으로 이어질 수 있습니다.

이 시대의 학부모와 아이들이 『완벽한 혼공법』을 통해 인생의 목적을 직접 세우고, 목적을 위해 지혜롭게 공부하고, 늘 발전하면서 살아갈 수 있기를 응원합니다. 그리고 그런 노력을 통해 인생에서 가장 큰 행복을 맛볼 수 있기를 기대합니다. 감사합니다.

임정빈

"虎不爲猿(호불위원)"

호랑이는 원숭이가 되지 못한다는 한자어입니다. 우리 모두는 호랑이처럼 산 속에서 호령하는 특별한 존재로 태어났습니다. 세상의 모든 동물이 호랑이를 두려워하듯 우리는 자신만의 위엄과 힘을 가진 존재지만, 세상은 호랑이에게 원숭이처럼 살기를 요구합니다. 하지만 호랑이가 아무리 나무를 잘 탄들 원숭이와 같을 수는 없죠. 세상은 변했습니다. 다양해졌습니다. 더 이상 아이들은 '누가 누가 바나나를 더 많이 따나'와 같은 기준에 스스로를 맞출 필요가 없습니다.

자기 관리는 스스로 삶의 주도권을 갖는 것입니다. 아이들 스스로 목표를 정하고, 자신의 시간을 활용하며, 지식으로 성장하고 자신만의 이야기로 삶을 채워나가는 것입니다. 그렇기 때문에 자기 관리는 호랑이가 원숭이가 아닌 호랑이로 사는 방식입니다.

최근 '범 내려온다'라는 음악과 동영상이 화제입니다. 유명 관광지를 배경으로 한 퓨전 국악과 익살스러운 춤의 뮤직비디오에 많은 사람들이 열광하죠. 아마 전과는 다른 차별적 콘텐츠가 기성세대 문화의 틀을 깨고 젊은 세대에게 받아들여졌기 때문일 것입니다.

남과는 다른 차별적 삶, 그것은 바로 자기 관리로 시작됩니다. 원숭이가 아닌 호랑이의 삶을 살기를 원하는 모든 아이들에게 『완벽한 혼공법』의 자기 관리 세계로 초대합니다.

김대열

최상위권 아이들의 공부 코드

완벽한 혼공법

초판 1쇄 인쇄 2021년 1월 21일
초판 1쇄 발행 2021년 2월 3일

지은이 김성태, 박명희, 임정빈, 김대열
펴낸이 권기대

총괄이사 배혜진
편집팀 백상웅, 한가희, 송재우
디자인팀 김창민
마케팅 황명석, 연병선
경영지원 설용화

펴낸곳 베가북스 **출판등록** 2004년 9월 22일 제2015-000046호
주소 (07269) 서울특별시 영등포구 양산로3길 9, 2층
주문·문의 전화 (02)322-7241 팩스 (02)322-7242

ISBN 979-11-90242-71-4

* 책값은 뒤표지에 있습니다.
* 잘못된 책은 구입하신 서점에서 바꾸어 드립니다.
* 좋은 책을 만드는 것은 바로 독자 여러분입니다.
  베가북스는 독자 의견에 항상 귀를 기울입니다. 베가북스의 문은 항상 열려 있습니다.
  원고 투고 또는 문의사항은 vega7241@naver.com으로 보내주시기 바랍니다.
* 베가북스에 대한 더 많은 정보가 필요하신 분은 홈페이지를 방문해주시기 바랍니다.

vegabooks@naver.com www.vegabooks.co.kr
 http://blog.naver.com/vegabooks vegabooks VegaBooksCo